Jeu gratuit sans obligation d'achat

chaque mois **GAGNEZ 50 € de livres** des Editions ENI

Pour participer au prochain tirage au sort, inscrivez-vous sur

www.editions-eni.fr/jeu

Le tirage au sort a lieu **le dernier mercredi de chaque mois**.

Chaque mois, **5 gagnants** seront tirés au sort et prévenus par e-mail.

Règlement complet sur **www.editions-eni.fr/jeu**

Excel 2010
Tableaux croisés dynamiques

Toutes les marques ont été déposées par leur éditeur respectif.

La loi du 11 Mars 1957 n'autorisant aux termes des alinéas 2 et 3 de l'article 41, d'une part, que les "copies ou reproductions strictement réservées B l'usage privé du copiste et non destinées à une utilisation collective", et, d'autre part, que les analyses et les courtes citations dans un but d'exemple et d'illustration, "toute représentation ou reproduction intégrale, ou partielle, faite sans le consentement de l'auteur ou de ses ayants droit ou ayant cause, est illicite" (alinéa 1er de l'article 40). Cette représentation ou reproduction, par quelque procédé que ce soit, constituerait donc une contrefaçon sanctionnée par les articles 425 et suivants du Code Pénal.

Copyright - Editions ENI - Décembre 2010
ISBN : 978-2-7460-5928-3
Imprimé en France

Editions ENI

ZAC du Moulin Neuf
Rue Benjamin Franklin
44800 St HERBLAIN
Tél : 02.51.80.15.15
Fax : 02.51.80.15.16

e-mail: editions@ediENI.com
http://www.editions-eni.com

Auteur : Pierre RIGOLLET
La collection **Objectif Solutions** est dirigée par Corinne HERVO

TABLE DES MATIÈRES

Chapitre 1

Introduction

A. Introduction 8
    1. Préliminaires 8
    2. Objectif 8
    3. Schéma de principe 9

B. Les tableaux croisés dynamiques 10
    1. Définitions 10
    2. Les limites des tableaux croisés dynamiques 11
    3. Les données source 11
    4. Recommandations 12
    5. Analyse 12
    6. Les différentes zones d'un tableau croisé dynamique 13
    7. Notes importantes 17
    8. Dans quel cas utiliser un tableau croisé dynamique ? 18
    9. Les bonnes bases pour débuter 18

Chapitre 2

Concevoir des synthèses simples

A. Introduction 22
B. Utiliser les filtres 22
    1. Préliminaires 22
    2. Les filtres 23
C. Filtres avancés 29
    1. Définitions 29
    2. Action 29
D. Créer des sous-totaux 31
    1. Définitions 31
    2. Démarche de création 32
    3. Calculer le montant total des contrats par produit 32
    4. Calculer le nombre de contrats par type de client 34

Chapitre 3
Les Bases

- A. Introduction 38
- B. Créer un tableau croisé dynamique 38
  1. Le tableau source 38
  2. Première synthèse 39
  3. Option : utiliser le glisser/déposer directement
     dans le tableau croisé dynamique 43
- C. Mettre en forme le tableau croisé dynamique 45
  1. Modifier la disposition du tableau croisé dynamique 45
  2. Modifier le format des nombres 46
  3. Modifier le titre du tableau 47
  4. Modifier les étiquettes de lignes et de colonnes 49
  5. Calculer le nombre de stages 49
  6. Mettre à jour les données 51
  7. Trier les champs 53
  8. Calculer des pourcentages 54

Chapitre 4
Les techniques de conception

- A. Introduction 60
- B. Croiser plus de deux informations 60
  1. Les données source 60
  2. Conception du tableau croisé dynamique 61
  3. Première analyse 64
  4. Insérer un filtre de rapport 65
  5. Développer/réduire les détails 67
  6. Développer/réduire rapidement les informations de synthèse ... 68
- C. Mettre en forme le tableau croisé dynamique 70
  1. Modifier la mise en forme du tableau croisé dynamique 70
  2. Modifier la disposition du tableau croisé dynamique 70
  3. Afficher/masquer certaines informations 72
  4. Afficher les détails 73
  5. Appliquer un style prédéfini 74

    6. Les styles personnalisés 75
        a. Créer un style à partir d'un style existant 75
        b. Créer un style à partir de zéro 78
        c. Modifier un style 80
    7. Appliquer une mise en forme conditionnelle 81

Chapitre 5
Fonctionnalités avancées

A. Introduction 86
B. Statistiques sur un fichier de salariés 86
    1. Fonctions standard 86
        a. Effectif par service et par sexe 87
        b. Ancienneté mini, maxi et moyenne par statut et sexe 89
    2. Calculs et regroupements 95
        a. Effectif des salariés par secteurs et par sexes 95
        b. Effectif par tranches de salaires et par sexes 97
        c. Prime par site et par type de contrat 100
C. Base de données suivi des incidents 105
    1. Synthèses chronologiques 105
        a. Nombre de pannes mensuelles par type de panne
           pour un type de véhicule 106
        b. Total des durées d'immobilisation par type de panne
           et par type de véhicule 112
        c. Total des coûts pièces et main d'œuvre par type de panne
           et par type de véhicule 115
    2. Classement des chauffeurs 117
        a. Les quatre chauffeurs ayant eu le plus de pannes 117
        b. Les cinq chauffeurs ayant occasionné les coûts les plus élevés 120
D. Base de données Accidents du travail 123
    1. Synthèses chronologiques 123
        a. Statistique mensuelle des accidents 124
        b. Nombre total d'accidents par jours de semaine 128
    2. Calculs et regroupements 131
        a. Statistiques accidents 131
        b. Pourcentages des types d'incapacités 133

Chapitre 6
Filtres, regroupements et calculs
A. Introduction 136
B. Filtres et regroupements 136
　1. Chiffre d'affaires annuel par origine 137
　2. Quels sont les trois vins ayant réalisé les plus gros chiffres
　　 d'affaires en 2010 ? 139
C. Champs et éléments calculés 142
　1. Calcul de taxes 142
　2. Taux de variation 145
　3. Sous-totaux par types de produits 150

Chapitre 7
Gestion des données source
A. Introduction 158
B. Définir une plage source dynamique 158
　1. Nombre de lignes variables 159
　2. Nombre de lignes et de colonnes variables 163
C. Utiliser une plage de données discontinue 166
　1. Activer l'assistant Tableau croisé dynamique 167
　2. Conception du tableau croisé dynamique à partir de trois classeurs 167
D. Utiliser une source de données externe 176
　1. Base de données ACCESS - Méthode 1 178
　2. Base de données ACCESS - Méthode 2 184

Chapitre 8
Concevoir des graphiques
A. Introduction 188
B. Votre premier graphique 188
　1. Création 189
　2. Mise en forme 191
　3. Filtrer les éléments d'un graphique 192
　4. Permuter les axes 194

- C. Créer un graphique à partir d'un tableau croisé dynamique existant............195
  - 1. Conception du graphique..196
  - 2. Insérer un segment..198
  - 3. Modifier un graphique..200
- D. Graphique en secteur avec filtre..206
  - 1. Conception du graphique..206
  - 2. Mise en forme du graphique..207
  - 3. Activation du filtre..209
- E. Quelques conseils..210
  - 1. Transformer un graphique en image....................................211
  - 2. Transformer le tableau croisé en tableau simple....................212
- F. Limitations et solutions..212
  - 1. Construire le tableau croisé dynamique..............................213
  - 2. Construire le tableau lié..215
  - 3. Construire le graphique boursier......................................215

Chapitre 9
Synthèse - Trucs et astuces

- A. Introduction...220
- B. Changer la source d'un tableau croisé dynamique......................220
- C. Imprimer un tableau croisé dynamique....................................221
  - 1. Paramétrer la zone d'impression......................................221
  - 2. Paramétrer un saut de page après chaque service................223
  - 3. Répéter les étiquettes sur chaque page............................224
- D. Quelques conseils, trucs et astuces......................................225
  - 1. Données source..225
  - 2. Paramétrer une actualisation automatique..........................225
  - 3. Figer la largeur des colonnes..225
  - 4. Faire apparaître tous les mois..225
  - 5. Générer automatiquement plusieurs tableaux croisés dynamiques..226
  - 6. Sous-totaux..228
  - 7. Formules et champs calculés..229
  - 8. La fonction LireDonneesTabCroisDynamique........................233

Chapitre 10
Tableaux croisés et VBA
A. Introduction 236
B. Créer des plages dynamiques 236
C. Modifier un tableau croisé dynamique à l'aide d'une macro 237
    1. Activer l'onglet Développeur 237
    2. Enregistrer la macro 237
    3. Visualiser la macro 239
    4. Créer des boutons d'exécution des macros 240
D. Créer un tableau croisé dynamique à l'aide d'une macro 242
E. Compléments 246

Index 249

Chapitre 1
Introduction

A. Introduction 8
B. Les tableaux croisés dynamiques 10

A. Introduction

1. Préliminaires

Cet ouvrage va vous apprendre à concevoir des tableaux croisés dynamiques avec Excel 2010. Dans un premier temps vous allez acquérir toutes les bases de conception à partir d'exemples simples, puis rapidement, vous serez capable de créer des rapports de tableaux croisés dynamiques complexes. Si vous utilisiez déjà cette fonctionnalité sur Excel 2007, la puissance de calcul d'Excel 2010 va vous permettre d'utiliser de nouvelles fonctionnalités, telles que les **segments**, la fonctionnalité **Afficher les valeurs...**

Tous les exemples sources du livre sont téléchargeables sur le site http://www.editions-eni.fr. Saisissez la référence ENI du livre (**OS10EXC**) dans la zone de recherche et validez. Cliquez sur le titre du livre puis sur le lien de téléchargement. Ceci vous évitera d'avoir à saisir toutes les données et vous permettra de contrôler vos résultats. Nous vous conseillons de suivre la progression du livre afin de ne pas "brûler" les étapes. Chaque exercice de niveau supérieur fait, en effet, appel aux éléments vus précédemment. Cette méthode va vous permettre de consolider vos acquis au fur et à mesure de votre avancement.

Les exemples du livre sont variés afin que vous puissiez utiliser des tableaux similaires à vos besoins.

Lorsque vous aurez réalisé tous les exemples du livre, vous serez capable de créer vos propres tableaux croisés dynamiques complexes adaptés à votre fonction.

2. Objectif

Un tableau croisé dynamique (TCD) permet d'effectuer rapidement une synthèse à partir d'une base de données. Outil très performant, et partie intégrante de Microsoft Excel, il va vous aider à concevoir des analyses efficaces et performantes à partir de vos tableaux de données.

Tableau croisé dynamique, pourquoi ce nom ?

Tableau **croisé** parce que les synthèses réalisables peuvent être à deux, trois, quatre dimensions ou plus. Par exemple, il sera possible d'obtenir le montant total des frais mensuels pour un service (2 dimensions), ou bien le total des frais mensuels pour un service et pour un poste comptable particulier (3 dimensions)...

Tableau **dynamique** car une actualisation du tableau croisé dynamique entraîne une relecture des données source permettant de mettre à jour la synthèse.

La base de données d'origine du tableau croisé dynamique peut provenir, d'Excel, d'Access, de votre logiciel de comptabilité ou de gestion commerciale ou de toute autre application compatible.

Chapitre 1 : Introduction

Construire un tableau croisé dynamique ne demande que quelques instants. Il n'est pas nécessaire de maîtriser les fonctions de calcul avancées d'Excel pour réaliser un tableau croisé dynamique simple, par contre construire un tableau croisé dynamique complexe nécessite de maîtriser certaines fonctions et fonctionnalités d'Excel.

3. Schéma de principe

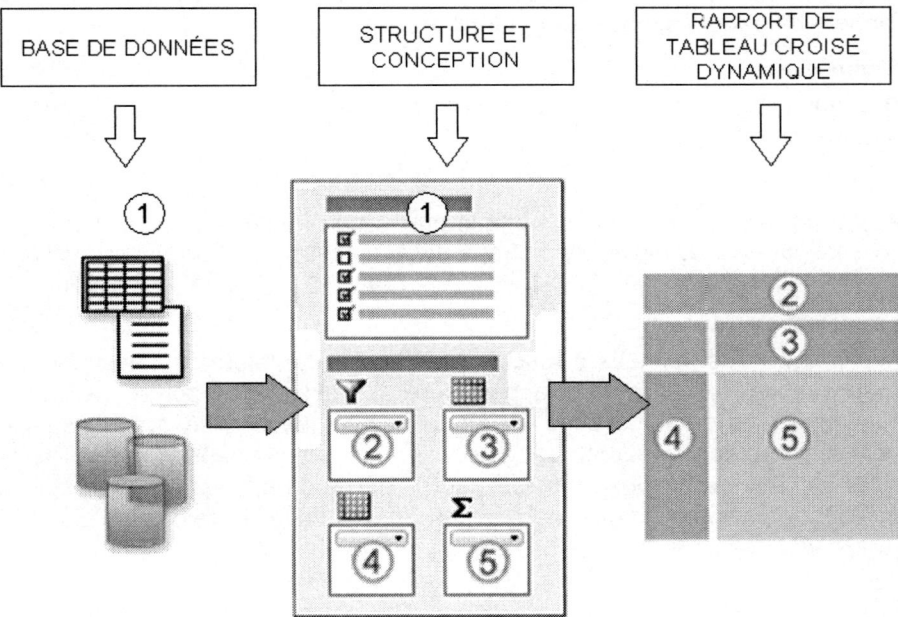

1 - Données source

2 - Filtre du rapport

3 - Champs en-tête de colonnes

4 - Champs en-tête de lignes

5 - Synthèses numériques

B. Les tableaux croisés dynamiques

1. Définitions

Base de données

Ensemble d'informations structurées sauvegardées sur un disque. Cet ensemble d'informations est consultable et modifiable.

Enregistrement

Chaque enregistrement correspond à une information relative à un élément stocké dans la base de données.

Champ

Un champ représente une caractéristique précise de l'enregistrement. Pour caractériser un enregistrement, plusieurs champs sont nécessaires. Par exemple pour un salarié : N° identifiant, Prénom, Nom, Sexe, Fonction, salaire...

Filtre de rapport

Permet de filtrer les données à afficher en fonction de l'élément sélectionné dans le filtre du rapport. Un filtre de rapport vous permet de présenter rapidement un sous-ensemble de données dans un rapport de tableau croisé dynamique. Lorsque vos données source intègrent un grand nombre de données, le filtre permet de travailler sur une partie des données source du rapport. Vous pouvez ainsi afficher les synthèses pour une famille de produits, une période de temps ou une catégorie de personnel spécifique.

Segments

Autorise l'utilisation de boutons pour segmenter et filtrer rapidement des données.

Étiquettes de lignes

Permet d'afficher les champs sous forme de lignes sur le côté gauche du rapport. Une ligne de position inférieure est imbriquée dans la ligne affichée immédiatement au-dessus d'elle.

Étiquettes de colonnes

Permet d'afficher les champs sous forme de colonnes en haut du rapport. Une colonne de position inférieure est imbriquée dans la colonne affichée immédiatement à gauche.

Champs de valeurs

Sert à afficher des données de synthèse numériques. Vous pouvez utiliser différentes fonctions de synthèse (somme, moyenne, min, max, nombre...).

2. Les limites des tableaux croisés dynamiques

Fonctionnalité	Limite maximale
Nombre maximal de tableau croisé dynamique par feuille	Limité par la quantité de mémoire disponible
Éléments uniques par champ	1 048 576
Nombre maximal de champs de ligne ou de colonne	Limité par la quantité de mémoire disponible
Nombre maximal de filtres de rapport par rapport de tableau croisé dynamique	256 (limitation possible par la quantité de mémoire disponible)
Nombre maximal de champs de valeur par rapport de tableau croisé dynamique	256
Nombre maximal de formules par rapport de tableau croisé dynamique	Limité par la quantité de mémoire disponible
Nombre maximal de filtres	256 (limitation possible en fonction de la quantité de mémoire disponible)
Nombre maximal de champs de valeur	256
Formules d'élément calculées dans un rapport de graphique croisé dynamique	Limité par la quantité de mémoire disponible

3. Les données source

Les données source d'un tableau croisé dynamique doivent toujours posséder la même structure :
- une ligne représente un enregistrement de la base de données,
- une colonne représente un champ.

Nous vous présentons ci-dessous un exemple des premières lignes de données source, issues d'une feuille de calcul Excel :

DATES	PRODUIT	TYPE CLIENT	CONSEILLER	MONTANT CONTRAT
03/01/2011	PEA	SALARIE	CORNU	125
03/01/2011	ASSURANCE VIE	SALARIE	ROURE	320
03/01/2011	PEA	PROF LIBERALE	ROURE	428
03/01/2011	ASSURANCES	SALARIE	CORNU	230
03/01/2011	ASSURANCE VIE	DIRIGEANT	BOULANGER	560
03/01/2011	PEA	SALARIE	CORNU	494
03/01/2011	ASSURANCE VIE	PROF LIBERALE	ROURE	505
04/01/2011	ASSURANCES	SALARIE	CORNU	253
04/01/2011	PEA	SALARIE	BOULANGER	640
04/01/2011	ASSURANCE VIE	PROF LIBERALE	CORNU	245
04/01/2011	PEA	SALARIE	CORNU	240
04/01/2011	PEA	PROF LIBERALE	CORNU	560
05/01/2011	ASSURANCE VIE	PROF LIBERALE	BOULANGER	430

La première ligne doit comporter les titres (noms des champs). Pour pouvoir croiser les données, la base de données doit au moins comporter deux champs à croiser plus un champ de données numériques.

4. Recommandations

Afin de ne pas rencontrer de problèmes dans la construction de vos tableaux croisés dynamiques, respectez ces indications :
- ne pas fusionner de cellules sur la ligne des titres,
- deux champs ne doivent pas avoir le même nom,
- un nom de champ ne doit pas être vide,
- la base de données ne doit pas comporter de ligne ou de colonne vide,
- ne pas introduire de lignes de sous-totaux dans la base,
- dans les colonnes de valeurs numériques, privilégier le remplacement des cellules vides par des zéros.

5. Analyse

Très souvent, avant de construire un rapport de tableau croisé dynamique, il vous faudra définir quelles sont les données à utiliser. Par exemple, si vous exportez des informations à partir d'un logiciel tel qu'une gestion commerciale, vous aurez à sélectionner les informations (champs) à prendre en compte.

Si vous construisez à partir de zéro un tableau de données sous Excel, effectuez une analyse précise et complète des statistiques que vous souhaitez obtenir plus tard. Imaginons par exemple que vous dirigez une agence de photographes professionnels et que vous souhaitez obtenir des informations statistiques sur les différents contrats obtenus. Pour chaque prestation, vous effectuez la saisie des informations chronologiquement dans une feuille de calcul Excel. Le tableau de saisie pourrait ressembler au tableau ci-dessous :

	A	B	C	D	E	F	G	H	I	J
1										
2	DATE DEVIS	N° DEVIS	TYPE CLIENT	ORIGINE AFFAIRE	PRESTATION	NOMBRE CLICHES REALISES	MONTANT DEVIS	ACOMPTE VERSE	REGLEMENT SOLDE	
3	03/01/2011	2011-001	PARTICULIER	EN DIRECT	MARIAGE	320	566,40	169,92	OUI	
4	03/01/2011	2011-002	PARTICULIER	EN DIRECT	MARIAGE	428	757,56	227,27	OUI	
5	03/01/2011	2011-007	ENTREPRISE	EN DIRECT	PUBLICITE	200	648,00	194,40		
6	03/01/2011	2011-008	PARTICULIER	SOUS-TRAITANT	MARIAGE	531	939,87	281,96		
7	03/01/2011	2011-009	PARTICULIER	EN DIRECT	ANNIVERSAIRE	124	219,48	65,84	OUI	
8	06/01/2011	2011-015	PARTICULIER	EN DIRECT	MARIAGE	330	584,10	175,23		
9	06/01/2011	2011-018	ENTREPRISE	EN DIRECT	CATALOGUE	150	486,00	145,80	OUI	
10	06/01/2011	2011-021	ENTREPRISE	EN DIRECT	CATALOGUE	175	567,00	170,10		
11	06/01/2011	2011-024	PARTICULIER	SOUS-TRAITANT	MARIAGE	698	1 235,46	370,64		
12	17/01/2011	2011-027	PARTICULIER	EN DIRECT	MARIAGE	250	442,50	132,75		

Chapitre 1 : Introduction   13

Les colonnes **TYPE CLIENT** et **PRESTATION** contiennent des zones de liste déroulante afin de faciliter la saisie et surtout pour éviter qu'une même information soit orthographiée de plusieurs manières.

Un tel tableau de saisie peut vous permettre d'obtenir :
- les chiffres d'affaires par type de client et par type de prestation,
- les chiffres d'affaires mensuels,
- les montants restant à encaisser par type de client,
- le nombre de clichés moyens par type de prestation...

Le tableau ci-dessous présente quelques exemples des données à intégrer en fonction des besoins.

Objectif de l'analyse Résultats à obtenir	Origine	Données à intégrer
Salaire moyen par catégorie d'employé et par sexe	Logiciel de gestion des ressources humaines, Application ACCESS, Fichier Excel...	Nom du salarié Sexe du salarié Catégorie Salaire
Chiffre d'affaires réalisé par commercial et par secteur d'activité de l'année en cours	Gestion commerciale, Facturation, Application ACCESS, Fichier Excel...	Date Facture Nom du commercial Secteur d'activité Montant HT de la facture
Répartition des sexes en pourcentage par type de statut (cadre, agent maîtrise...)	Logiciel de gestion des ressources humaines, Application ACCESS, Fichier Excel...	Statut du salarié Sexe du salarié Nom du salarié
Établir la liste des cinq meilleurs clients en terme de chiffre d'affaires	Logiciel de gestion commerciale, Facturation, Application ACCESS, Fichier Excel...	Date Facture Code Client Nom du Client Montant HT de la facture
Comparer les ventes N et N-1 par familles de produits à périodes équivalentes	Logiciel de gestion commerciale, Facturation, Application ACCESS, Fichier Excel...	Date Facture Famille de produit Montant HT de la facture

6. Les différentes zones d'un tableau croisé dynamique

Un rapport de tableau croisé dynamique est composé de cinq parties :
- Zone de filtre
- Zone des valeurs
- Zone des étiquettes de lignes

- Zone des étiquettes de colonnes
- Zone des totaux

Nous vous présentons ci-dessous un exemple de tableau croisé dynamique conçu à partir du fichier présenté précédemment. Ce tableau présente le montant total des chiffres d'affaires réalisés par types de clients et par prestations.

	A	B	C	D	E
1	ORIGINE AFFAIRE	(Tous)			
2					
3	Somme de MONTANT DEVIS	TYPES CLIENTS			
4	PRESTATIONS	CE	ENTREPRISE	PARTICULIER	Total général
5	ANNIVERSAIRE			4 216,14	4 216,14
6	CATALOGUE		8 903,52		8 903,52
7	FETE	762,87			762,87
8	MARIAGE			25 036,65	25 036,65
9	PUBLICITE		6 489,72		6 489,72
10	Total général	762,87	15 393,24	29 252,79	45 408,90
11					
12					

Illustration des différentes parties :

Zone de filtre

zone de filtre du rapport

	A	B	C	D	E
1	ORIGINE AFFAIRE	(Tous)			
2					
3	Somme de MONTANT DEVIS	TYPES CLIENTS			
4	PRESTATIONS	CE	ENTREPRISE	PARTICULIER	Total général
5	ANNIVERSAIRE			4 216,14	4 216,14
6	CATALOGUE		8 903,52		8 903,52
7	FETE	762,87			762,87
8	MARIAGE			25 036,65	25 036,65
9	PUBLICITE		6 489,72		6 489,72
10	Total général	762,87	15 393,24	29 252,79	45 408,90
11					
12					

Cette zone (facultative) apparaît toujours en haut du rapport. Elle peut intégrer un ou plusieurs champs permettant de filtrer les données du tableau source sur lesquelles les calculs de synthèse doivent s'effectuer.

Chapitre 1 : Introduction

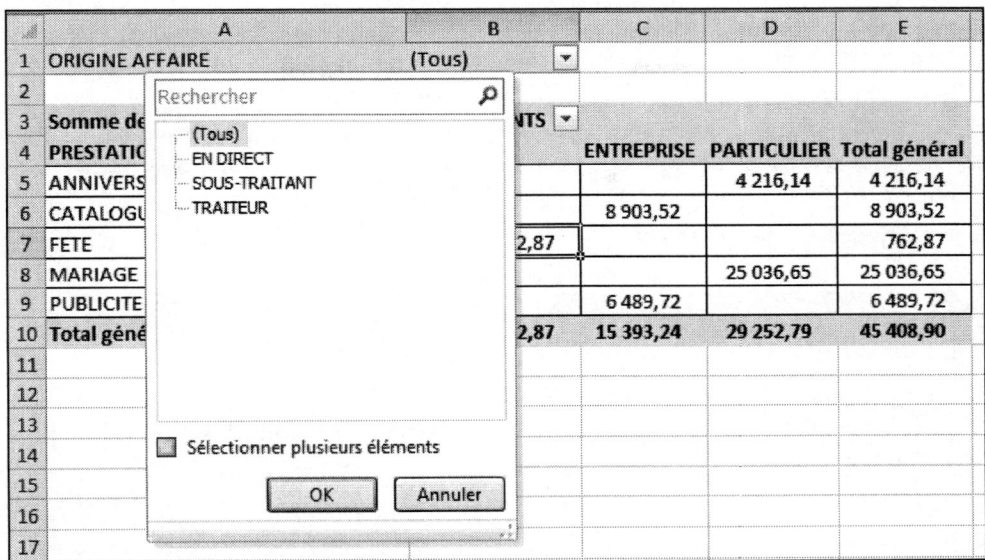

Vous pouvez sélectionner toutes les lignes du tableau source (Tous – option par défaut) ou bien sélectionner une ou plusieurs catégories. Pour obtenir les chiffres d'affaires réalisés grâce aux traiteurs et en sous-traitance, il faudra cocher l'option **Sélectionner plusieurs éléments**, puis sélectionner les deux catégories : **SOUS-TRAITANT** et **TRAITEUR**.

Zone des étiquettes de lignes

	A	B	C	D	E
1	ORIGINE AFFAIRE	(Tous)			
2					
3	Somme de MONTANT DEVIS	TYPES CLIENTS			
4	PRESTATIONS	CE	ENTREPRISE	PARTICULIER	Total général
5	ANNIVERSAIRE			4 216,14	4 216,14
6	CATALOGUE		8 903,52		8 903,52
7	FETE	762,87			762,87
8	MARIAGE			25 036,65	25 036,65
9	PUBLICITE		6 489,72		6 489,72
10	Total général	762,87	15 393,24	29 252,79	45 408,90

zone des étiquettes de ligne

Excel recense ici de façon unique les informations contenues dans un champ de la source. Il est primordial que les données relatives à une même information soient toujours saisies de manière identique dans le tableau source. Si la prestation FETE est saisie parfois au singulier, parfois au pluriel, Excel va intégrer deux lignes dans notre tableau croisé dynamique, alors que ces lignes sont relatives à la même information.

Cette zone permet de filtrer les informations à afficher. Il vous sera ainsi possible de n'afficher que certaines prestations. Par exemple, si lors d'une réunion, vous ne souhaitez pas que les personnes puissent visualiser les prestations réalisées en publicité, il vous suffira de décocher la ligne **PUBLICITE**.

Zone des étiquettes de colonnes

zone des étiquettes de colonnes

	A	B	C	D	E
1	ORIGINE AFFAIRE	(Tous)			
2					
3	Somme de MONTANT DEVIS	TYPES CLIENTS			
4	PRESTATIONS	CE	ENTREPRISE	PARTICULIER	Total général
5	ANNIVERSAIRE			4 216,14	4 216,14
6	CATALOGUE		8 903,52		8 903,52
7	FETE	762,87			762,87
8	MARIAGE			25 036,65	25 036,65
9	PUBLICITE		6 489,72		6 489,72
10	Total général	762,87	15 393,24	29 252,79	45 408,90
11					
12					

De même que pour la zone des étiquettes de lignes, Excel recense ici de façon unique les informations contenues dans un champ de la source. Un filtre est aussi réalisable, dans notre exemple il serait possible d'afficher uniquement les statistiques relatives aux particuliers.

Zone des valeurs

	A	B	C	D	E
1	ORIGINE AFFAIRE	(Tous)			
2					
3	Somme de MONTANT DEVIS	TYPES CLIENTS			
4	PRESTATIONS	CE	ENTREPRISE	PARTICULIER	Total général
5	ANNIVERSAIRE			4 216,14	4 216,14
6	CATALOGUE		8 903,52		8 903,52
7	FETE	762,87			762,87
8	MARIAGE			25 036,65	25 036,65
9	PUBLICITE		6 489,72		6 489,72
10	Total général	762,87	15 393,24	29 252,79	45 408,90
11					
12					

zone des valeurs

Chapitre 1 : Introduction

C'est dans cette partie qu'Excel présente les calculs de synthèse. Vous avez à votre disposition des fonctions variées pour effectuer les calculs, Excel vous propose par défaut d'utiliser la fonction **Somme** mais vous pouvez aussi utiliser : Moyenne, Max, Min, Nombre… en fonction de vos besoins.

Zone des totaux

	A	B	C	D	E
1	ORIGINE AFFAIRE	(Tous)			
2					
3	Somme de MONTANT DEVIS	TYPES CLIENTS			
4	PRESTATIONS	CE	ENTREPRISE	PARTICULIER	Total général
5	ANNIVERSAIRE			4 216,14	4 216,14
6	CATALOGUE		8 903,52		8 903,52
7	FETE	762,87			762,87
8	MARIAGE			25 036,65	25 036,65
9	PUBLICITE		6 489,72		6 489,72
10	Total général	762,87	15 393,24	29 252,79	45 408,90
11					
12					

← zone des totaux

Proposée en ligne et en colonne, cette partie effectue une synthèse par ligne et par colonne des données présentes dans la zone des valeurs. Si vous avez choisi d'utiliser la fonction moyenne pour les calculs de la zone des valeurs, la zone des totaux utilisera aussi la moyenne pour ses calculs.

7. Notes importantes

Le tableau croisé dynamique ci-dessous présente le nombre moyen de photos réalisées par prestation.

	A	B	C	D	E
1	ORIGINE AFFAIRE	(Tous)			
2					
3	Moyenne de NOMBRE CLICHES REALISES	TYPES CLIENTS			
4	PRESTATIONS		CE	ENTREPRISE	PARTICULIER	Total général
5	ANNIVERSAIRE				148,88	148,88
6	CATALOGUE			161,65		161,65
7	FETE		86,20			86,20
8	MARIAGE				372,24	372,24
9	PUBLICITE			182,09		182,09
10	Total général		86,20	169,68	306,06	249,53
11						

Celui-ci nous permet de faire deux remarques :
- Vous pouvez être tenté, pour vérifier les calculs, de réaliser la moyenne des valeurs affichées en ligne ou en colonne. En effectuant ce contrôle, vous n'obtiendrez pas les mêmes résultats que ceux affichés. En effet, vous calculez dans ce cas la moyenne des moyennes, alors qu'Excel recalcule les moyennes à partir de toutes les données source.
- La fonction moyenne a bien été utilisée, cependant Excel affiche par défaut l'étiquette **Total général**. Il faudra donc veiller à la modifier.

8. Dans quel cas utiliser un tableau croisé dynamique ?

Dès que vous manipulez un grand nombre de données, un tableau croisé dynamique permet d'effectuer des analyses rapides et efficaces. Si les tableaux croisés dynamiques n'existaient pas, il faudrait passer beaucoup de temps à concevoir des tableaux de synthèse faisant appel à des fonctions de calcul évoluées d'Excel. Grâce aux tableaux croisés dynamiques, vous serez plus productif, augmenterez votre capacité d'analyse et serez capable d'intervenir rapidement sur un problème qui aura été mis en évidence par votre tableau croisé dynamique.

En résumé, utilisez les tableaux croisés dynamiques dans les cas ci-dessous :

Vous devez traiter une importante quantité d'informations qui évolue dans le temps.

Vous souhaitez obtenir rapidement des synthèses variées : coût total, moyenne des coûts pour un poste, plus grosse dépense, nombre de clients ayant acheté un produit particulier...

Vous devez réaliser des statistiques sur des périodes données ou bien souhaitez comparer les chiffres sur différentes périodes.

À partir de nombreuses lignes de données source, vous devez concevoir des graphiques de synthèse simples et fiables.

Vous devez pour un poste de dépense, un service, un salarié, un secteur ou bien une famille de produits visualiser des chiffres clés (total, moyenne, nombre...).

9. Les bonnes bases pour débuter

Nous avons déjà insisté sur l'importance de la structure des données source, pour clore ce chapitre nous allons vous présenter un exemple type de données source inadaptées à la construction d'un tableau croisé dynamique.

Le tableau ci-dessous détaille les ventes journalières de logiciels réalisées à partir d'un site web.

	A	B	C	D	E	F	G	H	I
1									
2					TABLEAU DES VENTES SUR SITE WEB				
3			MICROSOFT				INFO 2000		
4	DATES	TABLEUR	T TEXTE	SGBD	DESSIN	TABLEUR	T TEXTE	SGBD	DESSIN
5	02/02/2011		1 325			6 330			
6	05/02/2011	2 450	2 400	1 890	500		4 530		3 600
7	08/02/2011	3 210					5 200	5 200	2 490
8	11/02/2011	6 530		2 450	2 900		8 900		6 300
9	14/02/2011			1 680	3 200				
10	17/02/2011	4 520	2 620		4 600			4 300	
11	20/02/2011			3 200					5 300
12	23/02/2011		2 400		3 500		6 200	1 890	
13									

Si nous souhaitons construire un tableau croisé dynamique, ce tableau présente plusieurs défauts :
- Les titres sont sur deux lignes.
- La première ligne contient des cellules fusionnées.
- Dans les titres, les familles de produits sont inscrites autant de fois qu'il y a d'éditeurs.
- Les cellules vides sont nombreuses.
- Un nombre important de familles de produits et d'éditeurs induirait un tableau composé de nombreuses colonnes.

La structure idéale est dans ce cas présentée ci-dessous.

Quatre colonnes suffisent quel que soit le nombre d'éditeurs et de produits.

	A	B	C	D
1				
2	DATES	EDITEUR	PRODUIT	MONTANT
3	02/02/2011	MICROSOFT	T TEXTE	1 325
4	02/02/2011	INFO 2000	TABLEUR	6 330
5	05/02/2011	MICROSOFT	TABLEUR	2 450
6	05/02/2011	MICROSOFT	T TEXTE	2 400
7	05/02/2011	MICROSOFT	SGBD	1 890
8	05/02/2011	MICROSOFT	DESSIN	500
9	05/02/2011	INFO 2000	T TEXTE	4 530
10	05/02/2011	INFO 2000	DESSIN	3 600
11	08/02/2011	MICROSOFT	TABLEUR	3 210
12	08/02/2011	INFO 2000	TABLEUR	5 200
13				
14				

Bien sûr le nombre de lignes va être important mais ceci ne constitue pas un problème pour Excel 2010.

Pour sécuriser la saisie, il suffit d'utiliser la validation des données (listes) dans les colonnes EDITEUR et PRODUIT afin que les textes soient toujours saisis de la même manière. De plus, une fois les premiers éléments saisis, il vous suffira de taper les premières lettres pour qu'Excel vous propose automatiquement le libellé correspondant.

Chapitre 2
Concevoir des synthèses simples

A. Introduction 22
B. Utiliser les filtres 22
C. Filtres avancés 29
D. Créer des sous-totaux 31

A. Introduction

Les notions que nous allons aborder dans ce chapitre sont le préalable à la conception de rapports de tableaux croisés dynamiques. Lorsque vous maîtriserez ces techniques, vous serez autonomes dans la gestion d'une base de données Excel.

Connaissances nécessaires : manipulations de base d'Excel

Nouveaux acquis :
- Filtrer une base de données
- Le mode plan
- Les sous-totaux

B. Utiliser les filtres

1. Préliminaires

Vous n'aurez peut-être pas toujours besoin dans votre fonction de créer des tableaux de synthèse complexes à partir de votre base de données. Dans certains cas, vous souhaiterez seulement filtrer des informations afin d'obtenir une liste d'enregistrements répondant à un ou plusieurs critères ou bien obtenir les totaux d'une donnée numérique en fonction d'un paramètre.

Nous vous présentons ci-dessous, quelques exemples d'informations que l'on peut obtenir simplement à partir de bases de données Excel diverses :
- Liste des factures en retard de règlement.
- Salaire moyen des employés d'un service.
- Liste des employées d'un service dont le salaire est compris entre deux montants.
- Liste des clients d'une région...

Pour appréhender ces notions, vous allez travailler à partir du fichier **ListeBanque.xlsx**. Ce classeur intègre la liste de tous les produits financiers placés aux clients d'une agence bancaire par les conseillers financiers.

Chapitre 2 : Concevoir des synthèses simples

Les données présentes dans la feuille **Liste** sont telles que ci-dessous.

	A	B	C	D	E	F
1	DATES	PRODUIT	TYPE CLIENT	CODE PRODUIT	CONSEILLER	MONTANT CONTRAT
2	03/01/2011	ASSURANCE VIE	DIRIGEANT	AV-514	BOULANGER	560
3	03/01/2011	PEA	DIRIGEANT	PEA-3012	ROURE	604
4	03/01/2011	ASSURANCE VIE	PROF LIBERALE	AV-629	ROURE	505
5	03/01/2011	ASSURANCE VIE	SALARIE	AV-260	ROURE	320
6	03/01/2011	ASSURANCES	SALARIE	ASS-143	CORNU	230
7	03/01/2011	PEA	SALARIE	PEA-3012	CORNU	125
8	03/01/2011	PEA	SALARIE	PEA-3058	CORNU	494
9	04/01/2011	PEA	DIRIGEANT	PEA-3087	BOULANGER	640
10	04/01/2011	ASSURANCE VIE	PROF LIBERALE	AV-260	CORNU	245
11	04/01/2011	PEA	PROF LIBERALE	PEA-3012	CORNU	560
12	04/01/2011	ASSURANCES	SALARIE	ASS-234	CORNU	253
13	04/01/2011	PEA	SALARIE	PEA-3012	CORNU	240
14	05/01/2011	ASSURANCES	DIRIGEANT	ASS-143	CORNU	500

Une mise en forme conditionnelle a été définie pour afficher en bleu les PEA de plus de 500 euros placés par dirigeant.

2. Les filtres

Un filtre est défini par un critère appliqué à un champ (colonne). Il existe trois types de filtres :

Par valeur de liste : Excel recense automatiquement les valeurs présentes dans une colonne puis vous les présente dans une liste sans doublons. Il vous suffit de cocher la ou les valeur(s) souhaitée(s) pour n'afficher que les lignes dont les valeurs du champ sont égales aux éléments sélectionnés.

Par couleurs : cette option permet de définir des filtres par couleur de police, couleur de cellule... Le filtre par couleur fonctionne aussi bien avec une mise en forme conditionnelle qu'avec une mise en forme définie manuellement.

Textuels ou numériques : c'est à vous de définir un critère personnalisé, par exemple un montant compris entre deux valeurs.

Excel permet d'appliquer un filtre sur chaque champ d'une base de données. Pour chaque filtre défini, les lignes qui ne correspondent pas aux critères sont masquées automatiquement. Les filtres se cumulent entre eux, effectuer des filtres successifs permet de réduire le sous-ensemble des données affichées.

Filtrer une base de données :

▶ Ouvrez le classeur **ListeBanque.xlsx**.

- Positionnez le curseur dans une cellule quelconque, **A1** par exemple.
- Dans l'onglet **Données**, groupe **Trier et filtrer**, cliquez sur **Filtrer** :

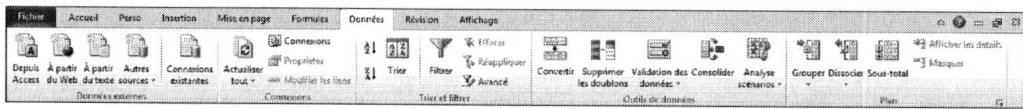

Une liste déroulante apparaît à droite de chaque titre de colonnes :

	A	B	C	D	E	F
1	DATES	PRODUIT	TYPE CLIENT	CODE PRODUIT	CONSEILLER	MONTANT CONTRAT
2	03/01/2011	ASSURANCE VIE	DIRIGEANT	AV-514	BOULANGER	560
3	03/01/2011	PEA	DIRIGEANT	PEA-3012	ROURE	604
4	03/01/2011	ASSURANCE VIE	PROF LIBERALE	AV-629	ROURE	505
5	03/01/2011	ASSURANCE VIE	SALARIE	AV-260	ROURE	320
6	03/01/2011	ASSURANCES	SALARIE	ASS-143	CORNU	230

Des exemples d'application de filtres sont détaillés ci-dessous.

Pour afficher seulement la liste des contrats établis par le conseiller CORNU :

- Déroulez le menu à droite du champ **CONSEILLER**.

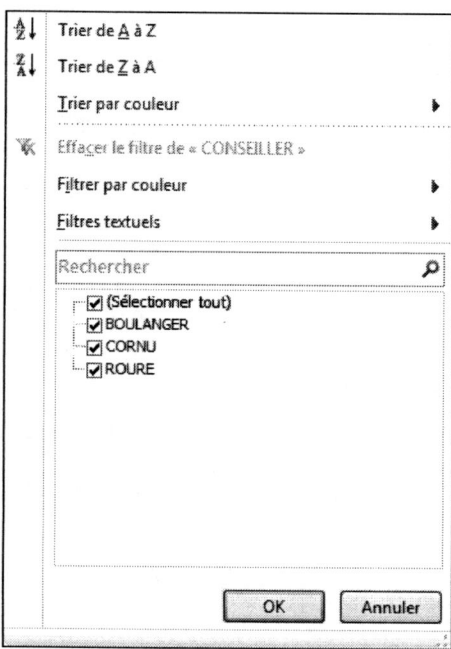

Chapitre 2 : Concevoir des synthèses simples

➧ Décochez l'option **(Sélectionner tout)**, cochez **CORNU** puis cliquez sur **OK**.

Excel n'affiche que les contrats filtrés. Vous pouvez visualiser en bas à gauche de la fenêtre le nombre d'enregistrements affichés, ici 45 sur un total de 84.

La petite flèche à droite de **CONSEILLER** a été remplacée par le bouton **Filtrer**, ce qui indique qu'un filtre a été défini sur ce champ.

Cocher plusieurs éléments revient à paramétrer des **OU**. Par exemple, si vous cochez uniquement BOULANGER **et** ROURE, vous indiquez à Excel que vous souhaitez afficher toutes les lignes qui contiennent dans la colonne CONSEILLER les noms BOULANGER **ou** ROURE.

Si vous définissez des filtres sur plusieurs champs, cela revient dans ce cas à paramétrer des **ET**.

! À tout moment, vous pouvez annuler un filtre, cliquez sur le bouton **Filtrer** du champ, puis sur l'option **Effacer le filtre de** ou bien cochez l'option **Sélectionner tout** puis validez par **OK**. Si vous avez défini des filtres sur plusieurs champs, il est beaucoup plus rapide d'annuler l'ensemble en cliquant sur le bouton **Filtrer** (groupe **Trier et filtrer - Filtrer**).

Pour obtenir la liste des placements proposés à des salariés par CORNU et ROURE.

➧ Cliquez sur le bouton **Filtrer** du champ **PRODUIT**.

➧ Cochez uniquement **PLACEMENT** pour sélectionner ce produit puis cliquez sur **OK**.

➧ Déroulez le menu à droite du champ **CONSEILLER**.

➧ Décochez **BOULANGER** puis cliquez sur **OK**.

Vous obtenez l'affichage de trois enregistrements :

	A	B	C	D	E	F
1	DATES	PRODUIT	TYPE CLIENT	CODE PRODUIT	CONSEILLER	MONTANT CONTRAT
46	12/01/2011	PLACEMENT	PROF LIBERALE	PLA-312	ROURE	428
64	17/01/2011	PLACEMENT	SALARIE	PLA-3015	CORNU	245
80	21/01/2011	PLACEMENT	SALARIE	PLA-3012	ROURE	350
86						

Pour afficher la liste des contrats **PEA** dont le montant est compris entre 600 et 900 euros :

➧ Cliquez sur le bouton **Filtrer** du champ **PRODUIT**, cochez uniquement **PEA**.

➤ Déroulez le menu à droite du champ **MONTANT CONTRAT**, dans **Filtres numériques**, sélectionnez **Entre…**

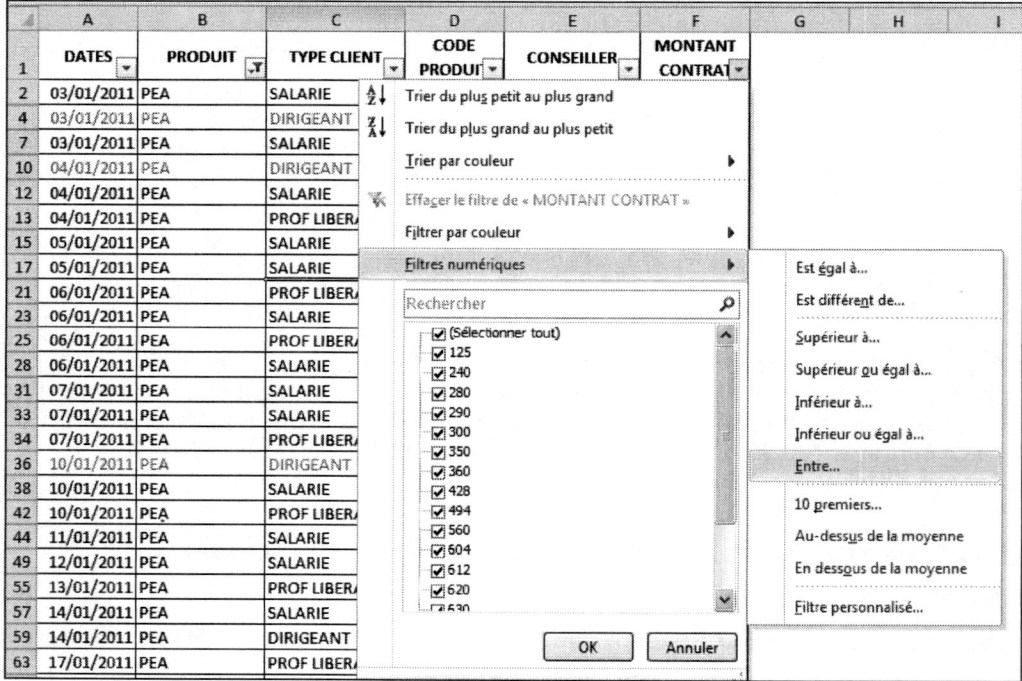

➤ Saisissez les deux valeurs limites puis cliquez sur **OK**.

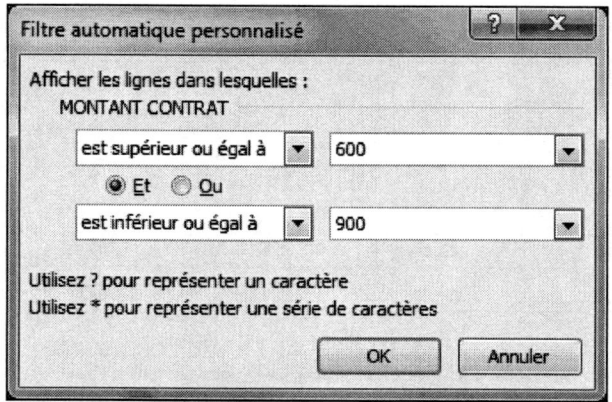

13 enregistrements correspondent aux critères.

Chapitre 2 : Concevoir des synthèses simples

Pour afficher la liste des contrats formatés en police Bleue :

Dans le fichier **ListeBanque.xlsx**, trois couleurs ont été définies : une mise en forme conditionnelle en bleu et des lignes ont été formatées manuellement en rouge et en vert.

- Pour revenir à la liste complète, cliquez deux fois successivement sur le bouton **Filtrer**.
- Les couleurs ayant été appliquées à tous les champs de la base, le filtre par couleur est applicable sur chacun des champs. Déroulez donc le menu d'un des champs, dans **Filtrer par couleur**, sélectionnez la couleur bleue.

Quatre contrats correspondent au critère :

	A	B	C	D	E	F
1	DATES	PRODUIT	TYPE CLIENT	CODE PRODUIT	CONSEILLER	MONTANT CONTRAT
4	03/01/2011	PEA	DIRIGEANT	PEA-3012	ROURE	604
10	04/01/2011	PEA	DIRIGEANT	PEA-3087	BOULANGER	640
36	10/01/2011	PEA	DIRIGEANT	PEA-3012	CORNU	630
73	19/01/2011	PEA	DIRIGEANT	PEA-3012	BOULANGER	800
86						
87						

Pour afficher la liste des contrats dont le texte contient le mot **ASSURANCE**.

- Pour revenir à la liste complète, annulez le filtre précédent.
- Déroulez le menu du champ **PRODUIT**, dans **Filtres textuels**, cliquez sur l'option **Contient**.
- Dans la boîte de dialogue **Filtre automatique personnalisé**, saisissez le texte **ASSURANCE** à droite du champ contient puis cliquez sur **OK**.

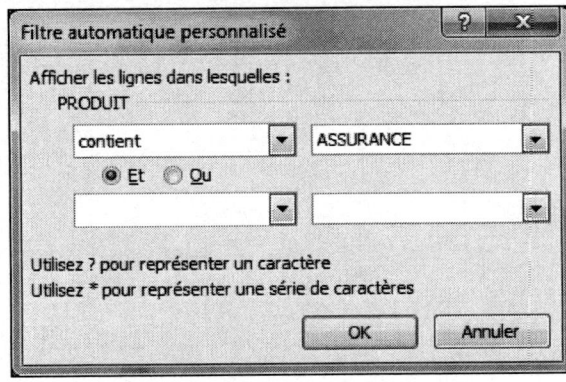

49 contrats correspondent au critère dont les premières lignes sont présentées ci-dessous.

	A	B	C	D	E	F
1	DATES	PRODUIT	TYPE CLIENT	CODE PRODUIT	CONSEILLER	MONTANT CONTRAT
2	03/01/2011	ASSURANCE VIE	DIRIGEANT	AV-514	BOULANGER	560
4	03/01/2011	ASSURANCE VIE	PROF LIBERALE	AV-629	ROURE	505
5	03/01/2011	ASSURANCE VIE	SALARIE	AV-260	ROURE	320
6	03/01/2011	ASSURANCES	SALARIE	ASS-143	CORNU	230
10	04/01/2011	ASSURANCE VIE	PROF LIBERALE	AV-260	CORNU	245
12	04/01/2011	ASSURANCES	SALARIE	ASS-234	CORNU	253

Pour afficher la liste des contrats passés entre le 10/01/2011 et le 20/01/2011 :

➯ Pour revenir à la liste complète, annuler le filtre précédent.

➯ Déroulez le menu du champ **DATES**, dans **Filtres chronologiques**, cliquez sur l'option **Entre**.

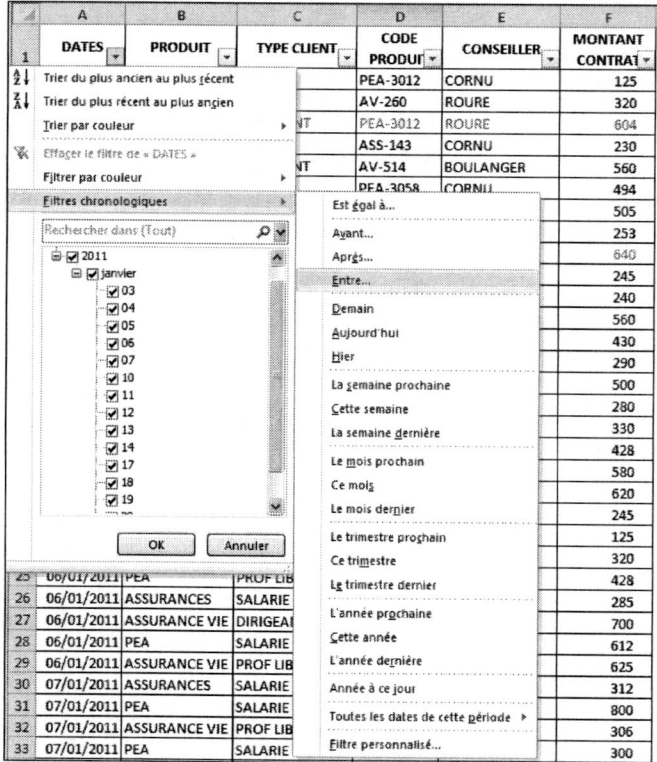

Chapitre 2 : Concevoir des synthèses simples   29

▶ Saisissez les dates souhaitées, puis cliquez sur **OK**.

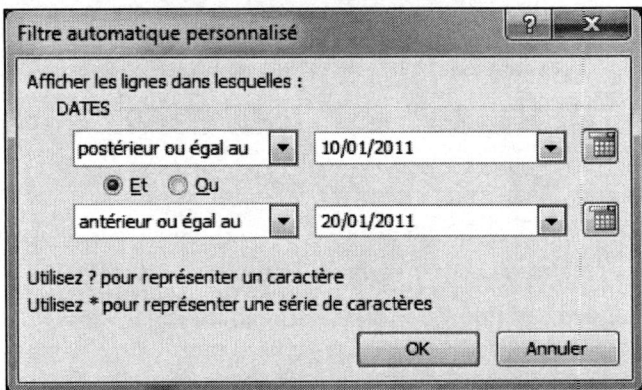

44 enregistrements correspondent au critère.

C. Filtres avancés

1. Définitions

Paramétrer un filtre avancé permet de filtrer les données vers un autre emplacement que la liste en cours.

Pour effectuer cette opération vous devez disposer de deux plages distinctes : une zone de critère et une zone d'extraction. Ces deux zones doivent comporter sur leur première ligne les champs à filtrer et/ou à afficher. Il n'est pas du tout nécessaire qu'elles comportent les mêmes champs. Par contre il n'est pas possible de copier les données filtrées vers une autre feuille que la feuille active.

2. Action

Pour l'exemple, nous allons considérer que pour régler les commissions de nos conseillers, le service comptable a besoin de la liste des contrats signés par un conseiller. La comptabilité n'a pas besoin de l'ensemble du détail des informations, seuls les champs date, code, conseiller et montant sont nécessaires.

Notre zone de critère ne doit donc comporter qu'un seul champ (conseiller) et la zone d'extraction les quatre champs souhaités.

Ces deux zones ont été préparées dans le classeur **ListeBanque.xlsx** (feuille **Liste**, **colonnes P à V**).

	N	O	P	Q	R	S	T	U	V
1									
2			Zone de critères			Zone d'extraction			
3									
4			CONSEILLER			DATES	CODE	CONSEILLER	MONTANT
5			CORNU						
6									

» Cliquez dans la cellule **P5** et saisissez le nom du conseiller choisi, ici **CORNU**.

» Cliquez sur une cellule quelconque dans la liste.

» Dans l'onglet **Données**, groupe **Trier et filtrer**, cliquez sur **Avancé**.

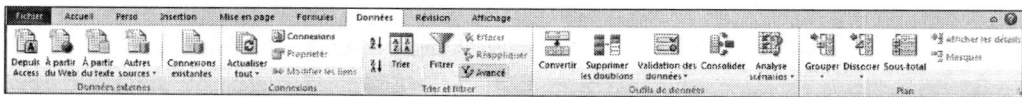

» Cochez l'option **Copier vers un autre emplacement**.

» Cliquez sur le bouton à droite du champ **Zone de critères** et sélectionnez les cellules **P4** et **P5**.

» Cliquez sur le bouton à droite du champ **Copier dans** et sélectionnez la plage de cellules **S4** à **V4**. Cliquez sur **OK**.

Chapitre 2 : Concevoir des synthèses simples

Les lignes sont copiées sous la zone d'extraction (ci-dessous les premières lignes) :

	O	P	Q	R	S	T	U	V
1								
2		Zone de critères			Zone d'extraction			
3								
4		CONSEILLER			DATES	CODE	CONSEILLER	MONTANT
5		CORNU			03/01/2011	ASS-143	CORNU	230
6					03/01/2011	PEA-3012	CORNU	125
7					03/01/2011	PEA-3058	CORNU	494
8					04/01/2011	AV-260	CORNU	245
9					04/01/2011	PEA-3012	CORNU	560
10					04/01/2011	ASS-234	CORNU	253
11					04/01/2011	PEA-3012	CORNU	240

Pour exporter les données d'un autre conseiller, il suffit de remplacer le nom contenu dans la cellule P5 puis de cliquer à nouveau sur le bouton **Avancé**. Les plages sont conservées, il faut juste veiller à bien cocher l'option **Copier vers un autre emplacement**.

Si vous souhaitez exporter les contrats de plusieurs conseillers, saisissez les noms verticalement à partir de la cellule P5. Les critères placés sur plusieurs lignes sont reliés par des OU. N'oubliez pas de modifier la référence à la zone de critère.

Vous avez pu constater par ces exemples que la variété des filtres d'Excel permettait d'effectuer de nombreuses sélections à partir d'une base de données. Nous allons maintenant aborder rapidement la technique de création des sous-totaux.

D. Créer des sous-totaux

1. Définitions

Un **sous-total** est un calcul de synthèse qu'Excel va insérer sur une nouvelle ligne à chaque changement de la valeur d'un champ trié.

Le **mode plan** permet de regrouper/masquer et/ou afficher de manière hiérarchisée des enregistrements ayant des caractéristiques communes. Un plan peut comporter huit niveaux au maximum.

Les **symboles du plan** présentent les niveaux hiérarchisés. Plus le numéro est élevé, plus le niveau de détail affiché va être important.

2. Démarche de création

Effectuez un tri sur le champ sur lequel vous souhaitez effectuer la synthèse, par exemple si vous souhaitez connaître le montant total des contrats par produit, triez les produits par ordre croissant. Insérez les sous-totaux puis masquez éventuellement les lignes de détails.

Ci-après, des exemples d'application de la fonctionnalité **Sous-Total** sont détaillés.

3. Calculer le montant total des contrats par produit

- Supprimer les éventuels filtres : dans l'onglet **Données** cliquez sur le bouton **Filtrer** du groupe **Trier et filtrer**.
- Réalisez un clic droit dans une cellule de la colonne **PRODUIT**.
- Pointez l'option **Trier**, puis cliquez sur **Trier de A à Z**.

Chapitre 2 : Concevoir des synthèses simples

◆ Dans l'onglet **Données**, groupe **Plan**, cliquez sur **Sous-total**.

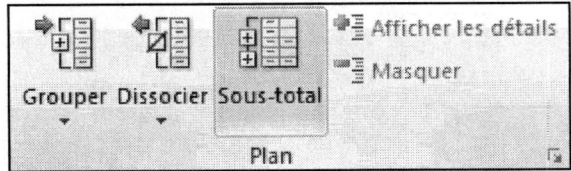

◆ Paramétrez les options de la fenêtre **Sous-total** telles que ci-dessous puis cliquez sur **OK**.

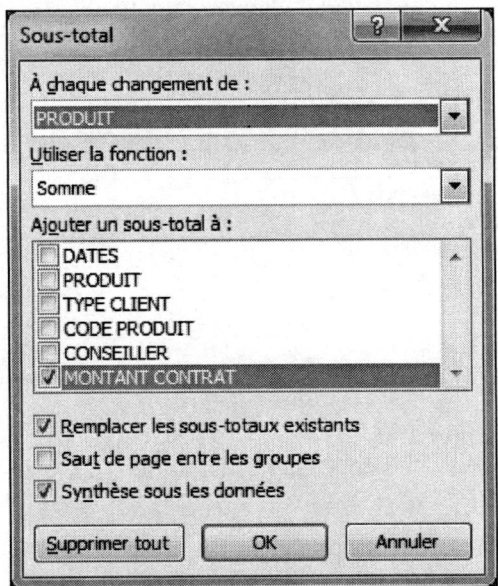

Excel est passé automatiquement en mode Plan :

	A	B	C	D	E	F
1	DATES	PRODUIT	TYPE CLIENT	CODE PRODUIT	CONSEILLER	MONTANT CONTRAT
2	03/01/2011	ASSURANCE VIE	SALARIE	AV-260	ROURE	320
3	03/01/2011	ASSURANCE VIE	DIRIGEANT	AV-514	BOULANGER	560
4	03/01/2011	ASSURANCE VIE	PROF LIBERALE	AV-629	ROURE	505
5	04/01/2011	ASSURANCE VIE	PROF LIBERALE	AV-260	CORNU	245
6	05/01/2011	ASSURANCE VIE	PROF LIBERALE	AV-629	BOULANGER	430
7	06/01/2011	ASSURANCE VIE	SALARIE	AV-514	CORNU	428

Les symboles du plan sont visibles en haut à gauche de la fenêtre.

Si vous cliquez sur le niveau 1, Excel affiche uniquement le total général des contrats.

		A	B	C	D	E	F
	1	DATES	PRODUIT	TYPE CLIENT	CODE PRODUIT	CONSEILLER	MONTANT CONTRAT
+	90		Total général				37 328
	91						

En cliquant sur le signe **+**, l'ensemble des lignes est de nouveau affiché.

Si vous cliquez sur le niveau 2, Excel affiche uniquement les sous-totaux par produit, puis le total général.

		A	B	C	D	E	F
	1	DATES	PRODUIT	TYPE CLIENT	CODE PRODUIT	CONSEILLER	MONTANT CONTRAT
+	26		Total ASSURANCE VIE				11 022
+	52		Total ASSURANCES				10 429
+	84		Total PEA				14 614
+	89		Total PLACEMENT				1 263
−	90		Total général				37 328
	91						

En cliquant sur un signe **+**, le détail des lignes du produit concerné est affiché.

 Si vous cliquez dans la cellule F26, vous pouvez voir la formule **=SOUS.TOTAL(9;F2:F25)**, le 9 correspond au numéro de la fonction somme.

4. Calculer le nombre de contrats par type de client

◆ Supprimez les sous-totaux : onglet **Données** - groupe **Plan** :

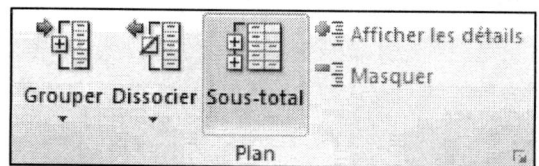

◆ Cliquez sur **Sous-total** puis sur le bouton **Supprimer tout**.

◆ Réalisez un clic droit dans une cellule de la colonne **Type client** puis pointez l'option **Trier** et cliquez sur **Trier de A à Z**.

◆ Dans l'onglet **Données**, groupe **Plan**, cliquez sur **Sous-total**.

Chapitre 2 : Concevoir des synthèses simples

▶ Paramétrez les options de la fenêtre **Sous-total** telles que ci-dessous puis **OK**.

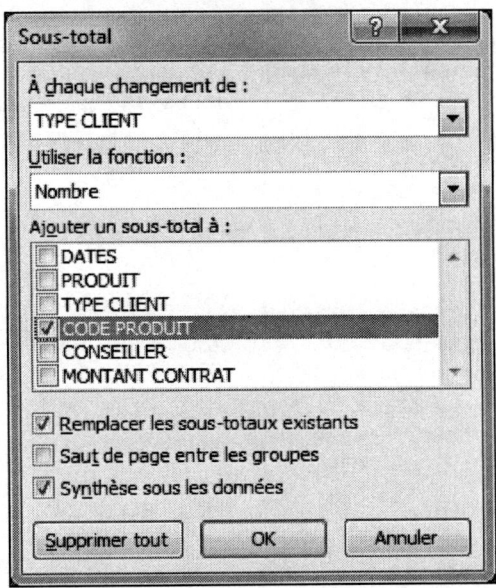

Si vous cliquez sur le niveau 2, Excel affiche le nombre de contrats par type de client.

	A	B	C	D	E	F
1	DATES	PRODUIT	TYPE CLIENT	CODE PRODUIT	CONSEILLER	MONTANT CONTRAT
19			Nombre DIRIGEANT	17		
47			Nombre PROF LIBERALE	27		
88			Nombre SALARIE	40		
89			Nbval	84		
90						

 Nous avons utilisé ici la fonction nombre sur le champ **CODE PRODUIT** pour des raisons de présentation. Ceci permet d'avoir le nombre de contrats immédiatement à droite des types clients. Si nous avions effectué le sous-total sur le champ **Montant Contrat**, les valeurs auraient été identiques mais la présentation aurait été moins claire.

Les sous-totaux nous permettent donc d'effectuer des synthèses sur un paramètre. Pour croiser deux, trois informations ou plus, il faut utiliser les rapports de tableaux croisés dynamiques.

Le tableau ci-après présente le nombre d'informations à croiser en fonction de la synthèse recherchée.

Synthèse	Éléments à croiser	Champ sur lequel réaliser la statistique	Fonction à utiliser
Montant total des contrats par conseiller et par type de client	2 éléments : conseiller et type de client	MONTANT CONTRAT	SOMME
Montant total des contrats par produit et par conseiller pour un type de client	3 éléments : produit, conseiller et type de client	MONTANT CONTRAT	SOMME
Nombre de contrats par conseiller et par type de client	2 éléments : conseiller et type de client	CHACUN DES CHAMPS DE LA BASE PEUT CONVENIR	NOMBRE
Chiffres d'affaires mensuels par produit pour un conseiller et un type de client	4 éléments : date, produit, conseiller et type de client	MONTANT CONTRAT	SOMME
Plus gros montant de contrat par conseiller et type de client	2 éléments : conseiller et type de client	MONTANT CONTRAT	MAX

Chapitre 3
Les Bases

A. Introduction 38
B. Créer un tableau croisé dynamique 38
C. Mettre en forme le tableau croisé dynamique 45

A. Introduction

Ce chapitre va vous permettre d'appréhender les techniques de base de création d'un tableau croisé dynamique. Nous allons bien sûr débuter par un tableau simple afin que vous puissiez vous familiariser avec la méthodologie de conception. À la fin de ce chapitre, vous serez capable de créer à partir de vos propres tableaux de données des "petits" tableaux croisés dynamiques.

Connaissances nécessaires : manipulations de base d'Excel

Nouveaux acquis :
- Conception d'un rapport de tableau croisé dynamique simple
- Modification de la mise en forme du rapport
- Mise à jour du rapport
- Insertion de calculs

B. Créer un tableau croisé dynamique

1. Le tableau source

Notre premier tableau croisé dynamique va être construit à partir du fichier **Stages.xlsx**. Les informations peuvent provenir d'une extraction à partir de votre logiciel de gestion commerciale, ou bien peuvent avoir été saisies directement dans Excel au fur et à mesure des ventes réalisées.

Les données présentes dans la feuille **ListeContrats** sont telles que ci-après.

	A	B	C
1	STAGE	PERIODE	DUREE
2	VTT	ÉTÉ	2
3	EQUITATION	ÉTÉ	5
4	VTT	ÉTÉ	3
5	TENNIS	AUTOMNE	5
6	TENNIS	ÉTÉ	15
7	VTT	PRINTEMPS	5
8	PLONGEE	ÉTÉ	5

Le tableau représente la liste des inscriptions à des stages sportifs. Six types de stages sont proposés, chacun pour les quatre saisons.

Les types de stages :
- équitation

Chapitre 3 : Les Bases

- plongée
- spéléo
- surf
- tennis
- VTT

Les saisons :
- printemps
- été
- automne
- hiver

2. Première synthèse

Le tableau de données ne comportant que trois colonnes, notre premier tableau croisé dynamique va être aisé à construire. Nous allons dans un premier temps calculer la durée totale des stages par type de stage et saison.

▶ Ouvrez le classeur **Stages.xlsx**.

▶ Positionnez le curseur dans une cellule de la source, **A3** par exemple.

▶ Dans l'onglet **Insertion** - groupe **Tableaux**, cliquez sur **Tableau croisé dynamique** :

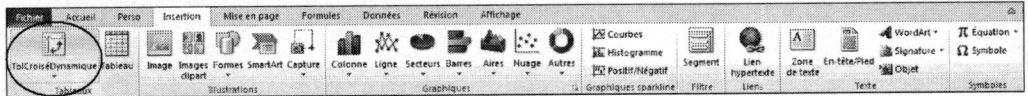

La boîte de dialogue **Créer un tableau croisé dynamique** apparaît :

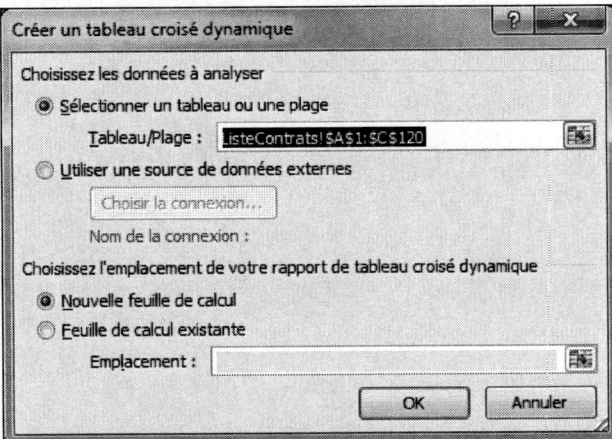

La plage des données à analyser est sélectionnée automatiquement et apparaît entourée d'une ligne de pointillés mouvants. L'emplacement **Nouvelle feuille de calcul** est sélectionné par défaut.

▶ Cliquez sur **OK**.

Excel crée une nouvelle feuille de calcul dans laquelle apparaît la zone de rapport dans la partie gauche.

Le volet **Liste de champs de tableau croisé dynamique** est affiché dans la partie droite de la fenêtre.

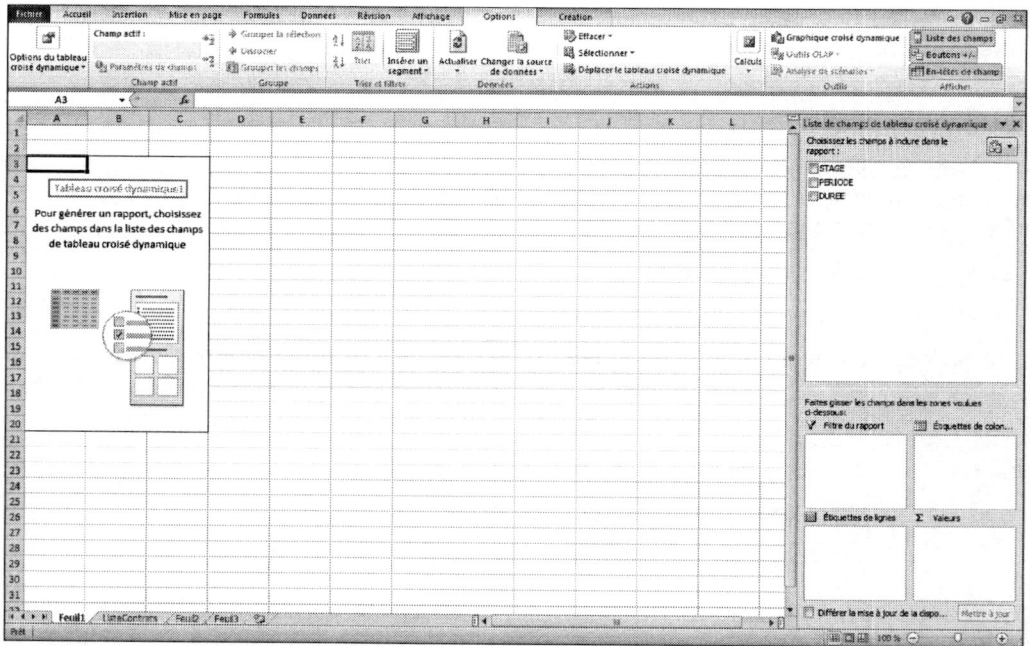

La boîte de dialogue est personnalisable et déplaçable, le bouton situé en haut à droite permet de modifier l'affichage et la disposition des différents composants.

Chapitre 3 : Les Bases

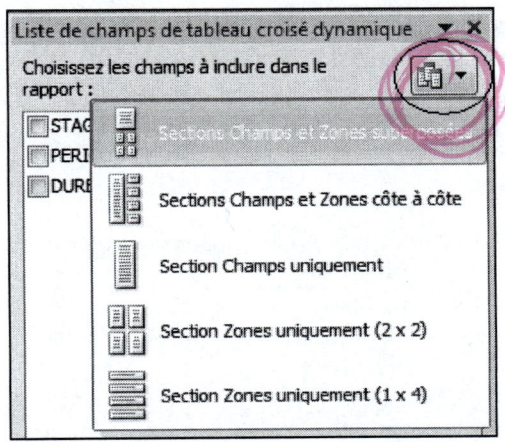

▶ Cochez les trois champs pour les inclure dans le rapport de tableau croisé dynamique.

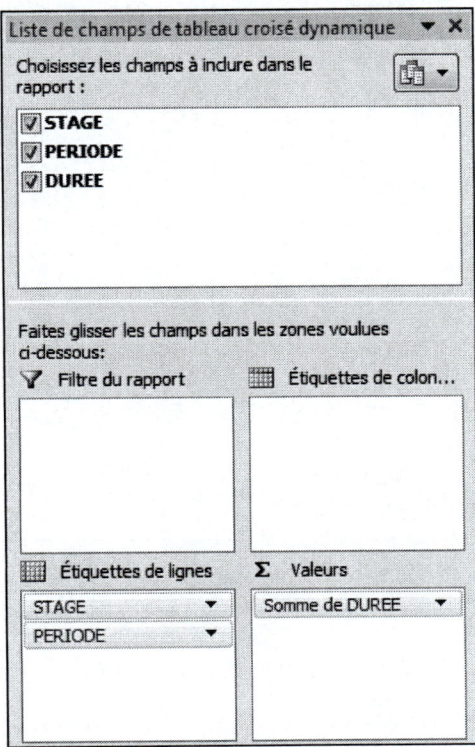

Le champ numérique (**DUREE**) a été placé automatiquement dans la zone **Valeurs** et la fonction **Somme** lui a été attribuée par défaut.

Le tableau croisé est instantanément mis à jour dans la feuille :

	A	B
1		
2		
3	Étiquettes de lignes	Somme de DUREE
4	⊟ EQUITATION	81
5	AUTOMNE	29
6	ÉTÉ	47
7	PRINTEMPS	5
8	⊟ PLONGEE	163
9	AUTOMNE	5
10	ÉTÉ	50
11	PRINTEMPS	108
12	⊟ SPELEO	30
13	ÉTÉ	15
14	PRINTEMPS	15
15	⊟ SURF	28
16	ÉTÉ	18
17	HIVER	10
18	⊟ TENNIS	150
19	AUTOMNE	20
20	ÉTÉ	70
21	HIVER	15
22	PRINTEMPS	45
23	⊟ VTT	343
24	AUTOMNE	30
25	ÉTÉ	213
26	HIVER	10
27	PRINTEMPS	90
28	Total général	795

Excel a calculé pour chaque type de stage la durée totale des journées pour chaque saison.

 Cette représentation présente l'inconvénient de dupliquer chaque saison autant de fois qu'il y a de types de stages.

Chapitre 3 : Les Bases

3. Option : utiliser le glisser/déposer directement dans le tableau croisé dynamique

Pour les personnes qui étaient habituées à utiliser dans les versions précédentes le glisser/déposer des champs directement dans le tableau croisé dynamique, il est possible de retrouver ce mode de fonctionnement.

➡ Effectuez un clic droit sur la zone qui apparaît dans la partie gauche de la feuille de calcul puis cliquez sur **Options du tableau croisé dynamique**.

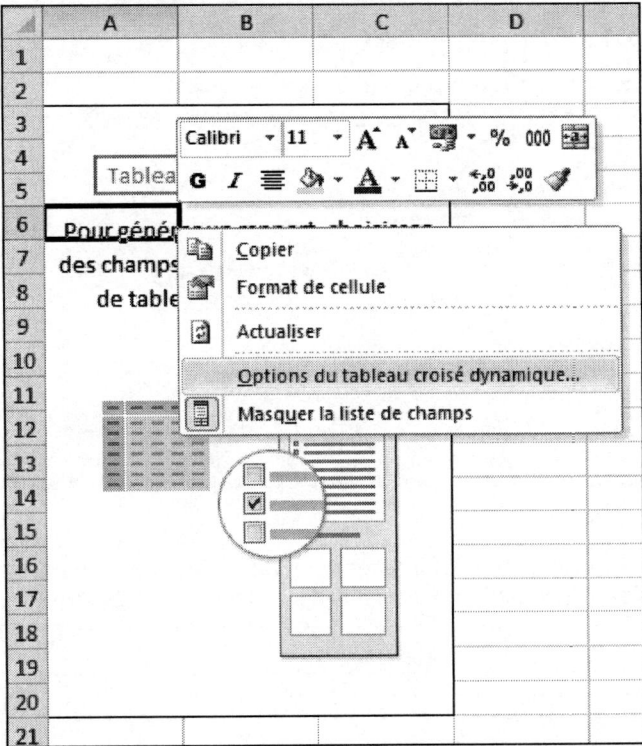

➡ Dans l'onglet **Affichage**, cochez l'option **Disposition classique du tableau croisé dynamique (glisser de champs dans la grille)**.

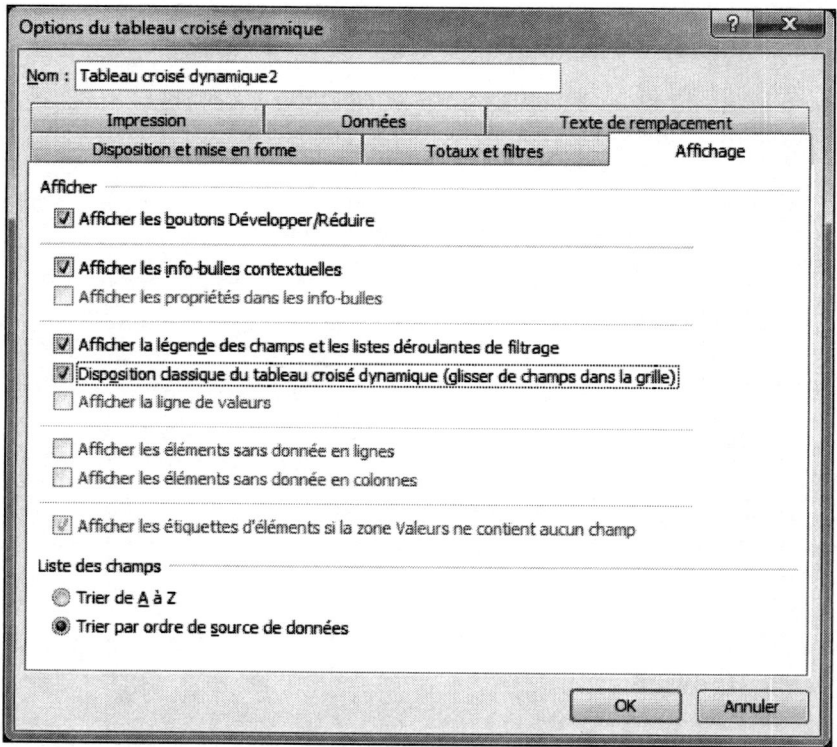

▶ Cliquez sur le bouton **OK**.

Vous pourrez ainsi retrouver une disposition et un mode de fonctionnement identiques aux premières versions des tableaux croisés dynamiques sur Excel.

Chapitre 3 : Les Bases

C. Mettre en forme le tableau croisé dynamique

1. Modifier la disposition du tableau croisé dynamique

Il est en général préférable de présenter un rapport de tableau croisé dynamique avec en en-tête de lignes les données les plus nombreuses. Ainsi, le tableau pourra être imprimé directement en orientation portrait.

Ici, nous avons plus de stages que de saisons, nous allons donc placer les stages en en-tête de lignes et les saisons en en-tête de colonnes :

▶ Effectuez un clic droit sur le champ **PERIODE** dans le volet **Liste de champs de tableau croisé dynamique**.

▶ Sélectionnez l'option **Ajouter aux étiquettes de colonnes**.

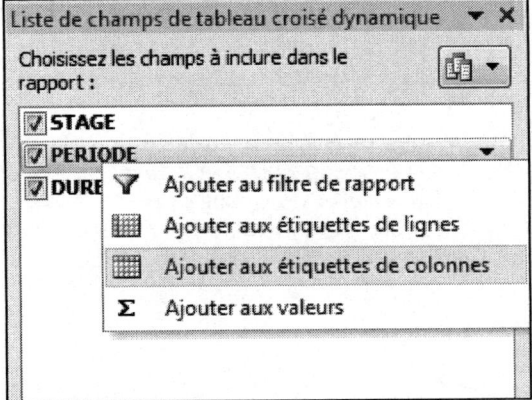

Le **Tableau croisé dynamique** est réorganisé et le contenu de la boîte de dialogue a été modifié.

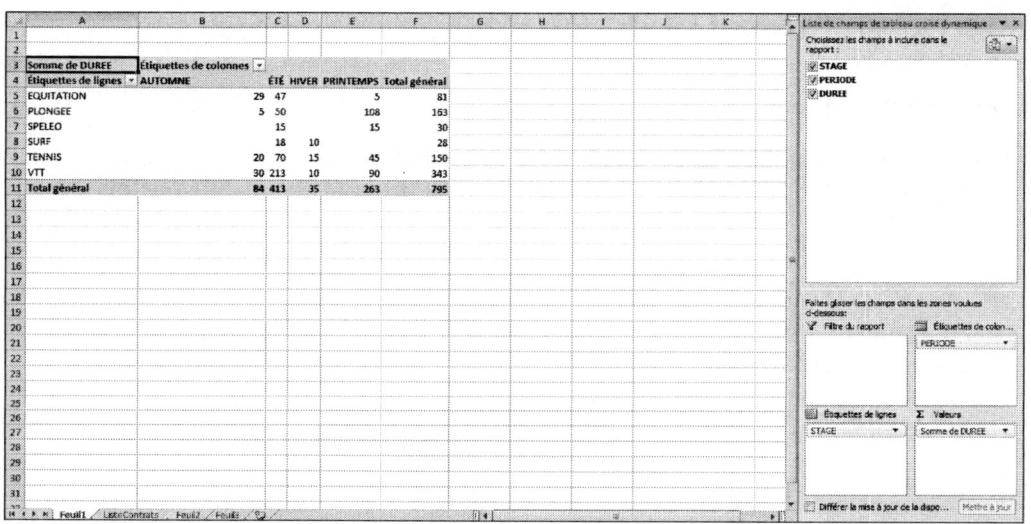

 Lorsque l'on clique en dehors du tableau croisé dynamique, la boîte de dialogue n'est plus affichée. Pour la faire apparaître à nouveau, il suffit de cliquer dans le tableau croisé dynamique. Si la boîte de dialogue a été fermée par la croix située en haut à droite, faites un clic droit dans le tableau croisé dynamique puis sélectionnez l'option **Afficher la liste de champs** pour l'afficher.

2. Modifier le format des nombres

En fonction du type de valeurs que vous analysez, il peut être utile de formater les nombres au format millier, afin de définir des nombres avec un espace tous les trois chiffres.

▶ Faites un clic droit dans le tableau croisé dynamique.

▶ Sélectionnez **Format de nombre**, dans la catégorie **Nombre**, cochez **Utiliser le séparateur de milliers** et paramétrez le nombre de décimales que vous souhaitez afficher.

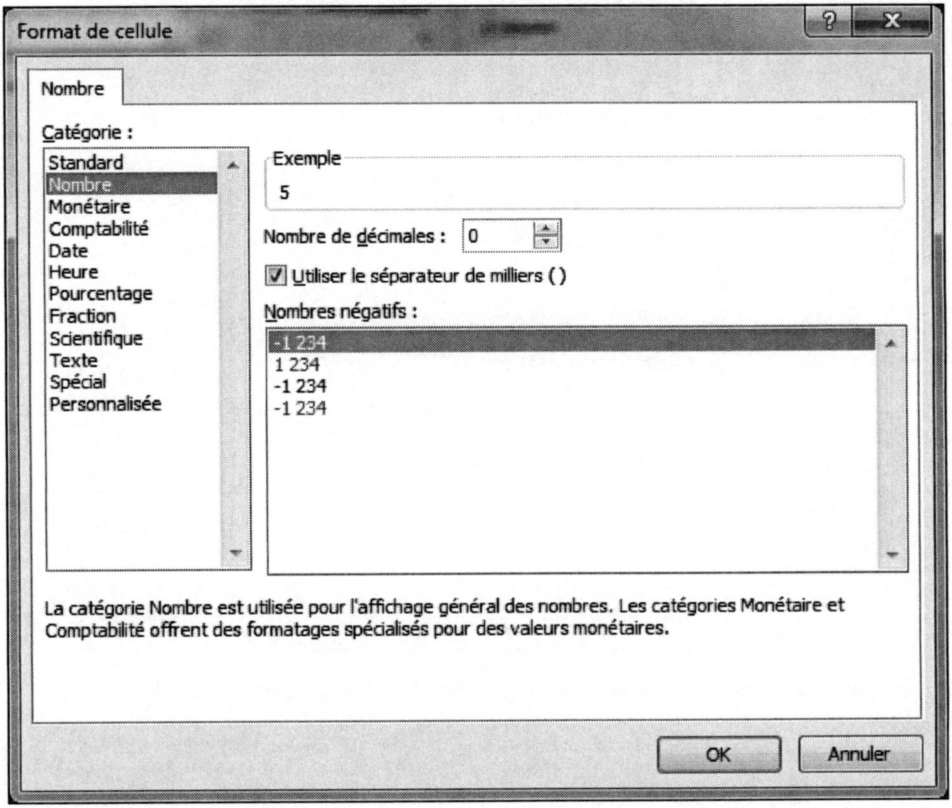

Chapitre 3 : Les Bases

[Format de cellule dialog box]

▶ Cliquez sur **OK**.

3. Modifier le titre du tableau

▶ Dans la zone Σ **Valeurs** du volet **Liste de champs de tableau croisé dynamique**, ouvrez la liste associée au champ **Somme de DUREE**, puis sélectionnez **Paramètres des champs de valeurs**.

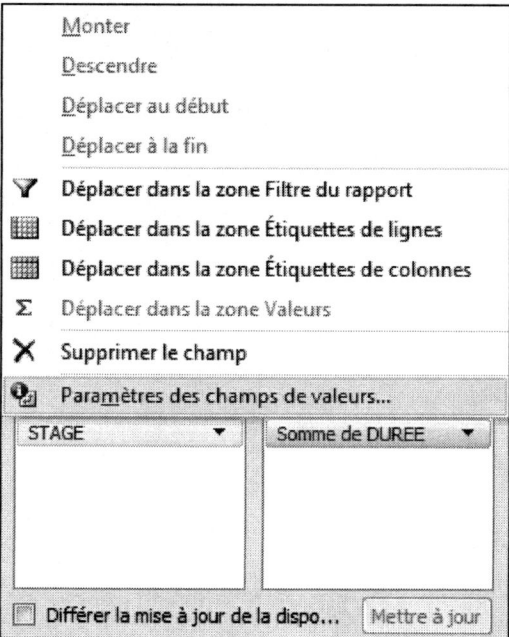

▶ Dans la zone **Nom personnalisé**, saisissez **DUREES TOTALES**.

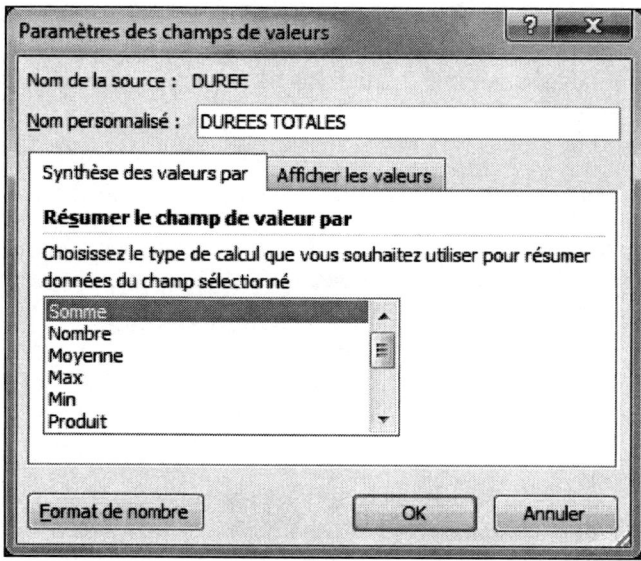

Chapitre 3 : Les Bases

▶ Cliquez sur **OK**.

4. Modifier les étiquettes de lignes et de colonnes

Afin de rendre plus lisible notre tableau il est souhaitable de modifier les étiquettes de lignes et colonnes.

▶ Positionnez le curseur dans les cellules concernées puis saisissez directement les nouveaux titres.

	A	B	C	D	E	F
1						
2						
3	DUREES TOTALES	SAISONS				
4	STAGES	AUTOMNE	ÉTÉ	HIVER	PRINTEMPS	Total général
5	EQUITATION		29	47	5	81
6	PLONGEE	5	50		108	163
7	SPELEO		15		15	30
8	SURF		18	10		28
9	TENNIS	20	70	15	45	150
10	VTT	30	213	10	90	343
11	Total général	84	413	35	263	795

5. Calculer le nombre de stages

Il peut être intéressant d'obtenir le nombre de personnes ayant réalisé un stage pour chaque saison. Ajouter cette statistique dans notre tableau croisé est possible, mais ceci alourdirait la lecture du tableau. Nous allons plutôt le dupliquer et modifier les statistiques dans le tableau ainsi recopié.

▶ Sélectionnez l'ensemble du tableau croisé dynamique dans la feuille (un clic dans le tableau puis Ctrl **A**).

▶ Copiez-collez-le sous le premier tableau en laissant deux lignes vierges entre les deux.

Excel 2010 - Tableaux croisés dynamiques

	A	B	C	D	E	F
1						
2						
3	DUREES TOTALES	SAISONS				
4	STAGES	AUTOMNE	ÉTÉ	HIVER	PRINTEMPS	Total général
5	EQUITATION		29	47		5	81
6	PLONGEE	5	50		108	163
7	SPELEO		15		15	30
8	SURF		18	10		28
9	TENNIS	20	70	15	45	150
10	VTT	30	213	10	90	343
11	Total général	84	413	35	263	795
12						
13						
14	DUREES TOTALES	SAISONS				
15	STAGES	AUTOMNE	ÉTÉ	HIVER	PRINTEMPS	Total général
16	EQUITATION		29	47		5	81
17	PLONGEE	5	50		108	163
18	SPELEO		15		15	30
19	SURF		18	10		28
20	TENNIS	20	70	15	45	150
21	VTT	30	213	10	90	343
22	Total général	84	413	35	263	795

» Cliquez dans le deuxième tableau, dans le volet, ouvrez la liste du champ **DUREES TOTALES**, puis cliquez sur l'option **Paramètres des champs de valeurs**.

» Sélectionnez la fonction **Nombre** puis saisissez **Nombre de stages** dans la zone **Nom personnalisé**.

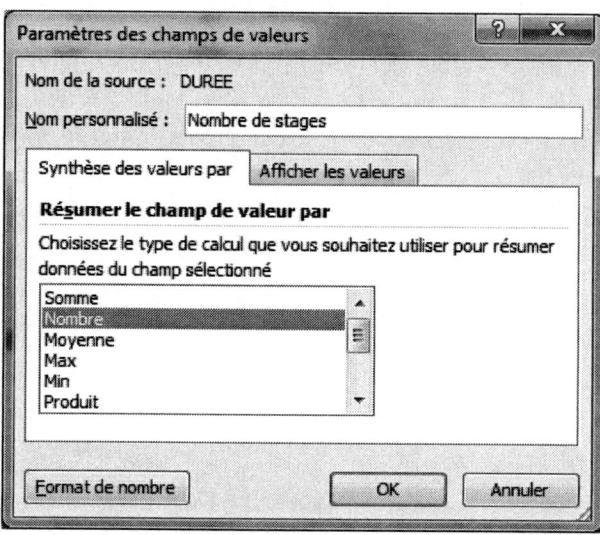

Chapitre 3 : Les Bases

Le deuxième tableau affiche maintenant le nombre de stages par sport et par saison.

	A	B	C	D	E	F
1						
2						
3	DUREES TOTALES	SAISONS ▼				
4	STAGES ▼	AUTOMNE	ÉTÉ	HIVER	PRINTEMPS	Total général
5	EQUITATION	29	47		5	81
6	PLONGEE	5	50		108	163
7	SPELEO		15		15	30
8	SURF		18	10		28
9	TENNIS	20	70	15	45	150
10	VTT	30	213	10	90	343
11	Total général	84	413	35	263	795
12						
13						
14	Nombre de stages	SAISONS ▼				
15	STAGES ▼	AUTOMNE	ÉTÉ	HIVER	PRINTEMPS	Total général
16	EQUITATION	8	8		1	17
17	PLONGEE	1	8		9	18
18	SPELEO		2		1	3
19	SURF		4	2		6
20	TENNIS	4	8	1	3	16
21	VTT	4	37	2	16	59
22	Total général	17	67	5	30	119

6. Mettre à jour les données

Lorsque dans un tableau Excel contenant des formules, une donnée est modifiée, les formules sont automatiquement recalculées. Dans un tableau croisé dynamique, lorsque les données de la base de données sont modifiées, les tableaux croisés dynamiques créés à partir de cette source ne sont pas mis à jour automatiquement. Il nous faut donc actualiser les tableaux croisés si les données source ont été modifiées.

▶ Pour simuler ce changement de données, modifiez les deux premières lignes de données dans la feuille **ListeContrats** en vous référant à l'écran qui suit.

	A	B	C
1	STAGE	PERIODE	DUREE
2	RUGBY	ÉTÉ	6
3	VOLLEY	ÉTÉ	8
4	VTT	ÉTÉ	3

En revenant sur la feuille contenant nos deux tableaux croisés, nous pouvons voir que les totaux n'ont pas été modifiés et que les deux nouveaux sports n'ont pas été ajoutés à la liste. Nous allons donc procéder à l'actualisation.

▶ Cliquez dans l'un des tableaux croisés dynamiques.

▶ Onglet **Outils de tableau croisé dynamique - Options**, groupe **Données, Actualiser, Actualiser tout** ou bien `Ctrl` `Alt` `F5`.

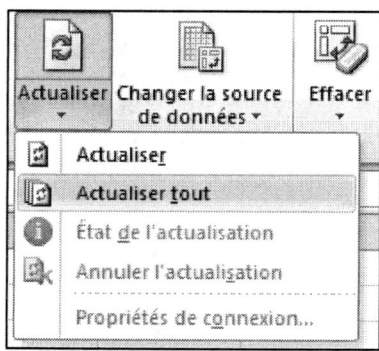

Chapitre 3 : Les Bases

Les totaux ont été modifiés et les nouveaux stages ont été ajoutés dans les tableaux. Par contre, les deux tableaux n'étant au départ séparés que par deux lignes, ils se retrouvent maintenant collés l'un à l'autre.

Si le tableau croisé dynamique ne rencontre que des lignes vides en s'étendant, aucune ligne n'est insérée pour décaler la partie située au-dessous.

Si le tableau croisé dynamique rencontre un autre tableau croisé en s'étendant, le message suivant apparaît, en cliquant sur **OK**, des lignes sont insérées pour décaler vers le bas le tableau croisé dynamique situé dessous.

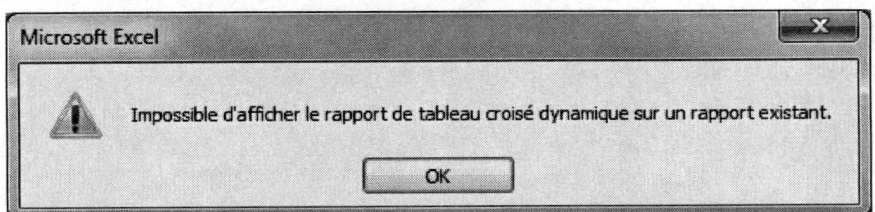

▸ Afin que nos deux tableaux soient bien dissociés, insérez une ligne entre les deux tableaux.

 Si l'on ajoute des lignes à la fin de notre base de données, celles-ci ne seront pas prises en compte par une mise à jour. Nous verrons plus loin dans cet ouvrage comment créer des plages sources dynamiques lorsque le nombre de ligne varie.

7. Trier les champs

Les stages ajoutés ne sont pas classés par ordre alphabétique dans nos deux tableaux croisés dynamiques. Le tri est effectué automatiquement lors de la création du tableau croisé dynamique mais pas lors d'une mise à jour.

▸ Effectuez un clic droit sur l'un des sports dans le premier tableau.

▸ Pointez l'option **Trier** puis cliquez sur **Trier de A à Z**.

Excel 2010 - Tableaux croisés dynamiques

[Capture d'écran montrant un tableau croisé dynamique avec un menu contextuel ouvert sur l'option "Trier" développée, affichant "Trier de A à Z", "Trier de Z à A" et "Options de tri supplémentaires...".]

> Reproduisez l'opération pour le deuxième tableau.

8. Calculer des pourcentages

Il peut être intéressant de connaître comment se répartissent les inscriptions par saison pour chaque sport. Les tableaux croisés dynamiques d'Excel nous permettent d'obtenir rapidement ce type d'information.

Comme précédemment, nous allons utiliser un tableau croisé dynamique déjà créé.

> Sélectionnez l'ensemble du deuxième tableau croisé dynamique.

> Copiez-collez-le sous le deuxième tableau en laissant une ligne vierge entre les deux tableaux.

> Cliquez dans le troisième tableau croisé dynamique, ouvrez la liste du champ **Nombre de stages**, puis sélectionnez **Paramètres des champs de valeurs**.

Chapitre 3 : Les Bases

▶ Activez l'onglet **Afficher les valeurs**, dans la zone **Afficher les valeurs**, sélectionnez l'option **% du total de la ligne**.

▶ Dans la zone **Nom personnalisé**, saisissez le texte **% INSCRIPTIONS** :

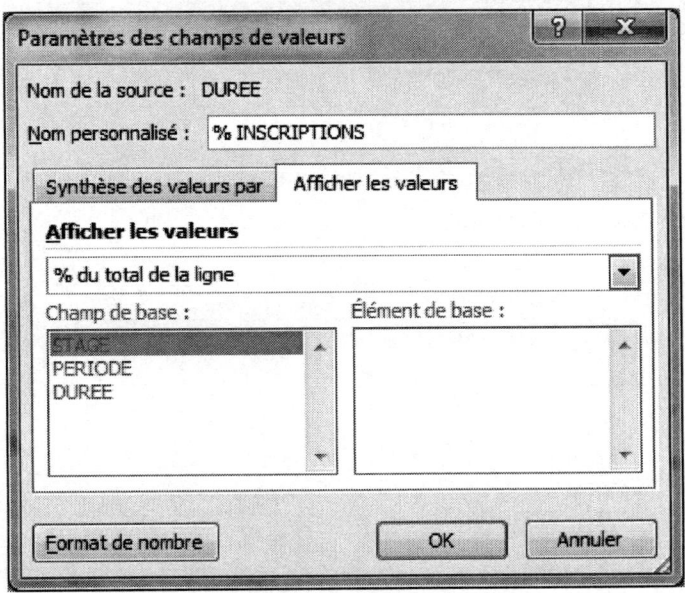

Notre tableau affiche maintenant les pourcentages souhaités :

	% INSCRIPTIONS	SAISONS				
	STAGES	AUTOMNE	ÉTÉ	HIVER	PRINTEMPS	Total général
29	EQUITATION	50,00%	43,75%	0,00%	6,25%	100,00%
30	PLONGEE	5,56%	44,44%	0,00%	50,00%	100,00%
31	RUGBY	0,00%	100,00%	0,00%	0,00%	100,00%
32	SPELEO	0,00%	66,67%	0,00%	33,33%	100,00%
33	SURF	0,00%	66,67%	33,33%	0,00%	100,00%
34	TENNIS	25,00%	50,00%	6,25%	18,75%	100,00%
35	VOLLEY	0,00%	100,00%	0,00%	0,00%	100,00%
36	VTT	6,90%	62,07%	3,45%	27,59%	100,00%
37	Total général	14,29%	56,30%	4,20%	25,21%	100,00%

Afin d'améliorer la lisibilité du tableau, vous pouvez paramétrer le nombre de décimales à 0.

Pour obtenir, pour chaque saison, la répartition en pourcentage de chacun des sports, accédez à la boîte de dialogue **Paramètres des champs de valeurs**, dans l'onglet **Afficher les valeurs**, sélectionnez l'option **% du total de la colonne**.

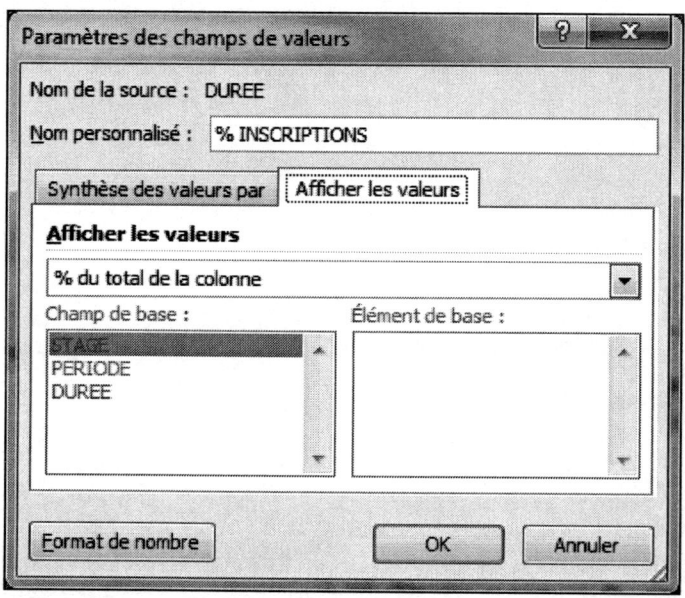

Les totaux de 100% sont maintenant affichés en pied de colonnes.

Chapitre 3 : Les Bases

Pour obtenir la répartition du nombre d'inscriptions de chaque élément par rapport au nombre total d'inscriptions, accédez à la boîte de dialogue **Paramètres des champs de valeurs**, dans l'onglet **Afficher les valeurs**, sélectionnez l'option **% du total général**.

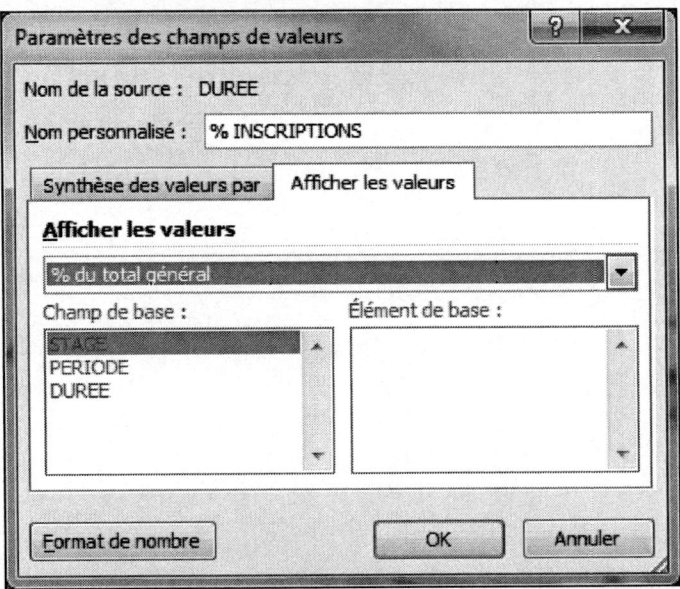

	% INSCRIPTIONS	SAISONS				
	STAGES	AUTOMNE	ÉTÉ	HIVER	PRINTEMPS	Total général
29	EQUITATION	7%	6%	0%	1%	13%
30	PLONGEE	1%	7%	0%	8%	15%
31	RUGBY	0%	1%	0%	0%	1%
32	SPELEO	0%	2%	0%	1%	3%
33	SURF	0%	3%	2%	0%	5%
34	TENNIS	3%	7%	1%	3%	13%
35	VOLLEY	0%	1%	0%	0%	1%
36	VTT		3%	30%	2%	13%	49%
37	**Total général**	14%	56%	4%	25%	100%

Excel 2010 - Tableaux croisés dynamiques

Chapitre 4
Les techniques de conception

A. Introduction 60
B. Croiser plus de deux informations 60
C. Mettre en forme le tableau croisé dynamique 70

A. Introduction

Dans le chapitre précédent, nous avons conçu des tableaux croisés dynamiques dans lesquels deux champs ont été croisés. Nous allons maintenant aborder la conception de tableaux croisés dynamiques avancés. Ce chapitre va vous permettre de consolider les acquis du chapitre précédent et aussi d'acquérir les techniques de personnalisation de vos tableaux croisés dynamiques.

Connaissances nécessaires : conception et mise en forme des tableaux croisés dynamiques

Nouveaux acquis :
- Filtrage des informations
- Gestion de l'affichage/masquage de certaines données
- Appliquer, modifier, créer des styles de mise en forme
- Appliquer une mise en forme conditionnelle

B. Croiser plus de deux informations

1. Les données source

Afin de disposer d'informations variées, nous allons utiliser le fichier **Garanties Comp.xlsx**. Les données présentes dans la feuille **Contrats** sont telles que ci-dessous. La dernière ligne saisie est la ligne 175.

	A	B	C	D	E	F
1	DATES	SECTEUR	TYPE CONTRAT	OPTION	VENDEUR	MONTANTS
2	02/01/2011	TV-HIFI	1 AN	TOTALE	SANDRINE	62
3	02/01/2011	TV-HIFI	1 AN	TOTALE	SANDRINE	62
4	02/01/2011	P-EM	1 AN	TOTALE	CORINNE	62
5	03/01/2011	P-EM	2 ANS	TOTALE	SANDRINE	112
6	03/01/2011	TV-HIFI	1 AN	PIECES	LAURENT	52
7	03/01/2011	G-EM	1 AN	TOTALE	PIERRE	62
8	03/01/2011	G-EM	3 ANS	TOTALE	CORINNE	156
9	03/01/2011	TV-HIFI	1 AN	TOTALE	SANDRINE	62
10	03/01/2011	P-EM	1 AN	TOTALE	LAURENT	62
11	03/01/2011	TV-HIFI	2 ANS	TOTALE	SANDRINE	112
12	06/01/2011	G-EM	2 ANS	TOTALE	SOPHIE	112
13	06/01/2011	TV-HIFI	1 AN	PIECES	LAURENT	52
14	06/01/2011	TV-HIFI	3 ANS	PIECES	SANDRINE	130

Le tableau représente la liste des contrats de garanties complémentaires proposées aux clients par une structure commerciale. Quatre types de contrats sont commercialisés dans trois secteurs par cinq vendeurs.

Chapitre 4 : Les techniques de conception

Les types de contrats (chacun avec option garantie totale ou seulement pièces) :
- 1 AN
- 2 ANS
- 3 ANS
- 5 ANS

Les secteurs :
- G-EM (gros électro-ménager)
- P-EM (petit électro-ménager)
- TV-HIFI

Les vendeurs :
- Corinne
- Laurent
- Pierre
- Sandrine
- Sophie

2. Conception du tableau croisé dynamique

Notre premier objectif est de calculer le montant du chiffre d'affaires réalisé par chacun des vendeurs dans chaque secteur. Nous souhaitons pouvoir affiner notre statistique en visualisant aussi (par secteur et par vendeur) le chiffre d'affaires réalisé par type de contrat.

▶ Ouvrez le classeur **Garanties Comp.xlsx**.

▶ Positionnez le curseur dans une cellule de la source, **A1** par exemple.

▶ Dans l'onglet **Insertion**, groupe **Tableaux**, cliquez sur **Tableau croisé dynamique**.

La boîte de dialogue **Créer un tableau croisé dynamique** apparaît.

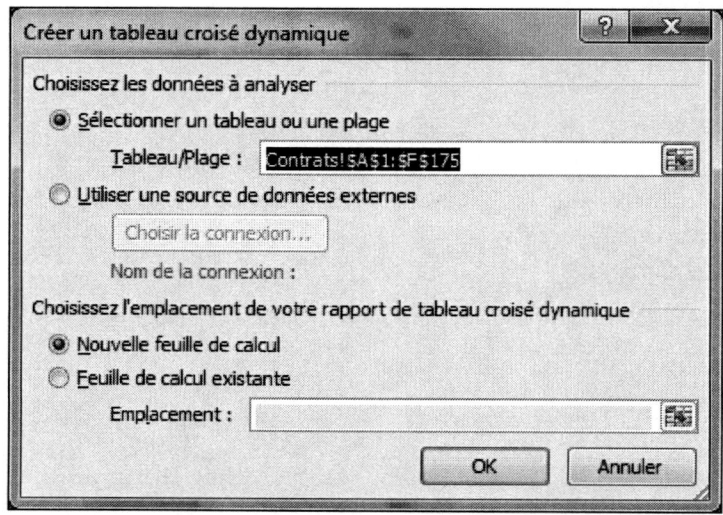

➤ Cliquez sur **OK**.

Le volet **Liste de champs de tableau croisé dynamique** est affichée dans la partie droite de la fenêtre. Nous allons en profiter pour utiliser une méthode différente de celle étudiée dans le chapitre précédent pour insérer les champs dans le tableau croisé. Cette méthode est plus intuitive mais il est important de connaître les deux manières de procéder.

Cette méthode utilise le "glisser-déposer", il vous suffit de faire glisser, à l'intérieur du volet, les noms des champs dans la zone souhaitée.

➤ Faites glisser le champ **VENDEUR** dans la zone **Étiquettes de lignes**.

➤ Faites glisser le champ **SECTEUR** dans la zone **Étiquettes de Colonnes** puis procédez de même avec le champ **TYPE CONTRAT** pour l'amener sous **VENDEUR** dans la zone **Étiquettes de lignes**.

➤ Enfin, placez le champ **MONTANTS** dans la zone **Valeurs**.

Au fur et à mesure que vous placez les champs dans les différentes zones, le tableau croisé dynamique se construit et est adapté automatiquement lors de l'insertion des nouveaux champs.

Chapitre 4 : Les techniques de conception

La liste des champs de tableau croisé dynamique doit être telle que ci-dessous.

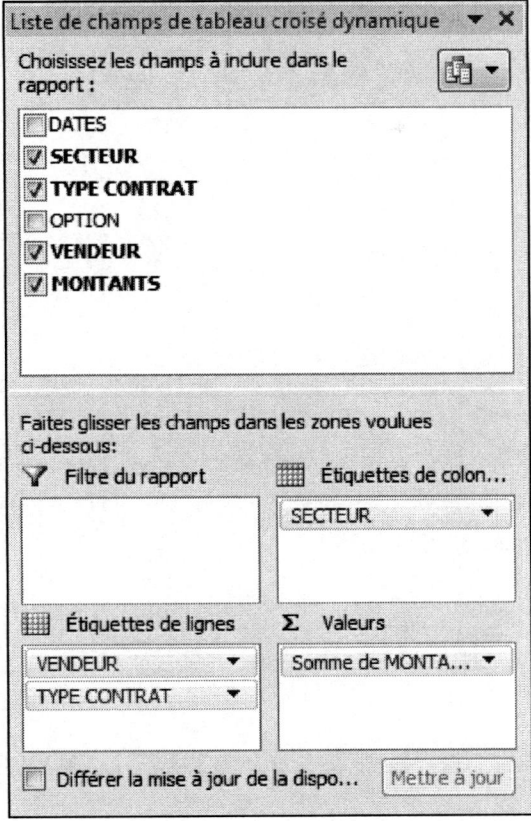

Notre tableau croisé dynamique comporte plusieurs lignes par vendeur, chacune correspondant à un type de contrat.

	A	B	C	D	E
1					
2					
3	Somme de MONTANTS	Étiquettes de colonnes			
4	Étiquettes de lignes	G-EM	P-EM	TV-HIFI	Total général
5	⊟CORINNE		312	966	1443	2721
6	1 AN			362	372	734
7	2 ANS			448	317	765
8	3 ANS		312	156	754	1222
9	⊟LAURENT		586	924	3320	4830
10	1 AN		300	476	1928	2704
11	2 ANS			448	484	932
12	3 ANS		286		728	1014
13	5 ANS				180	180
14	⊟PIERRE		174		660	834
15	1 AN		62		436	498
16	2 ANS		112		224	336
17	⊟SANDRINE		1430	1179	3079	5688
18	1 AN		280	414	1210	1904
19	2 ANS			765	951	1716
20	3 ANS		754		702	1456
21	5 ANS		396		216	612
22	⊟SOPHIE		226	62	788	1076
23	1 AN		114	62	124	300
24	2 ANS		112		112	224
25	3 ANS				156	156
26	5 ANS				396	396
27	Total général		2728	3131	9290	15149

3. Première analyse

Nous pouvons remarquer que certains vendeurs n'ont pas placé l'ensemble des contrats (Corinne et Pierre). Le tableau croisé dynamique met aussi en évidence que le secteur TV-HIFI comporte le plus gros chiffre d'affaires. Il ne faut cependant pas en conclure trop hâtivement que ce sont les clients qui ont acquis des produits TV-HIFI qui souscrivent le plus une assurance complémentaire. Pour affiner notre analyse, ce chiffre serait à comparer au chiffre d'affaires réalisé par chaque secteur.

En quelques secondes, Excel nous permet de visualiser des éléments très difficiles à voir lorsque l'on travaille sur une liste de données. L'intérêt d'un tableau croisé dynamique est de pouvoir analyser en temps réel des informations de gestion.

Une fois le tableau créé, vous pouvez par exemple le mettre à jour hebdomadairement afin de visualiser l'évolution des données et demander à un commercial d'augmenter ses ventes sur une famille de produits ou vers un type de client.

Chapitre 4 : Les techniques de conception

Les tableaux croisés dynamiques sont des fonctionnalités d'Excel à utiliser au quotidien. Ils constituent des outils d'aide à la décision et peuvent permettre de suivre des informations spécifiques à chaque type d'activité : coûts de production, heures effectuées par le personnel, ventes...

La fiabilité et l'exactitude des données source est primordiale. Si ces données sont saisies directement dans un tableau Excel, il est conseillé de mettre en place des contrôles afin d'éviter au maximum les erreurs de saisie.

Afin d'affiner nos résultats, nous allons maintenant rajouter une "dimension" à notre tableau en intégrant un filtre sur l'option de garantie choisie par les clients. Notre tableau croisé va ainsi nous permettre de connaître très simplement les données relatives aux contrats par secteur, vendeur et type de contrat pour une option de garantie précise.

4. Insérer un filtre de rapport

▷ Cliquez dans le tableau croisé dynamique pour faire apparaître le volet **Liste de champs de tableau croisé dynamique**.

▷ Faites glisser le champ **OPTION** dans la zone **Filtre du rapport**.

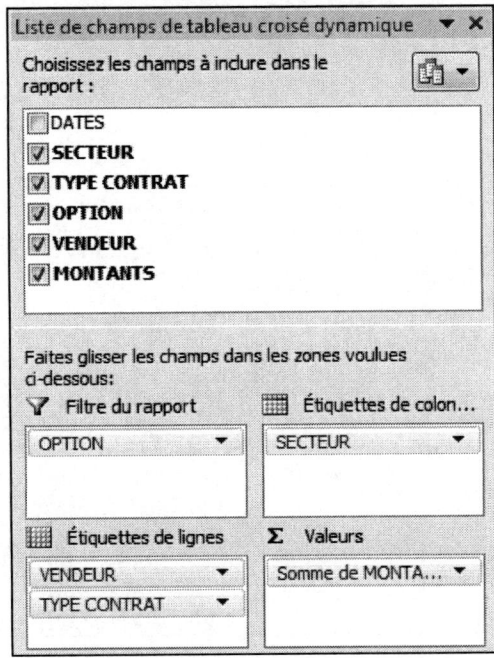

Une zone de liste déroulante a été ajoutée dans la feuille de calcul.

	A	B	C	D	E
1	OPTION	(Tous)			
2					
3	Somme de MONTANTS	Étiquettes de colonnes			
4	Étiquettes de lignes	G-EM	P-EM	TV-HIFI	Total général
5	⊟CORINNE		312	966	1443	2721
6	1 AN		362	372	734
7	2 ANS		448	317	765
8	3 ANS		312	156	754	1222
9	⊟LAURENT		586	924	3320	4830
10	1 AN		300	476	1928	2704
11	2 ANS			448	484	932
12	3 ANS		286		728	1014
13	5 ANS				180	180
14	⊟PIERRE		174		660	834
15	1 AN		62		436	498
16	2 ANS		112		224	336
17	⊟SANDRINE		1430	1179	3079	5688
18	1 AN		280	414	1210	1904
19	2 ANS			765	951	1716
20	3 ANS		754		702	1456
21	5 ANS		396		216	612
22	⊟SOPHIE		226	62	788	1076
23	1 AN		114	62	124	300
24	2 ANS		112		112	224
25	3 ANS				156	156
26	5 ANS				396	396
27	Total général		2728	3131	9290	15149

Maintenant que notre tableau croisé dynamique contient un champ supplémentaire, n'hésitez pas à modifier les étiquettes pour plus de clarté :

▶ Saisissez **VENDEURS** dans la cellule **A4** et **SECTEURS** dans la cellule **B3**.

	A	B	C	D	E
1	OPTION	(Tous)			
2					
3	Somme de MONTANTS	SECTEURS			
4	VENDEURS	G-EM	P-EM	TV-HIFI	Total général
5	⊟CORINNE		312	966	1443	2721
6	1 AN		362	372	734
7	2 ANS		448	317	765
8	3 ANS		312	156	754	1222
9	⊟LAURENT		586	924	3320	4830

▶ Déroulez le menu de cellule **B1**.

Chapitre 4 : Les techniques de conception

67

▶ Sélectionnez **PIECES** et validez en cliquant sur **OK**.

Excel met instantanément à jour le tableau.

	A	B	C	D	E
1	OPTION	PIECES .T			
2					
3	Somme de MONTANTS	SECTEURS ▼			
4	VENDEURS ▼	G-EM	P-EM	TV-HIFI	Total général
5	⊟ CORINNE		52	223	275
6	1 AN		52		52
7	2 ANS			93	93
8	3 ANS			130	130
9	⊟ LAURENT	182	104	1748	2034
10	1 AN	52	104	936	1092
11	2 ANS			372	372
12	3 ANS	130		260	390
13	5 ANS			180	180
14	⊟ PIERRE			312	312
15	1 AN			312	312
16	⊟ SANDRINE	466	197	825	1488
17	1 AN	156	104	156	416
18	2 ANS		93	279	372
19	3 ANS	130		390	520
20	5 ANS	180			180
21	⊟ SOPHIE	52		180	232
22	1 AN	52			52
23	5 ANS			180	180
24	Total général	700	353	3288	4341

! Nous retrouvons le bouton filtrer  (cf. chapitre Concevoir des synthèses simples) qui indique qu'un filtre a été placé sur le rapport.

5. Développer/réduire les détails

Vous pouvez remarquer la présence d'un petit signe ⊟ (bouton de réduction) à gauche de chaque nom de vendeur. Ceci permet de masquer les détails relatifs à cette personne. Si vous cliquez sur un des signes ⊟ les lignes des types de contrats disparaissent et seul le total reste apparent, le signe ⊟ a été remplacé par un ⊞ (bouton d'agrandissement).

Il est ainsi possible de n'afficher que les totaux des vendeurs.

▶ Cliquez sur les boutons ⊟ situés à gauche des noms des vendeurs.

Excel 2010 - Tableaux croisés dynamiques

	A	B	C	D	E
1	OPTION	PIECES			
2					
3	Somme de MONTANTS	SECTEURS			
4	VENDEURS	G-EM	P-EM	TV-HIFI	Total général
5	⊞ CORINNE		52	223	275
6	⊞ LAURENT	182	104	1748	2034
7	⊞ PIERRE			312	312
8	⊞ SANDRINE	466	197	825	1488
9	⊞ SOPHIE	52		180	232
10	Total général	700	353	3288	4341

En cliquant sur un signe ⊞, vous développez les détails correspondants.

➤ Cliquez que le bouton ⊞ situé à gauche du vendeur **LAURENT** pour afficher les informations correspondantes.

	A	B	C	D	E
1	OPTION	PIECES			
2					
3	Somme de MONTANTS	SECTEURS			
4	VENDEURS	G-EM	P-EM	TV-HIFI	Total général
5	⊞ CORINNE		52	223	275
6	⊟ LAURENT	182	104	1748	2034
7	1 AN	52	104	936	1092
8	2 ANS			372	372
9	3 ANS	130		260	390
10	5 ANS			180	180
11	⊞ PIERRE			312	312
12	⊞ SANDRINE	466	197	825	1488
13	⊞ SOPHIE	52		180	232
14	Total général	700	353	3288	4341

Vous pouvez ainsi afficher les détails d'un ou plusieurs vendeurs.

6. Développer/réduire rapidement les informations de synthèse

Notre base de données exemple ne comprend que trois secteurs et cinq vendeurs, ceci nous permet d'obtenir un tableau croisé dynamique relativement simple. Un nombre plus important de données en lignes et en colonnes alourdirait la présentation et poserait des problèmes d'impression.

En fonction du nombre de données synthétisées, il peut parfois être long et fastidieux de développer ou réduire les éléments un par un.

Chapitre 4 : Les techniques de conception

Pour développer le champ entier :

- Effectuez un clic droit sur l'une des cellules de la colonne **A**.
- Pointez l'option **Développer/Réduire** puis cliquez sur **Développer le champ entier**.

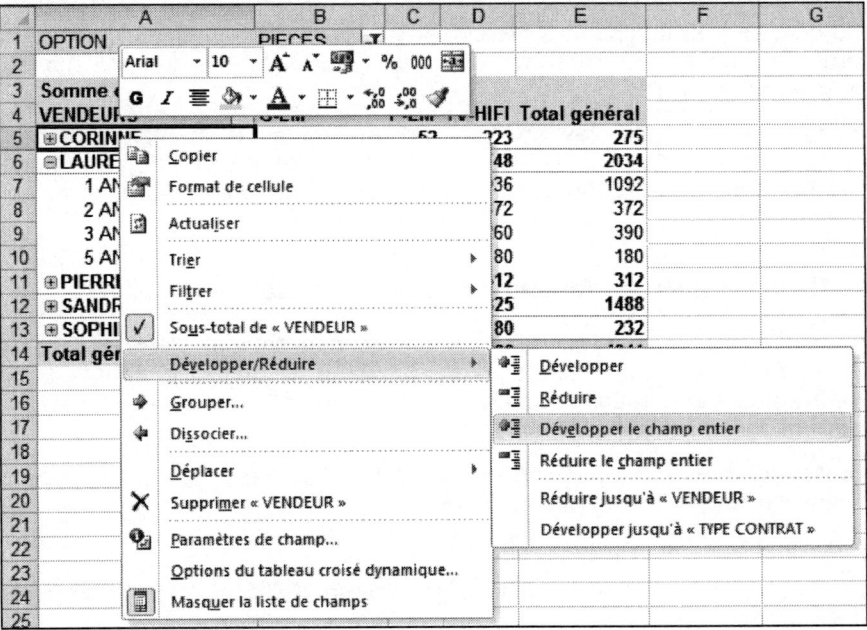

Pour réduire le champ entier :

- Effectuez un clic droit sur l'une des cellules de la colonne **A**.
- Pointez l'option **Développer/Réduire** puis cliquez sur **Réduire le champ entier**.

	A	B	C	D	E
1	OPTION	PIECES	.T		
2					
3	Somme de MONTANTS	Étiquettes de colonnes			
4	Étiquettes de lignes	G-EM	P-EM	TV-HIFI	Total général
5	⊞CORINNE		52	223	275
6	⊞LAURENT	182	104	1748	2034
7	⊞PIERRE			312	312
8	⊞SANDRINE	466	197	825	1488
9	⊞SOPHIE		52	180	232
10	Total général	700	353	3288	4341

C. Mettre en forme le tableau croisé dynamique

1. Modifier la mise en forme du tableau croisé dynamique

Nous avons déjà abordé au chapitre précédent les techniques simples de mise en forme des rapports de tableaux croisés dynamiques. Vous allez maintenant approfondir la personnalisation de votre rapport.

▶ Commençons par formater les nombres comme nous l'avons fait précédemment : effectuez un clic droit dans le tableau, sélectionnez **Format de nombre**. Cliquez sur la catégorie **Nombre**, cochez **Utiliser le séparateur de milliers** et paramétrez le nombre de décimales à zéro.

2. Modifier la disposition du tableau croisé dynamique

Vous aurez peut-être besoin de modifier l'affichage des champs dans le tableau croisé dynamique. Actuellement notre tableau affiche sous chaque vendeur les types de contrats. Une autre présentation envisageable est de placer les types de contrats sous les secteurs.

Le risque est ici d'obtenir une lisibilité du tableau moins aisée, mais nous pouvons tout de même essayer pour tester la manipulation.

▶ Cliquez dans le tableau croisé dynamique.

▶ Dans la liste des champs, déplacez le champ **TYPE CONTRAT** dans la zone **Étiquettes de colonnes** :

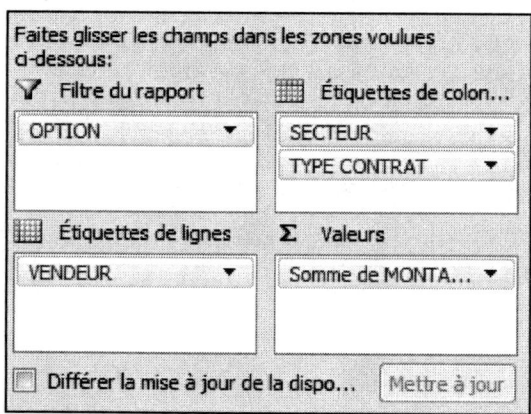

Votre tableau croisé dynamique comporte maintenant plus de colonnes que de lignes, ce qui n'améliore pas la lisibilité dans notre cas.

Chapitre 4 : Les techniques de conception

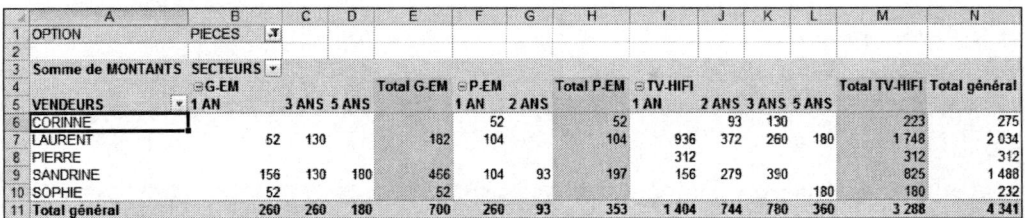

◈ Modifiez la disposition des en-têtes de colonnes.

◈ Effectuez un clic droit dans le tableau, cliquez sur **Options du tableau croisé dynamique**.

◈ Dans l'onglet **Disposition et mise en forme**, cochez **Fusionner et centrer les cellules avec les étiquettes**.

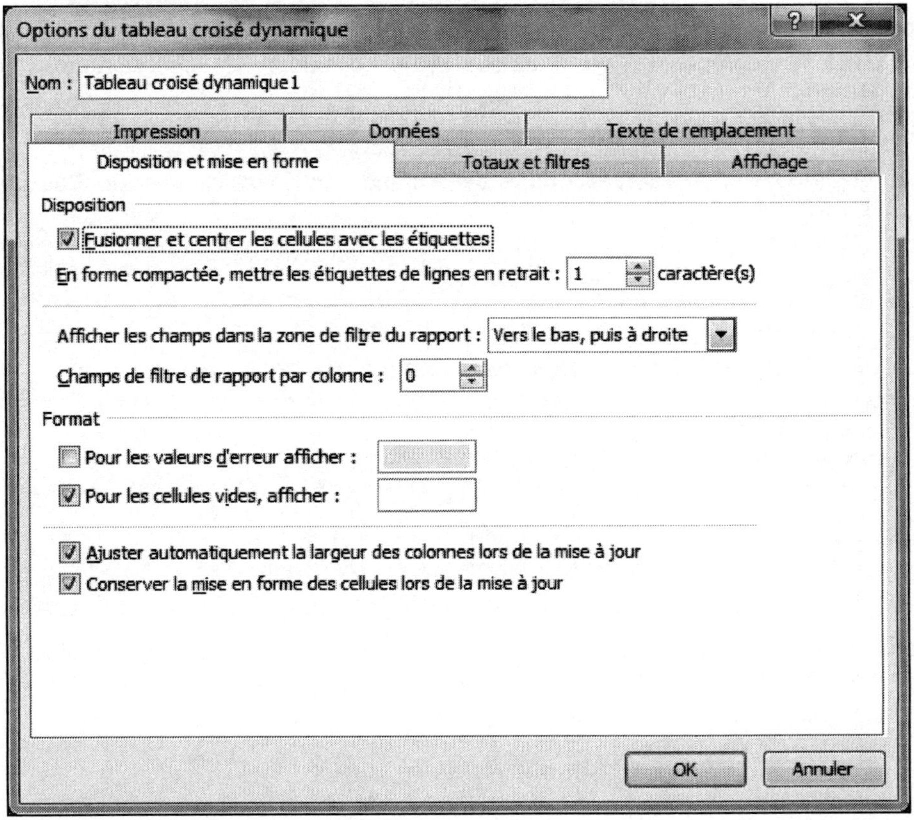

➤ Cliquez sur **OK**.

Le **Tableau croisé dynamique** est réorganisé. Lorsque tout est développé, les secteurs sont centrés par rapport aux types de contrats.

	A	B	C	D	E	F	G	H	I	J	K	L	M	N
1	OPTION	PIECES .T												
2														
3	Somme de MONTANTS	SECTEURS												
4			G-EM			P-EM			TV-HIFI					
5	VENDEURS		1 AN	3 ANS	5 ANS	Total G-EM	1 AN	2 ANS	Total P-EM	1 AN	2 ANS	3 ANS	5 ANS	Total TV-HIFI	Total général
6	CORINNE						52		52		93	130		223	275
7	LAURENT		52	130		182	104		104	936	372	260	180	1 748	2 034
8	PIERRE									312				312	312
9	SANDRINE		156	130	180	466	104	93	197	156	279	390		825	1 488
10	SOPHIE		52			52							180	180	232
11	Total général		260	260	180	700	260	93	353	1 404	744	780	360	3 288	4 341

3. Afficher/masquer certaines informations

En fonction du type de présentation que vous souhaitez obtenir, il est possible de masquer certaines composantes du tableau croisé dynamique : les boutons ⊞ et ⊟ ainsi que les en-têtes de champ.

➤ Cliquez dans une cellule du tableau croisé dynamique.

➤ Dans l'onglet **Outils de tableau croisé dynamique - Options**, cliquez sur **Boutons +/-** du groupe **Afficher**.

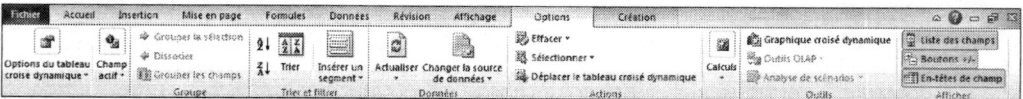

Les boutons d'agrandissement et de réduction ont disparu :

	A	B	C	D	E	F	G	H	I	J	K	L	M	N
1	OPTION	PIECES .T												
2														
3	Somme de MONTANTS	SECTEURS												
4			G-EM				P-EM			TV-HIFI					
5	VENDEURS		1 AN	3 ANS	5 ANS	Total G-EM	1 AN	2 ANS	Total P-EM	1 AN	2 ANS	3 ANS	5 ANS	Total TV-HIFI	Total général
6	CORINNE						52		52		93	130		223	275
7	LAURENT		52	130		182	104		104	936	372	260	180	1 748	2 034
8	PIERRE									312				312	312
9	SANDRINE		156	130	180	466	104	93	197	156	279	390		825	1 488
10	SOPHIE		52			52							180	180	232
11	Total général		260	260	180	700	260	93	353	1 404	744	780	360	3 288	4 341

➤ Pour masquer/afficher le détail d'un vendeur il suffit maintenant de double cliquer sur le nom du vendeur et de choisir le champ contenant les détails à afficher.

Chapitre 4 : Les techniques de conception

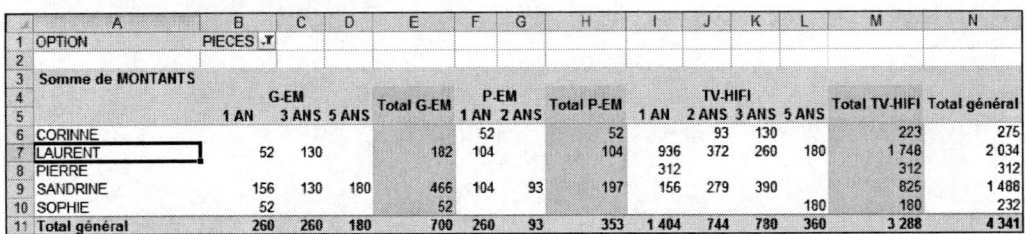

Pour masquer les en-têtes de ligne et de colonne :

▶ Dans l'onglet **Outils de tableau croisé dynamique - Options**, cliquez sur le bouton **En-têtes de champ** du groupe **Afficher**.

	A	B	C	D	E	F	G	H	I	J	K	L	M	N
1	OPTION	PIECES												
2														
3	Somme de MONTANTS													
4			G-EM			P-EM			TV-HIFI					
5		1 AN	3 ANS	5 ANS	Total G-EM	1 AN	2 ANS	Total P-EM	1 AN	2 ANS	3 ANS	5 ANS	Total TV-HIFI	Total général
6	CORINNE					52		52		93	130		223	275
7	LAURENT	52	130		182	104		104	936	372	260	180	1 748	2 034
8	PIERRE								312				312	312
9	SANDRINE	156	130	180	466	104	93	197	156	279	390		825	1 488
10	SOPHIE	52			52							180	180	232
11	Total général	260	260	180	700	260	93	353	1 404	744	780	360	3 288	4 341

Ce type de présentation un peu plus sobre permet d'obtenir plus de clarté, l'objectif étant de ne pas perturber le lecteur par des informations qui ne sont pas primordiales pour la compréhension du tableau croisé dynamique.

 Si, dans la création de vos propres tableaux croisés, ceux-ci comportent un nombre important de champs en lignes et colonnes, conservez l'affichage des en-têtes de champ, cela vous permettra de définir des filtres pour limiter l'affichage à certaines données.

4. Afficher les détails

Un tableau croisé dynamique présente des synthèses calculées à partir de fonctions telles que somme, nombre, moyenne... Si une valeur de synthèse vous semble surprenante, vous pouvez afficher très simplement dans une feuille de calcul séparée les détails des données utilisées pour cette synthèse.

Vous disposez de deux méthodes pour afficher ces détails :
- Effectuez un double-clic sur la valeur pour laquelle vous souhaitez visualiser les détails. Pour notre exemple, effectuez un double clic sur la cellule I7 qui représente la somme des contrats de garanties d'un an pour pièces dans le secteur TV-HIFI réalisés par le commercial Laurent.
- Effectuez un clic droit sur la valeur puis sélectionnez **Afficher les détails**.

À l'aide de ces deux méthodes, une nouvelle feuille est créée avec les lignes utilisées pour la synthèse choisie. La première ligne comporte automatiquement des filtres.

	A	B	C	D	E	F
1	DATES	SECTEUR	TYPE CONTRAT	OPTION	VENDEUR	MONTANTS
2	20/03/2011	TV-HIFI	1 AN	PIECES	LAURENT	52
3	15/03/2011	TV-HIFI	1 AN	PIECES	LAURENT	52
4	10/03/2011	TV-HIFI	1 AN	PIECES	LAURENT	52
5	05/03/2011	TV-HIFI	1 AN	PIECES	LAURENT	52
6	03/01/2011	TV-HIFI	1 AN	PIECES	LAURENT	52
7	02/03/2011	TV-HIFI	1 AN	PIECES	LAURENT	52
8	28/02/2011	TV-HIFI	1 AN	PIECES	LAURENT	52
9	24/02/2011	TV-HIFI	1 AN	PIECES	LAURENT	52
10	11/02/2011	TV-HIFI	1 AN	PIECES	LAURENT	52
11	11/02/2011	TV-HIFI	1 AN	PIECES	LAURENT	52
12	08/02/2011	TV-HIFI	1 AN	PIECES	LAURENT	52
13	06/01/2011	TV-HIFI	1 AN	PIECES	LAURENT	52
14	08/02/2011	TV-HIFI	1 AN	PIECES	LAURENT	52
15	04/02/2011	TV-HIFI	1 AN	PIECES	LAURENT	52
16	02/02/2011	TV-HIFI	1 AN	PIECES	LAURENT	52
17	30/01/2011	TV-HIFI	1 AN	PIECES	LAURENT	52
18	30/01/2011	TV-HIFI	1 AN	PIECES	LAURENT	52
19	18/01/2011	TV-HIFI	1 AN	PIECES	LAURENT	52

Si par exemple une erreur de saisie a été commise dans le tableau source, il vous sera ainsi plus facile de déterminer l'origine de l'erreur.

5. Appliquer un style prédéfini

Lorsque vous créez un tableau croisé dynamique, Excel applique une présentation "standard" au tableau. Si cette mise en forme ne vous convient pas, vous disposez de styles prédéfinis qui permettent de varier les modes de présentation de vos tableaux croisés dynamiques.

Ces styles sont divisés en trois groupes : clair, moyen, foncé et sont accessibles dans les **Outils de tableau croisé dynamique**, onglet **Création**, groupe **Styles de tableau croisé dynamique**.

Chapitre 4 : Les techniques de conception

Pour visualiser les choix qui sont à votre disposition, déroulez le menu **Autres** puis déplacez votre souris sur les styles proposés. Le tableau croisé présente automatiquement les modifications de mise en forme apportées par le style.

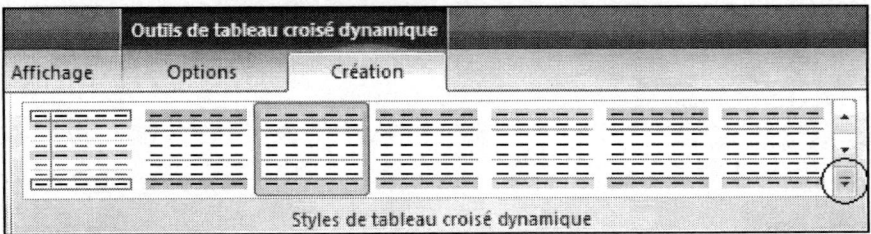

Pour appliquer les modifications, cliquez sur le style choisi.

6. Les styles personnalisés

Afin de personnaliser vos tableaux, vous avez la possibilité de créer vos propres styles. La mise en forme de chaque élément est personnalisable et vous pouvez concevoir le style à partir de zéro ou bien dupliquer puis modifier un style existant.

a. Créer un style à partir d'un style existant

Afin de mieux délimiter chacune des cellules de nos tableaux croisés dynamiques, nous allons modifier un style en lui ajoutant des bordures extérieures et intérieures bleues. Ensuite nous formaterons les sous-totaux en police de couleur rouge et en gras.

- Cliquez dans le tableau croisé dynamique.
- Onglet **Outils de tableau croisé dynamique - Création**, groupe **Styles de tableau croisé dynamique**.
- Déroulez le menu **Autres**, dans la catégorie **Clair**, effectuez un clic droit sur le style **Style de tableau croisé dynamique clair 16** puis cliquez sur l'option **Dupliquer**.

  *La boîte de dialogue **Modifier le style rapide du tableau croisé dynamique** apparaît.*

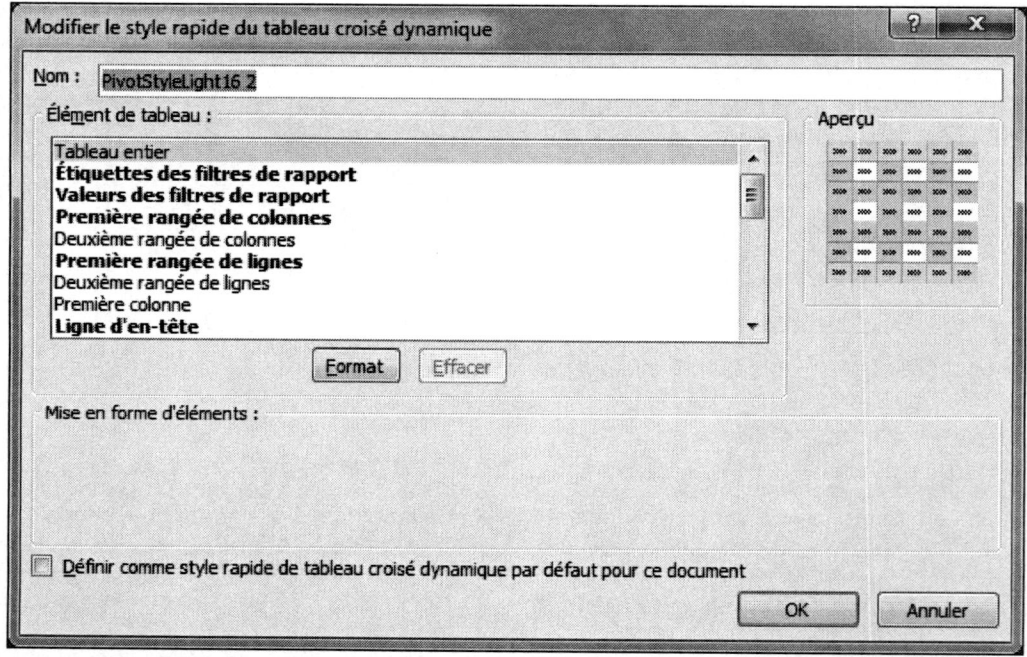

◈ Saisissez le nom de votre nouveau style : **Encadré 1**.

◈ Dans la liste **Éléments de tableau**, sélectionnez **Tableau entier** puis cliquez sur le bouton **Format**.

◈ Dans l'onglet **Bordure**, dans la zone **Ligne**, sélectionnez une couleur bleue puis cliquez sur les boutons **Contour** et **Intérieur** afin de définir un quadrillage uniforme.

Chapitre 4 : Les techniques de conception

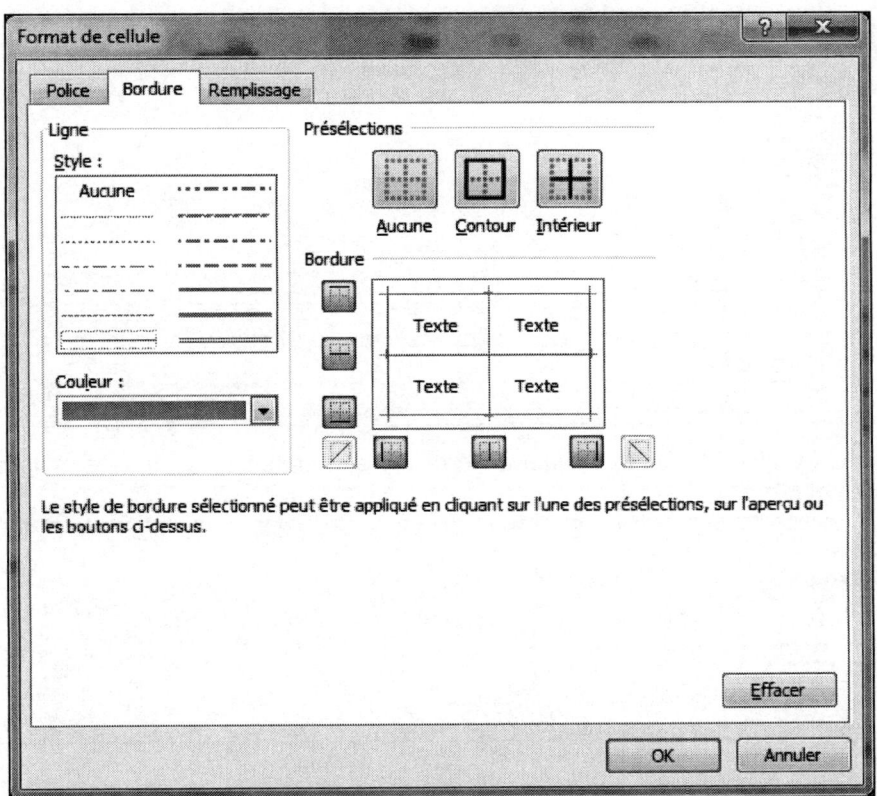

- Validez par **OK**.
- Dans la liste **Éléments de tableau** de la boîte de dialogue **Modifier le style rapide du tableau croisé dynamique**, sélectionnez **Sous-total colonne 1**, puis cliquez sur le bouton **Format**.
- Dans l'onglet **Police**, choisissez la couleur rouge puis dans la zone **Style** cliquez sur **Gras**.
- Validez deux fois par **OK** pour fermer les deux boîtes de dialogue.
- Cliquez sur le bouton **Autres** du groupe **Styles de tableau croisé dynamique**.

   Notre style a été ajouté dans la partie **Personnalisé**.

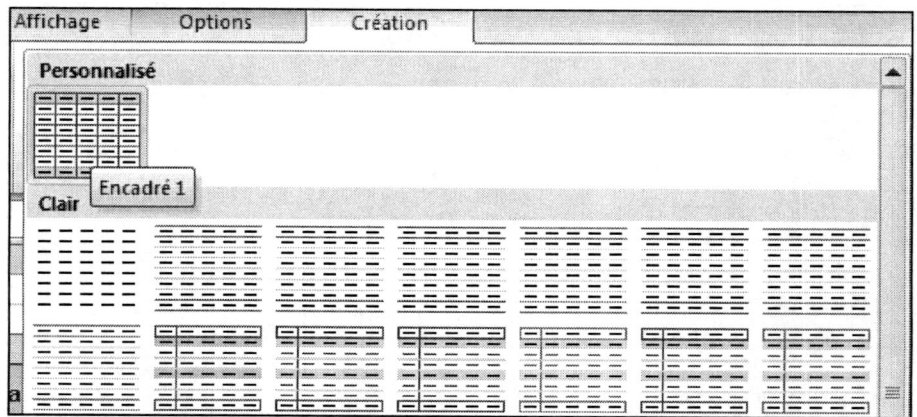

➤ Appliquez la mise en forme définie à notre tableau croisé dynamique en cliquant sur le style **Encadré 1**.

	A	B	C	D	E	F	G	H	I	J	K	L	M	N
1	OPTION	PIECES												
2														
3	Somme de MONTANTS													
4			G-EM			Total G-EM	P-EM		Total P-EM	TV-HIFI				Total TV-HIFI	Total général
5			1 AN	3 ANS	5 ANS		1 AN	2 ANS		1 AN	2 ANS	3 ANS	5 ANS		
6	CORINNE						52		52		93	130		223	275
7	LAURENT		52	130		182	104		104	936	372	260	180	1 748	2 034
8	PIERRE									312				312	312
9	SANDRINE		156	130	180	466	104	93	197	156	279	390		825	1 488
10	SOPHIE		52			52							180	180	232
11	Total général		260	260	180	700	260	93	353	1 404	744	780	360	3 288	4 341

b. Créer un style à partir de zéro

N'oubliez pas que l'objectif premier est de communiquer sur des statistiques numériques, la présentation est un plus visuel qui doit rester léger. Votre style de présentation doit faciliter la lecture des nombres et non pas l'alourdir.

Lors de la conception de vos styles, vous pouvez suivre ces quelques règles simples :
- Évitez de mélanger les couleurs.
- Limitez la mise en forme à deux polices différentes.
- Définissez des bordures intérieures et extérieures afin de bien délimiter les valeurs ou bien définissez des traits verticaux entre les colonnes.
- Placez en gras les points importants.

Nous allons construire ensemble un exemple simple :

Mise en forme du tableau : encadré extérieur double plus bordure verticale simple entre les colonnes.

Mise en forme des titres et totaux : gras sur fond bleu clair.

Chapitre 4 : Les techniques de conception

▶ Cliquez dans le tableau croisé dynamique.
▶ Dans l'onglet **Outils de tableau croisé dynamique - Création**, groupe **Styles de tableau croisé dynamique**, déroulez le menu **Autres**, puis cliquez sur **Nouveau style de tableau croisé dynamique**.
▶ Saisissez le nom de votre nouveau style : **Encadré 2**.
▶ Dans la liste **Éléments de tableau**, sélectionnez **Tableau entier** puis cliquez sur le bouton **Format**.
▶ Dans l'onglet **Bordure**, dans la zone **Ligne**, sélectionnez le style de trait double puis cliquez sur le bouton **Contour**, sélectionnez le trait simple puis cliquez sur le trait vertical intérieur.
▶ Validez par **OK**.
▶ Dans la liste **Éléments de tableau**, sélectionnez **Ligne d'en-tête**, puis cliquez sur le bouton **Format**.
▶ Dans l'onglet **Police**, dans la zone **Style**, cliquez sur **Gras** puis dans l'onglet **Remplissage**, sélectionnez une couleur bleu clair.
▶ Validez par **OK**.
▶ Renouvelez cette opération pour les éléments : **Sous-total colonne 1**, **Colonne du total général** et **Ligne du total général**.
▶ Validez par **OK**.

En déroulant le bouton **Autres** du groupe **Styles de tableau croisé dynamique**, notre style a été ajouté dans la partie **Personnalisé**.

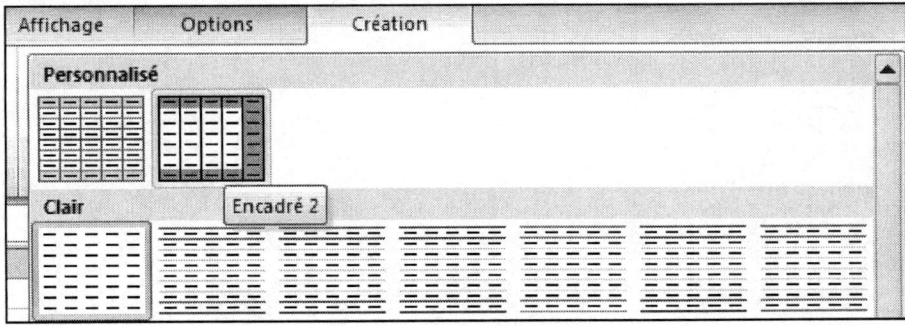

 Si vous souhaitez qu'un style devienne le style par défaut, dans l'onglet **Outils de tableau croisé dynamique - Création**, groupe **Styles de tableau croisé dynamique**, effectuez un clic droit sur la miniature du style puis sélectionnez **Définir par défaut**.

Excel 2010 - Tableaux croisés dynamiques

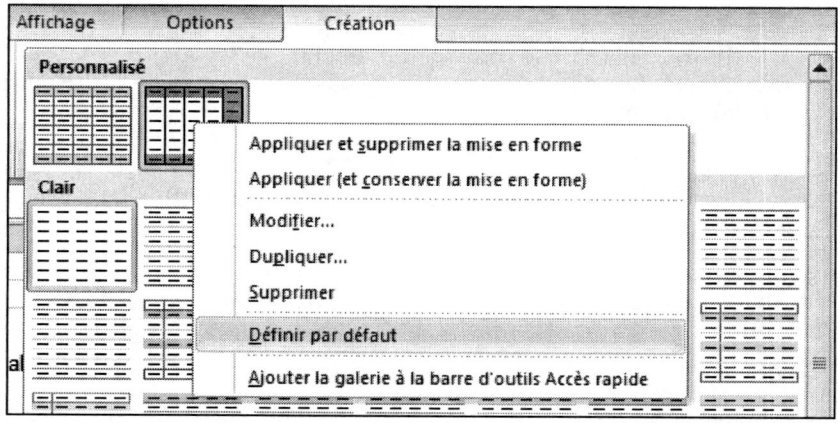

c. Modifier un style

Si vous jugez que la présentation obtenue à l'aide d'un style personnalisé n'est pas satisfaisante, il est possible de la modifier.

▶ Onglet **Outils de tableau croisé dynamique - Création**, groupe **Styles de tableau croisé dynamique**, déroulez le menu **Autres**, puis effectuez un clic droit sur le style personnalisé **Encadré 1**.

▶ Cliquez sur l'option **Modifier**.

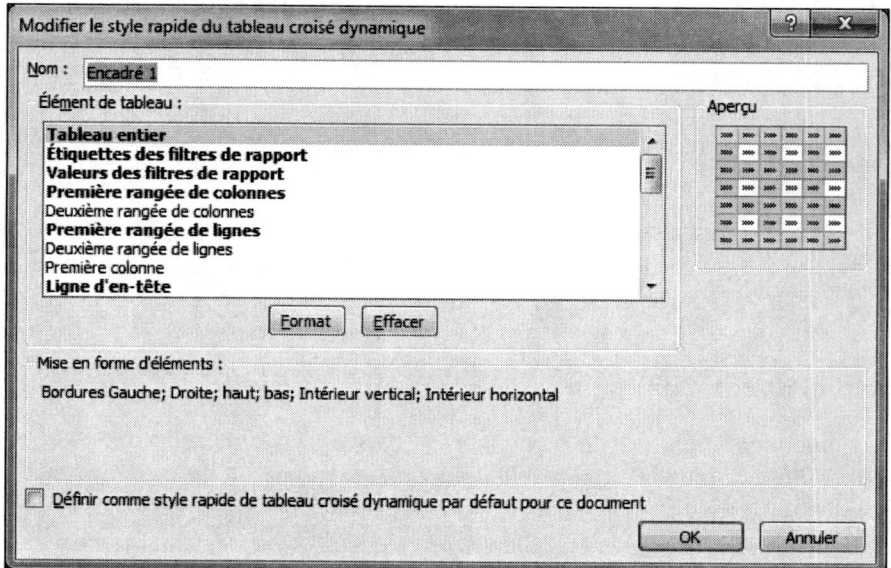

Chapitre 4 : Les techniques de conception

Remarquez que les éléments qui comportent une mise en forme apparaissent en gras.

▶ Pour modifier la mise en forme d'un élément, sélectionnez l'option **Modifier**, pour la supprimer cliquez sur **Effacer**.

7. Appliquer une mise en forme conditionnelle

Excel nous offre la possibilité d'appliquer une mise en forme conditionnelle aux données de nos tableaux croisés dynamiques. Cette option est indépendante des styles et permet de paramétrer une mise en forme qui s'appliquera aux valeurs affichées en fonction d'un ou plusieurs critères. Vous pourrez ainsi combiner les styles et les mises en forme conditionnelles dans vos rapports de tableau croisé dynamique.

Dans notre exemple, nous souhaitons classer les chiffres d'affaires réalisés en trois catégories :
- Rond rouge lorsque le total est inférieur à 500.
- Rond jaune lorsque le total est compris entre 500 et 999.
- Rond vert lorsque le total est supérieur ou égal à 1000.

	A	B	C	D	E
1	OPTION	TOTALE ⊥			
2					
3	**Somme de MONTANTS**				
4		G-EM	P-EM	TV-HIFI	Total général
5	**CORINNE**		312	914	1 220	2 446
6	1 AN		● 310	● 372	682
7	2 ANS		● 448	● 224	672
8	3 ANS	● 312	● 156	○ 624	1 092
9	**LAURENT**	404	820	1 572	2 796
10	1 AN	● 248	● 372	○ 992	1 612
11	2 ANS		● 448	● 112	560
12	3 ANS	● 156		● 468	624
13	**PIERRE**		174		348	522
14	1 AN	● 62		● 124	186
15	2 ANS	● 112		● 224	336
16	**SANDRINE**		964	982	2 254	4 200
17	1 AN	● 124	● 310	○ 1 054	1 488
18	2 ANS		○ 672	○ 672	1 344
19	3 ANS	○ 624		● 312	936
20	5 ANS	● 216		● 216	432
21	**SOPHIE**		174	62	608	844
22	1 AN	● 62	● 62	● 124	248
23	2 ANS	● 112		● 112	224
24	3 ANS			● 156	156
25	5 ANS			● 216	216
26	**Total général**	2 028	2 778	6 002	10 808

Revenez tout d'abord à une présentation telle que ci-après :

- Dans le volet **Liste de champs de tableau croisé dynamique**, faites glisser le champ **TYPE CONTRAT** de la zone **Etiquettes de lignes** vers la zone **Etiquettes de colonnes**.
- Dans le tableau croisé dynamique, effectuez un clic droit sur le nom d'un vendeur - **Développer/Réduire** - **Développer le champ entier**.
- Déroulez le menu de la cellule **B1** et sélectionnez **TOTALE**.

	A	B	C	D	E
1	OPTION	TOTALE			
2					
3	Somme de MONTANTS				
4		G-EM	P-EM	TV-HIFI	Total général
5	CORINNE	312	914	1 220	2 446
6	1 AN		310	372	682
7	2 ANS		448	224	672
8	3 ANS	312	156	624	1 092
9	LAURENT	404	820	1 572	2 796
10	1 AN	248	372	992	1 612
11	2 ANS		448	112	560
12	3 ANS	156		468	624
13	PIERRE	174		348	522
14	1 AN	62		124	186
15	2 ANS	112		224	336
16	SANDRINE	964	982	2 254	4 200
17	1 AN	124	310	1 054	1 488
18	2 ANS		672	672	1 344
19	3 ANS	624		312	936
20	5 ANS	216		216	432
21	SOPHIE	174	62	608	844
22	1 AN	62	62	124	248
23	2 ANS	112		112	224
24	3 ANS			156	156
25	5 ANS			216	216
26	Total général	2 028	2 778	6 002	10 808

- Cliquez dans le tableau croisé dynamique.
- Dans l'onglet **Accueil**, groupe **Style**, cliquez sur **Mise en forme conditionnelle**.
- Cliquez sur **Nouvelle règle**.
- Dans la boîte de dialogue **Nouvelle règle de mise en forme**, cochez l'option : **Toutes les cellules affichant les valeurs « Somme de MONTANTS » pour « TYPE CONTRAT » et « SECTEUR »**.
- Sélectionnez le type de règle : **Mettre en forme toutes les cellules d'après leur valeur**.

Chapitre 4 : Les techniques de conception

▶ Dans **Style de mise en forme**, sélectionnez **Jeux d'icônes**.
▶ Sélectionnez **Nombre** dans la colonne **Type**.
▶ Paramétrez les valeurs telles que ci-après.

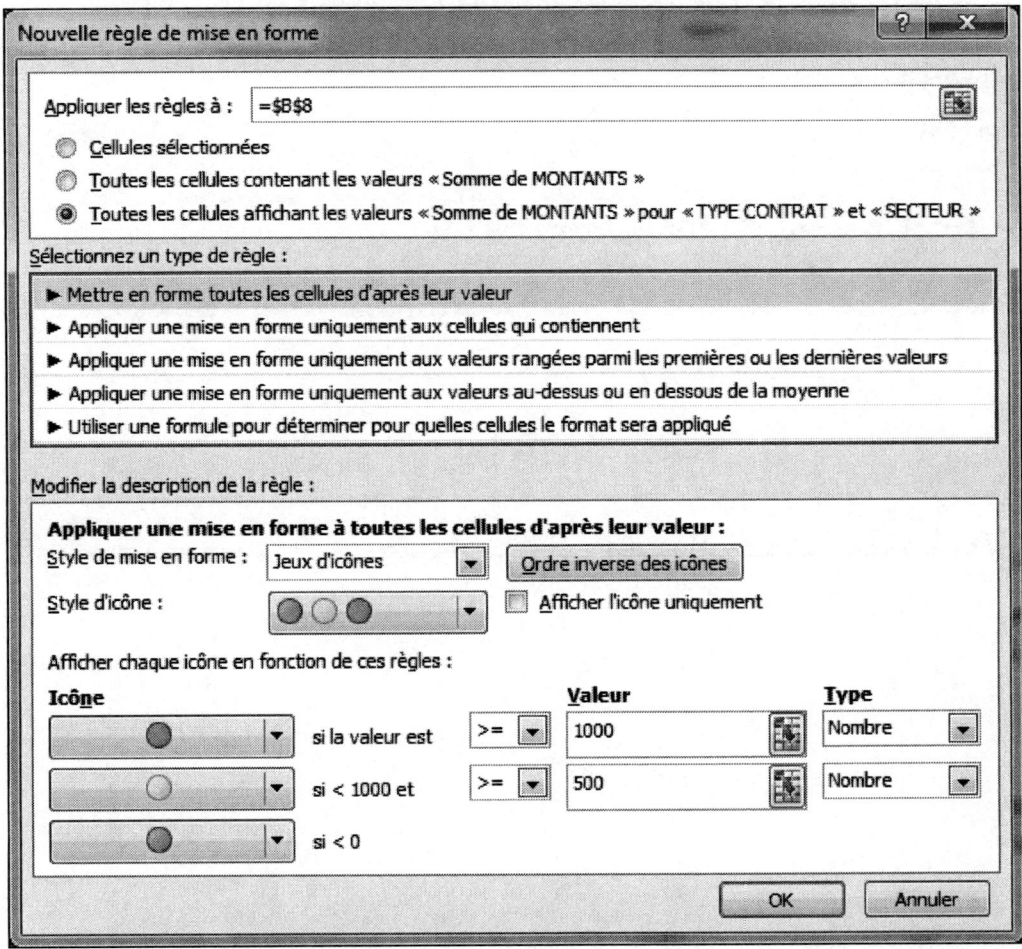

▶ Validez en cliquant sur **OK**.

Pour modifier/supprimer la règle :

▶ Cliquez dans le tableau.

▶ Dans l'onglet **Accueil**, groupe **Style**, cliquez sur **Mise en forme conditionnelle** puis sélectionnez **Gérer les règles**.

▶ Sélectionnez la règle à modifier puis cliquez sur l'un des boutons **Modifier la règle** ou **Supprimer la règle**.

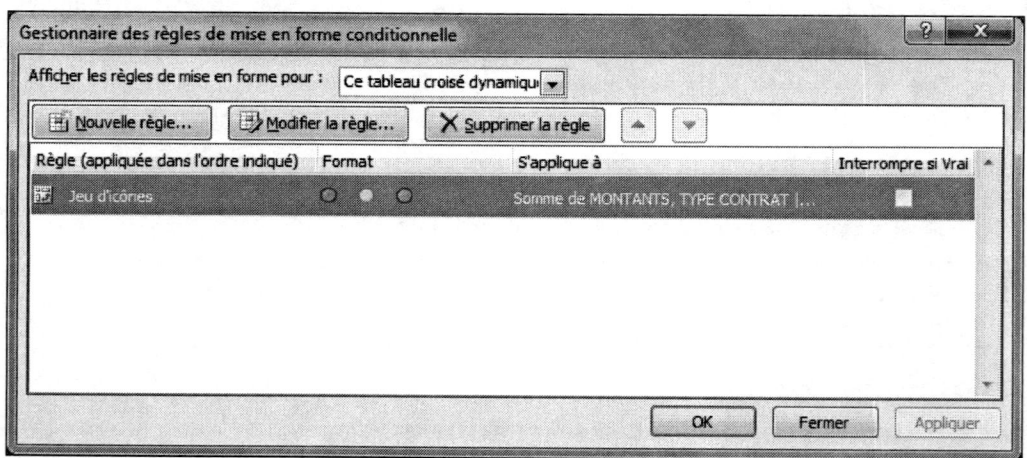

Chapitre 5
Fonctionnalités avancées

A. Introduction 86
B. Statistiques sur un fichier de salariés 86
C. Base de données suivi des incidents 105
D. Base de données Accidents du travail 123

A. Introduction

Maintenant que vous êtes familiarisé avec les techniques de conception des tableaux croisés dynamiques, nous allons approfondir ces connaissances. Le présent chapitre va vous permettre de mettre en pratique les techniques avancées ; afin de disposer de cas concrets et variés, vous allez utiliser trois tableaux sources :
- SALARIES.xlsx avec lequel vous allez construire des statistiques sur le personnel d'une entreprise.
- IncidentsVéhicules.xlsx qui recense les interruptions de travail sur une chaîne de production dues à des pannes d'origines diverses.
- AccidentsDuTravail.xlsx qui inventorie les accidents du travail survenus dans une société.

Ces trois fichiers vont vous permettre de concevoir des tableaux croisés dynamiques variés.

Connaissances nécessaires : Techniques de conception des tableaux croisés dynamiques

Nouveaux acquis :
- Champs calculés
- Regroupements
- Regroupements chronologiques

B. Statistiques sur un fichier de salariés

1. Fonctions standard

▶ Téléchargez puis ouvrez le fichier **SALARIES.xlsx**.

	A	B	C	D	E	F	G	H	I	J
1	SITE	Nom	Prénom	Service	Sexe	DateNaiss	Contrat	Statut	Salaire	Ancienneté
2	22-NORD	ACCIARI	ALAIN	PRODUCTION	H	30/11/1950	CDI	OUVRIER/EMPLOYE	1 626,00	5
3	53-SUD	ALLARD	PASCAL	MAINTENANCE	H	17/02/1954	CDI	CADRE AUTONOME	3 700,00	7
4	22-NORD	ANGELO	ANNIE	PRODUCTION	F	05/08/1954	CDI	AGENT DE MAITRISE	2 800,00	8
5	22-NORD	ANGOSTO	ROGER	MAINTENANCE	H	26/01/1955	CDI	OUVRIER/EMPLOYE H.QUALIFIE	1 983,00	3
6	22-SUD	ARHUIS	FRANCK	PRODUCTION	H	23/05/1956	CDI	OUVRIER/EMPLOYE QUALIFIE	1 890,00	11
7	22-NORD	AUBRY	BERNARD	PRODUCTION	H	12/08/1958	CDI	OUVRIER/EMPLOYE	1 507,00	11
8	22-NORD	AVEZ	THIERRY	PRODUCTION	H	28/09/1959	CDI	OUVRIER/EMPLOYE QUALIFIE	1 750,00	9
9	22-NORD	BALLET	RENE	MAINTENANCE	H	19/12/1960	CDI	OUVRIER/EMPLOYE H.QUALIFIE	1 750,00	7
10	22-SUD	BARRAUD	CAMILLE	QUALITE	H	24/06/1980	CDI	OUVRIER/EMPLOYE QUALIFIE	1 750,00	2
11	22-NORD	BERTUCCI	GILLES	PRODUCTION	H	22/02/1962	CDI	OUVRIER/EMPLOYE	1 719,00	5
12	53-SUD	BESSON	PATRICK	PRODUCTION	H	29/05/1962	CDI	OUVRIER/EMPLOYE H.QUALIFIE	1 750,00	5
13	22-NORD	BIZOT	ROMAIN	MAINTENANCE	H	02/10/1964	CDI	OUVRIER/EMPLOYE QUALIFIE	1 750,00	2
14	22-SUD	BLANC	LAURENT	R & D	H	16/10/1963	CDI	CADRE AUTONOME	4 755,00	1
15	22-NORD	BOIS	MARTIN	PRODUCTION	H	09/06/1976	CDI	OUVRIER/EMPLOYE	1 626,00	5

Chapitre 5 : Fonctionnalités avancées

La feuille **Liste** de ce classeur contient des informations sur les 142 employés d'une entreprise. Les employés en contrat à durée indéterminée (CDI) et les employés en contrat à durée déterminée (CDD) y sont recensés.

Les sites sont divisés en deux secteurs numérotés 22 et 53, chacun étant divisé en une partie nord et une partie sud.

a. Effectif par service et par sexe

Vous souhaitez connaître le nombre d'hommes et de femmes dans chaque service, Le nombre de services étant bien évidemment supérieur au nombre de sexes, il est préférable de placer les services en en-tête de lignes et les sexes en en-tête de colonnes.

Insérez le tableau croisé dynamique représentant les effectifs par service et par sexe :

- Cliquez dans une cellule du tableau source.
- Insérez le tableau croisé dynamique dans une nouvelle feuille et paramétrez le volet **Liste des champs de tableau croisé dynamique** tel que ci-après.

En utilisant le champ **Nom** dans la zone **Valeurs**, Excel utilise automatiquement la fonction **Nombre** car ce champ ne comporte que des valeurs de type texte.

Nous aurions très bien pu faire glisser dans cette zone l'un des champs Service, Prénom, Sexe, Contrat... cela n'aurait pas modifié le résultat obtenu.

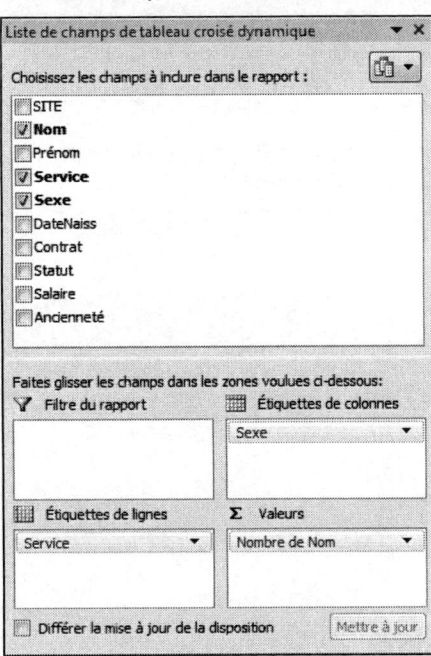

En insérant un champ contenant des valeurs numériques (Salaire ou Ancienneté), nous aurions été obligés de venir modifier pour ce champ les **Paramètres des champs de valeurs**, pour utiliser la fonction **Nombre**.

Le tableau inséré est représenté ci-après :

	A	B	C	D
1				
2				
3	Nombre de Nom	Étiquettes de colonnes		
4	Étiquettes de lignes	F	H	Total général
5	ACHATS		2	2
6	COMPTABILITE	4		4
7	DIRECTION SITE		2	2
8	EXPEDITIONS	2	3	5
9	MAINTENANCE		7	7
10	NETTOYAGE	1		1
11	PRODUCTION	72	37	109
12	QUALITE	5	1	6
13	R & D	1	2	3
14	STANDARD		3	3
15	Total général	85	57	142

Le total général est ici aisément vérifiable. Il suffit d'aller sur la feuille **Liste**, la dernière ligne remplie étant la ligne 143, en déduisant la ligne des titres, nous obtenons bien un effectif total de 142 personnes.

Afin de finaliser notre tableau, modifiez les titres en vous référant à l'écran ci-dessous puis appliquez le style prédéfini **Style foncé 2**.

	A	B	C	D
1				
2				
3	EFFECTIF	SEXES		
4	SERVICES	F	H	Total général
5	ACHATS		2	2
6	COMPTABILITE	4		4
7	DIRECTION SITE		2	2
8	EXPEDITIONS	2	3	5
9	MAINTENANCE		7	7
10	NETTOYAGE	1		1
11	PRODUCTION	72	37	109
12	QUALITE	5	1	6
13	R & D	1	2	3
14	STANDARD		3	3
15	Total général	85	57	142

Chapitre 5 : Fonctionnalités avancées

b. Ancienneté mini, maxi et moyenne par statut et sexe

Insérez un tableau croisé dynamique représentant l'ancienneté minimale, maximale et moyenne par statut et par sexe :

◆ Activez la feuille **Liste** puis cliquez dans une cellule de la source.

◆ Insérez le tableau croisé dynamique, dans une nouvelle feuille et paramétrez le volet **Liste de champs de tableau croisé dynamique** tel que ci-dessous.

◆ Pour obtenir les trois informations mini, maxi et moyenne, faites glisser trois fois le champ **Ancienneté** dans la zone **Valeurs**.

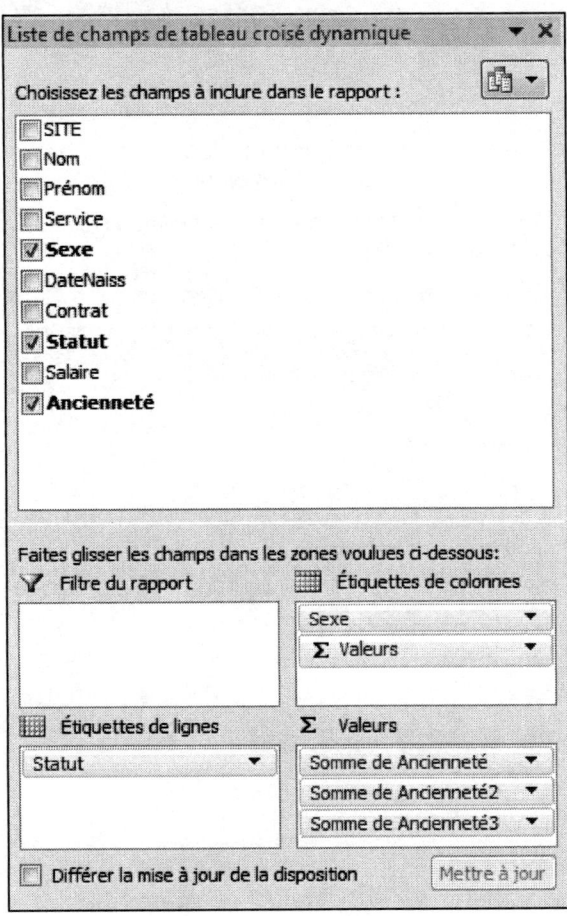

Lorsque vous faites glisser pour la deuxième fois le champ **Ancienneté**, Excel ajoute dans la zone **Étiquettes de colonnes** le champ Σ **Valeurs**. Nous verrons plus loin les possibilités offertes par l'ajout de ce champ.

Le tableau inséré contient dix colonnes, affiche le total des anciennetés et n'est pas encore présentable et fonctionnel.

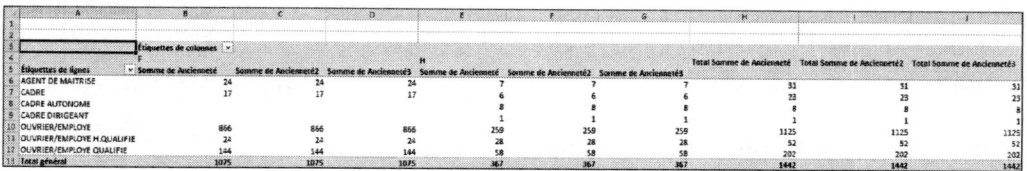

Nous allons tout d'abord modifier les paramètres des champs de valeurs pour remplacer les trois fonctions somme par **Min**, **Max** et **Moyenne**.

▷ Sur le premier champ de la zone valeurs, déroulez le menu puis sélectionnez **Paramètres des champs de valeurs**.

▷ Sélectionnez la fonction **Min** et saisissez **MINI** dans la zone **Nom personnalisé**.

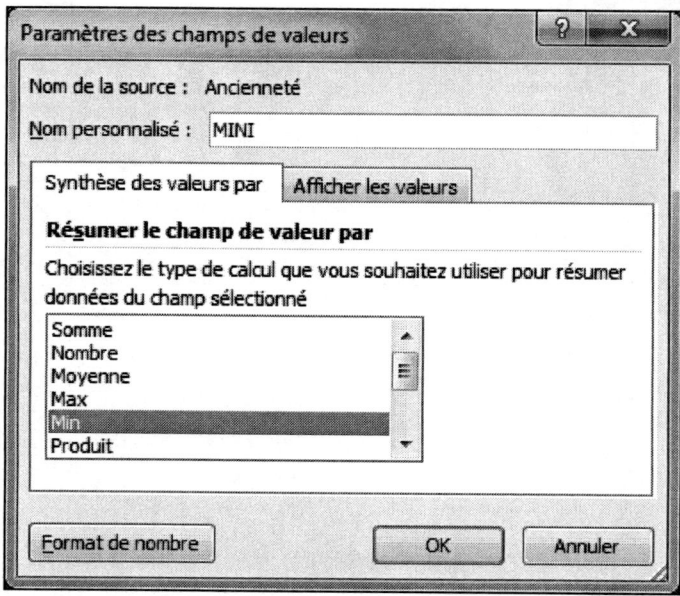

▷ Reproduisez cette opération pour les deuxième et troisième champs afin de leur appliquer les fonctions **Max** et **Moyenne**.

Chapitre 5 : Fonctionnalités avancées

Les paramètres du deuxième champ :

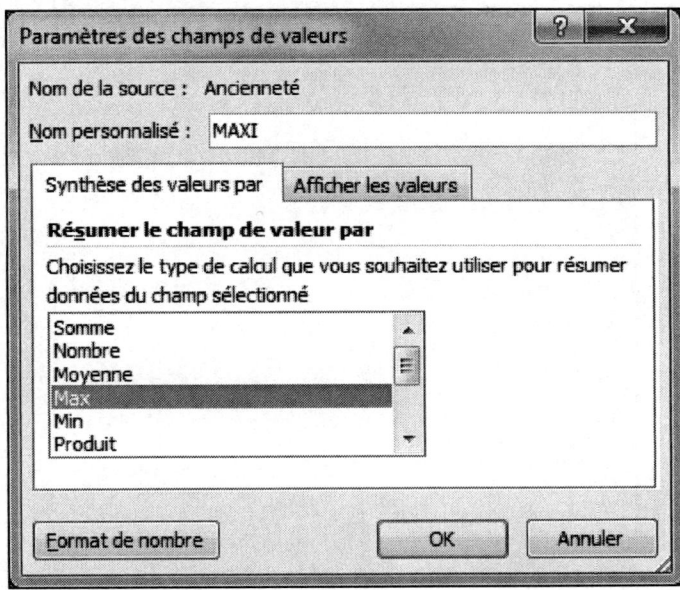

Les paramètres du troisième champ :

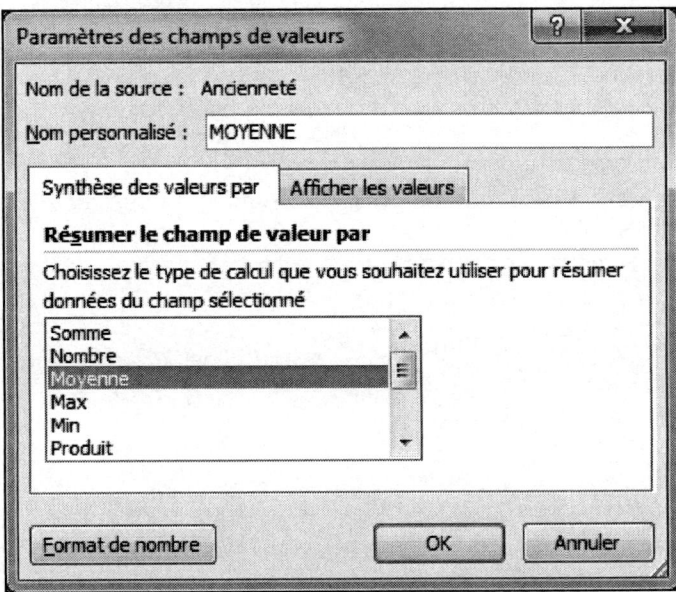

Le volet doit maintenant être tel que ci-après :

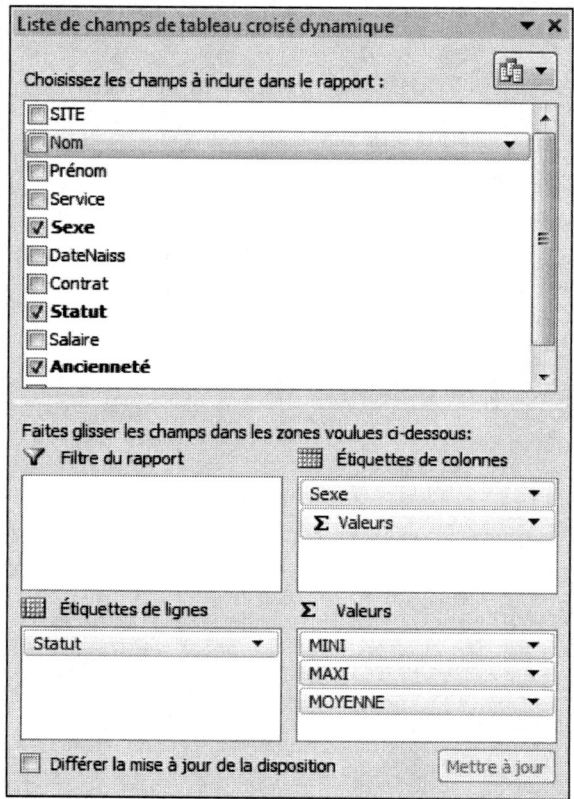

Notre tableau croisé est à présent plus présentable mais il nous reste encore un peu de travail pour l'améliorer.

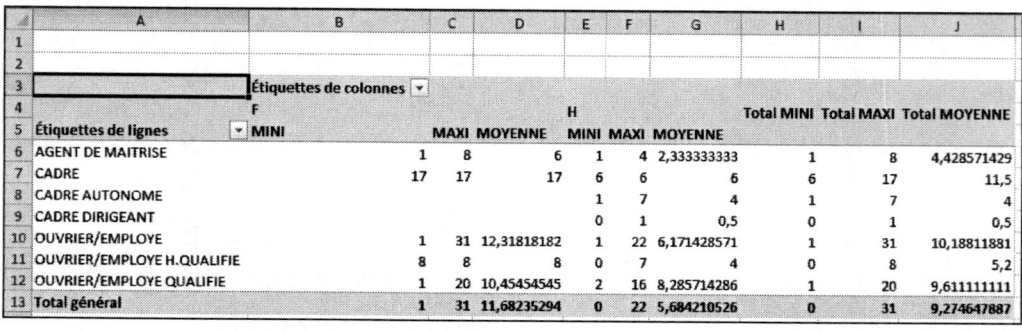

Chapitre 5 : Fonctionnalités avancées

Afin d'alléger le tableau, nous allons formater les moyennes avec une seule décimale.

▶ Effectuez un clic droit sur l'une des moyennes affichée, cliquez sur l'option **Format de nombres** et sélectionnez la catégorie **Nombre** puis définissez le nombre de décimales à **1**.

▶ Modifiez maintenant les titres afin de personnaliser le tableau :

	A	B	C	D	E	F	G	H	I	J
1										
2										
3			SEXES							
4			FEMMES				HOMMES	Total MINI	Total MAXI	Total MOYENNE
5	STATUTS		MINI	MAXI	MOYENNE	MINI	MAXI	MOYENNE			
6	AGENT DE MAITRISE		1	8	6,0	1	4	2,3	1	8	4,4
7	CADRE		17	17	17,0	6	6	6,0	6	17	11,5
8	CADRE AUTONOME					1	7	4,0	1	7	4,0
9	CADRE DIRIGEANT					0	1	0,5	0	1	0,5
10	OUVRIER/EMPLOYE		1	31	12,3	1	22	6,2	1	31	10,2
11	OUVRIER/EMPLOYE H.QUALIFIE		8	8	8,0	0	7	4,0	0	8	5,2
12	OUVRIER/EMPLOYE QUALIFIE		1	20	10,5	2	16	8,3	1	20	9,6
13	Total général		1	31	11,7	0	22	5,7	0	31	9,3

 Excel nomme les colonnes de synthèse Total alors qu'il n'effectue pas du tout dans ce cas les totaux dans ces cellules. Total MINI, Total MAXI et Total MOYENNE n'ont aucune signification logique.

Les trois dernières colonnes présentent les anciennetés mini, maxi et moyennes par statut tous sexes confondus. La dernière ligne représente la synthèse de chaque colonne. Considérant que ces informations ne nous intéressent pas pour ce tableau, nous allons supprimer l'affichage des totaux des lignes et colonnes.

▶ Effectuez un clic droit dans le tableau croisé dynamique.

▶ Cliquez sur **Options du tableau croisé dynamique**.

▶ Dans l'onglet **Disposition et mise en forme**, cochez l'option **Fusionner et centrer les cellules avec les étiquettes**.

▶ Dans l'onglet **Totaux et filtres**, décochez les deux options **Afficher les totaux des lignes** et **Afficher les totaux des colonnes**.

▶ Afin de terminer la présentation, saisissez un titre en **A1**, puis appliquez le style **Style foncé 1** au tableau croisé.

Excel 2010 - Tableaux croisés dynamiques

	A	B	C	D	E	F	G
1	ANCIENNETES						
2							
3			SEXES				
4			FEMMES			HOMMES	
5	STATUTS		MINI	MAXI	MOYENNE	MINI	MAXI	MOYENNE
6	AGENT DE MAITRISE		1	8	6,0	1	4	2,3
7	CADRE		17	17	17,0	6	6	6,0
8	CADRE AUTONOME					1	7	4,0
9	CADRE DIRIGEANT					0	1	0,5
10	OUVRIER/EMPLOYE		1	31	12,3	1	22	6,2
11	OUVRIER/EMPLOYE H.QUALIFIE		8	8	8,0	0	7	4,0
12	OUVRIER/EMPLOYE QUALIFIE		1	20	10,5	2	16	8,3

Pour mieux délimiter la partie FEMMES de la partie HOMMES, sélectionnez chacune de ces zones puis appliquez des couleurs de remplissage comme sur l'écran ci-dessous :

	A	B	C	D	E	F	G
1	ANCIENNETES						
2							
3			SEXES				
4			FEMMES			HOMMES	
5	STATUTS		MINI	MAXI	MOYENNE	MINI	MAXI	MOYENNE
6	AGENT DE MAITRISE		1	8	6,0	1	4	2,3
7	CADRE		17	17	17,0	6	6	6,0
8	CADRE AUTONOME					1	7	4,0
9	CADRE DIRIGEANT					0	1	0,5
10	OUVRIER/EMPLOYE		1	31	12,3	1	22	6,2
11	OUVRIER/EMPLOYE H.QUALIFIE		8	8	8,0	0	7	4,0
12	OUVRIER/EMPLOYE QUALIFIE		1	20	10,5	2	16	8,3

Notre tableau est maintenant terminé, la présentation n'a plus rien à voir avec le tableau tel qu'il était lors de sa création. Vous constaterez dans le futur que vous ne conserverez que très rarement les tableaux croisés dynamiques "bruts". En quelques manipulations vous parviendrez rapidement à obtenir la présentation souhaitée.

Le tableau présente pour chaque sexe les trois informations MINI, MAXI et MOYENNE, ce qui donne deux parties de trois colonnes chacune. Il est possible, si vous le souhaitez, de modifier cette organisation et de transformer notre tableau en trois parties de deux colonnes chacune.

Chapitre 5 : Fonctionnalités avancées　　　95

▶ Dans le volet **Liste de champs de tableau croisé dynamique,** déroulez dans la zone **Étiquettes de colonnes** le menu du champ Σ **Valeurs**, puis sélectionnez l'option **Monter**.

Les deux lignes des sexes et des synthèses ont été permutées.

Ce type de présentation est intéressant car il permet de comparer directement les différentes synthèses entre les deux sexes. Dans vos futurs rapports de tableaux croisés dynamiques, n'hésitez pas à tester les deux organisations afin de retenir celle qui est la plus pertinente à vos yeux en fonction du message à faire passer.

	A	B	C	D	E	F	G
1	ANCIENNETES						
2							
3		SEXES ▼					
4		MINI		MAXI		MOYENNE	
5	STATUTS ▼	FEMMES	HOMMES	FEMMES	HOMMES	FEMMES	HOMMES
6	AGENT DE MAITRISE	1	1	8	4	6,0	2,3
7	CADRE	17	6	17	6	17,0	6,0
8	CADRE AUTONOME			1	7		4,0
9	CADRE DIRIGEANT			0	1		0,5
10	OUVRIER/EMPLOYE	1	1	31	22	12,3	6,2
11	OUVRIER/EMPLOYE H.QUALIFIE	8	0	8	7	8,0	4,0
12	OUVRIER/EMPLOYE QUALIFIE	1	2	20	16	10,5	8,3

2. Calculs et regroupements

a. Effectif des salariés par secteurs et par sexes

Afin de réaliser une petite étude sur la localisation de vos employés, vous devez construire un tableau croisé dynamique qui présentera le nombre d'employés par secteurs et par sexe.

Cependant, nos données source listent les différents sites et non uniquement les secteurs. En conséquence, vous devez ajouter le calcul du secteur dans le tableau source pour obtenir le tableau croisé dynamique souhaité.

▶ Cliquez dans la feuille **Liste**.

▶ Dans la cellule **K1**, saisissez le titre **SECTEUR**.

▶ dans la cellule **K2**, saisissez la formule **=GAUCHE(A2;2)** afin d'extraire du SITE le numéro du SECTEUR.

➡ Faites un double clic sur la poignée de recopie de la cellule **K2** afin de recopier cette formule vers le bas.

*Le champ **SECTEUR** est ajouté dans la liste et contient une formule de calcul.*

	A	B	C	D	E	F	G	H	I	J	K
1	SITE	Nom	Prénom	Service	Sexe	DateNaiss	Contrat	Statut	Salaire	Ancienneté	SECTEUR
2	22-NORD	ACCIARI	ALAIN	PRODUCTION	H	30/11/1950	CDI	OUVRIER/EMPLOYE	1 626,00	5	22
3	53-SUD	ALLARD	PASCAL	MAINTENANCE	H	17/02/1954	CDI	CADRE AUTONOME	3 700,00	7	53
4	22-NORD	ANGELO	ANNIE	PRODUCTION	F	05/08/1954	CDI	AGENT DE MAITRISE	2 800,00	8	22
5	22-NORD	ANGOSTO	ROGER	MAINTENANCE	H	26/01/1955	CDI	OUVRIER/EMPLOYE H.QUALIFIE	1 983,00	3	22

➡ Insérez un tableau croisé dynamique dans une nouvelle feuille en vous référant à l'écran qui suit :

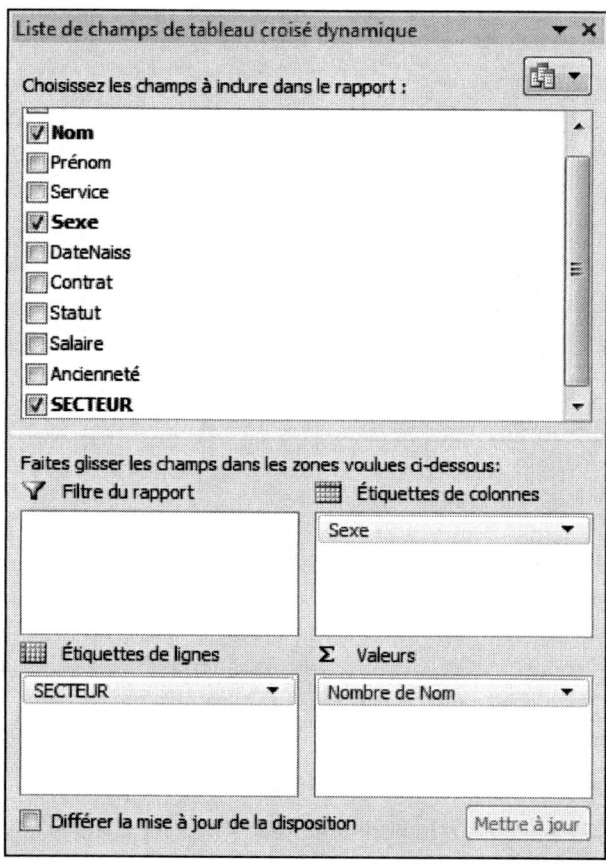

	A	B	C	D
1				
2				
3	Nombre de Nom	Étiquettes de colonnes ▼		
4	Étiquettes de lignes ▼	F	H	Total général
5	22		69	48	117
6	53		16	9	25
7	Total général		85	57	142

Affinez la présentation selon vos souhaits, vous pouvez vous inspirer de l'écran qui suit :

	A	B	C	D
1	EFFECTIF PAR SECTEUR			
2				
3	EFFECTIF	SEXES ▼		
4	SECTEURS ▼	F	H	Total général
5	22		69	48	117
6	53		16	9	25
7	Total général		85	57	142

b. Effectif par tranches de salaires et par sexes

Nous allons profiter de cette nouvelle statistique pour étudier comment grouper des données dans un tableau croisé dynamique. Notre objectif est ici de classer nos salariés en cinq tranches de salaires, de 1000 à 6000 euros par tranches de 1000 euros.

▶ Construisez tout d'abord le tableau croisé dynamique en vous référant à l'écran ci-après.

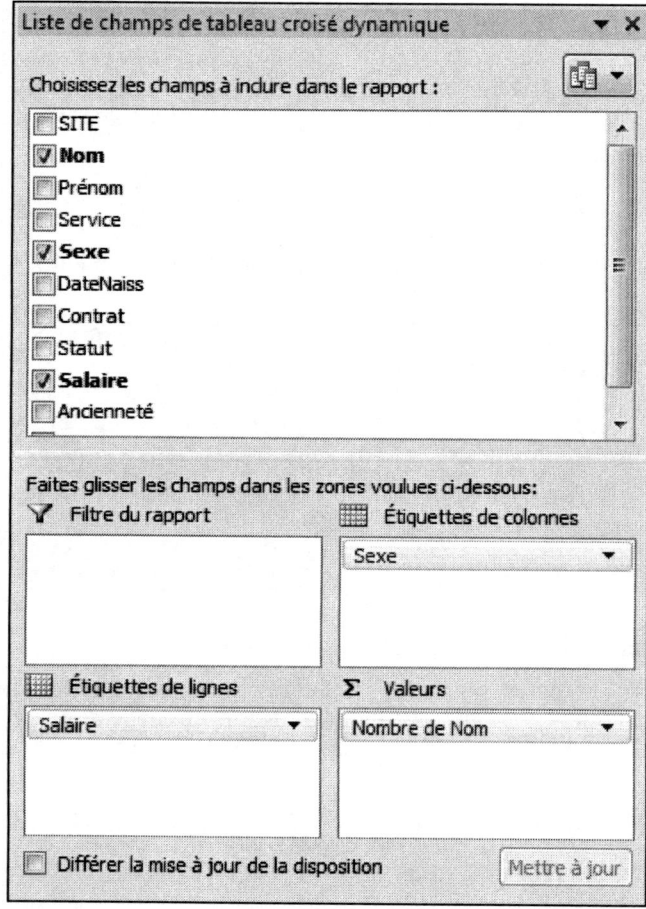

Vous pouvez être surpris de déposer le champ **Salaire** dans la zone **Étiquettes de lignes**, en effet, jusqu'à présent, la destination des champs de données numériques était principalement la zone Σ **Valeurs**. Ceci permettrait de réaliser un calcul de synthèse sur ce champ.

Dans le cas présent, cela va nous permettre d'effectuer un regroupement.

Dans le tableau croisé inséré, Excel a créé une ligne par valeur de salaire. Si chacun de nos employés avait un salaire différent, notre tableau croisé contiendrait autant de lignes que de salariés.

Chapitre 5 : Fonctionnalités avancées

Les premières lignes de votre tableau croisé dynamique doivent être telles que ci-dessous.

	A	B	C	D
1				
2				
3	**Nombre de Nom**	**Étiquettes de colonnes**		
4	**Étiquettes de lignes**	F	H	Total général
5	1 507,00		1	1
6	1 602,00		1	1
7	1 613,00		3	3
8	1 618,00		3	3
9	1 620,00		3 1	4
10	1 623,00		3	3

Vous allez maintenant procéder au regroupement par tranches :

- Effectuez un clic droit sur l'un des salaires.
- Dans le menu contextuel qui apparaît, cliquez sur l'option **Grouper**.

Excel vous propose automatiquement comme valeurs limites le salaire minimum et le salaire maximum :

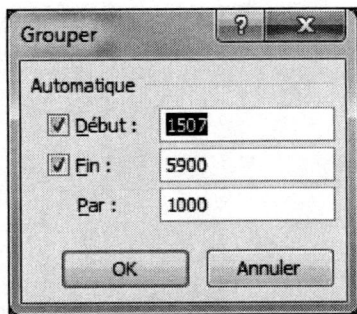

➤ Afin de ne pas décaler nos tranches, saisissez les valeurs souhaitées :

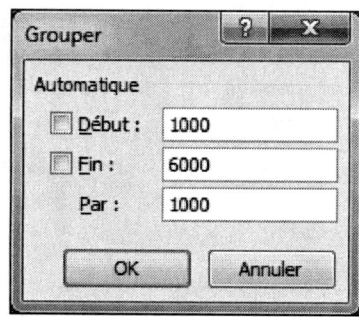

➤ Puis validez par **OK**.

Excel a automatiquement regroupé les informations en cinq tranches.

	A	B	C	D
1				
2				
3	**Nombre de Nom**	Étiquettes de colonnes		
4	**Étiquettes de lignes**	F	H	Total général
5	1000-1999		66	44	110
6	2000-2999		16	7	23
7	3000-3999		3	2	5
8	4000-4999			3	3
9	5000-6000			1	1
10	**Total général**		85	57	142

Cette technique simple permet de réaliser tous types de regroupements. Vous pouvez par exemple obtenir le nombre de clients par tranches de chiffres d'affaires, le nombre de personnes par tranches d'âges... et tous états statistiques qui nécessitent de manipuler des tranches d'égales amplitudes.

c. Prime par site et par type de contrat

Cette partie va vous apprendre à insérer un champ calculé dans un tableau croisé dynamique.

Pour illustrer cette technique, notre objectif est de calculer le montant des primes totales pour chaque site et par type de contrat (CDI et CDD). Les employés de l'entreprise bénéficient d'une prime d'ancienneté annuelle égale à 30 euros par année d'ancienneté.

➤ Activez la feuille **Liste**.

Chapitre 5 : Fonctionnalités avancées

◆ Insérez un nouveau tableau croisé dynamique en vous référant à l'écran qui suit.

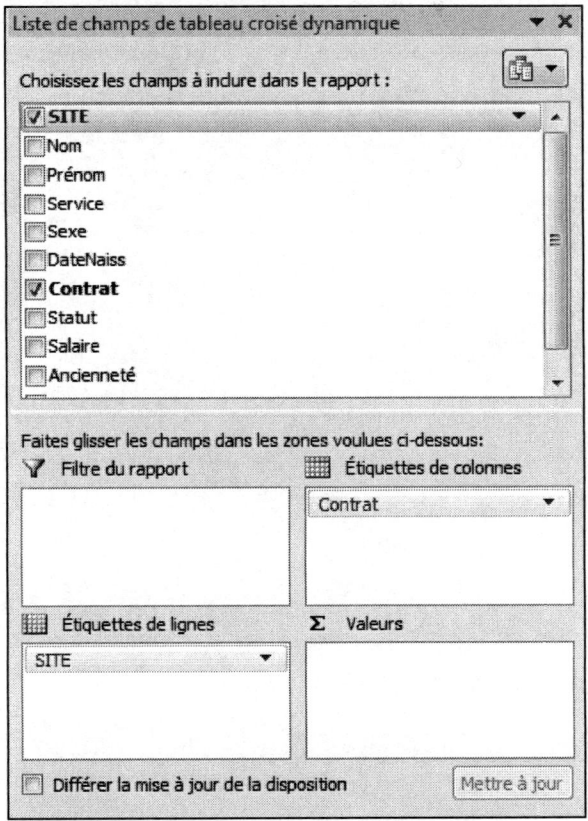

Pour l'instant, ne déposez pas de champ dans la zone **Valeurs**.

Le tableau croisé dynamique est tel que ci-dessous, la zone des valeurs est vierge :

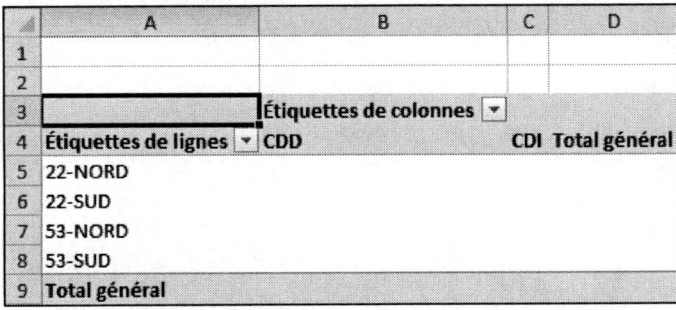

Insérons la formule de calcul :

▶ Dans l'onglet **Outils de tableau croisé dynamique - Options**, dans le groupe **Calculs**, cliquez sur **Champs, éléments et jeux**, puis sur l'option **Champ calculé**.

La boîte de dialogue **Insertion d'un champ calculé** s'affiche :

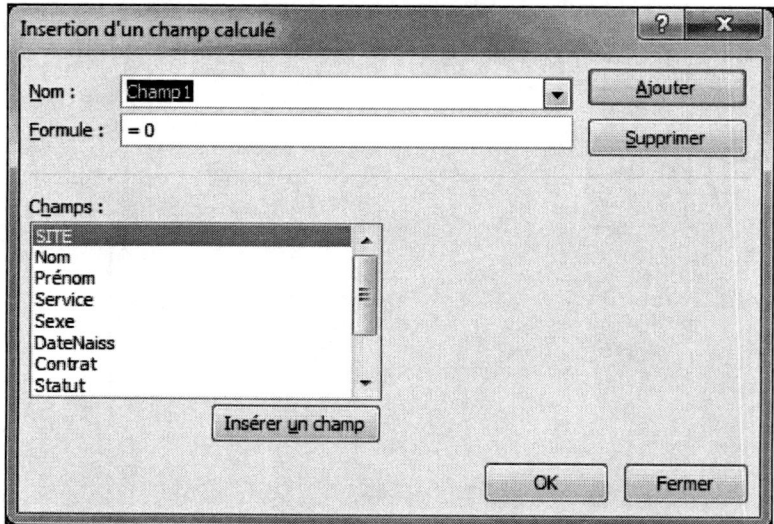

▶ Saisissez le nom du champ puis la formule de calcul :

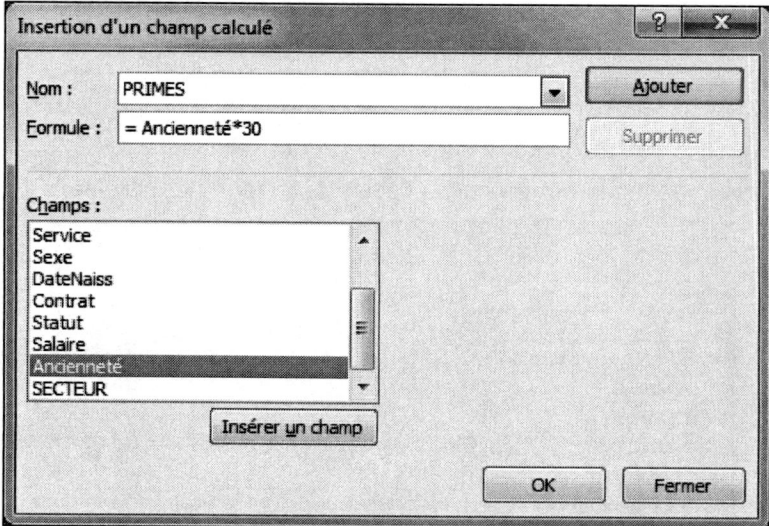

Chapitre 5 : Fonctionnalités avancées

Pour insérer le champ **Ancienneté** dans la zone formule, vous pouvez double cliquer sur le nom du champ dans la liste des champs.

▶ Cliquez sur le bouton **Ajouter** puis validez par **OK**.

*Le champ **PRIMES** a été ajouté dans la liste des champs, le volet intègre maintenant les primes dans la zone **Valeurs**.*

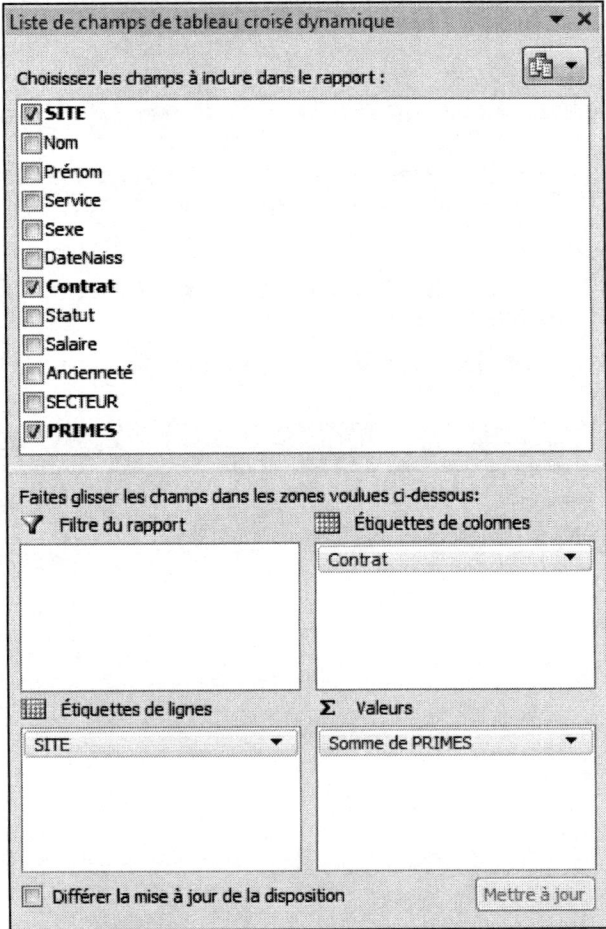

Le tableau croisé dynamique affiche le montant total des primes annuelles.

	A	B	C	D
1				
2				
3	Somme de PRIMES	Étiquettes de colonnes		
4	Étiquettes de lignes	CDD	CDI	Total général
5	22-NORD	300	25590	25890
6	22-SUD	60	6150	6210
7	53-NORD	90	5370	5460
8	53-SUD	30	1920	1950
9	Total général	480	39030	39510

Lorsque vous ferez des essais et que certains champs calculés ne correspondent pas à vos attentes, il sera très simple de les supprimer ou de les modifier.

Supprimer un champ calculé :

- Dans l'onglet **Options**, cliquez sur **Champs, éléments et jeux** du groupe **Calculs**, puis cliquez sur l'option **Champ calculé**.
- Dans la boîte de dialogue **Insertion d'un champ calculé**, déroulez le menu **Nom** puis sélectionnez le champ à supprimer :

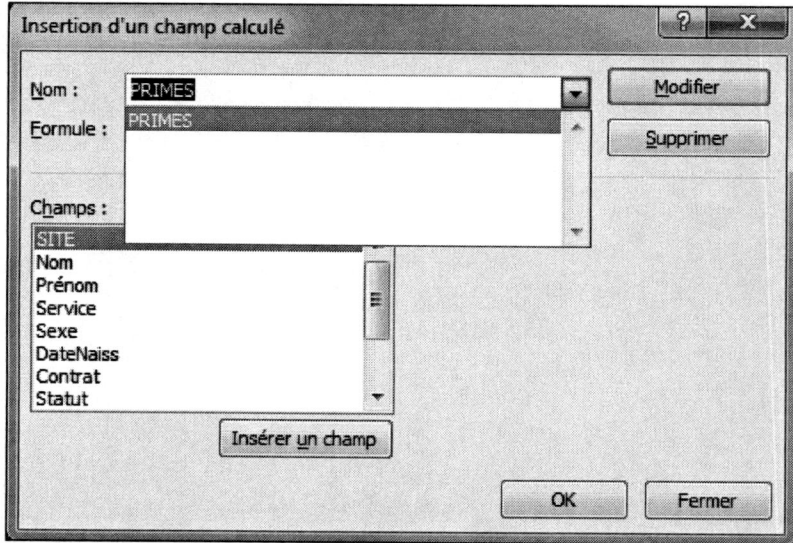

- Cliquez sur le bouton **Supprimer** puis validez par **OK**.

Chapitre 5 : Fonctionnalités avancées

Modifier un champ calculé :

▶ Dans l'onglet **Options**, cliquez sur **Champs, éléments et jeux** du groupe **Calculs**, puis cliquez sur l'option **Champ calculé**.

▶ Dans la boîte de dialogue **Insertion d'un champ calculé**, déroulez le menu **Nom** puis sélectionnez le champ à modifier.

▶ Effectuez la modification de la formule.

▶ Cliquez sur le bouton **Modifier** puis validez par **OK**.

Remarque importante :

Soyez toujours très vigilant lors de la création de vos champs calculés. En effet, lors du calcul d'un champ obtenu par formule dans le tableau croisé dynamique, Excel effectue en premier la synthèse sur les champs utilisés dans la formule puis ensuite applique la formule sur les résultats de cette synthèse.

Imaginons que dans notre exemple, l'entreprise ne verse les primes qu'aux employés de plus de 10 années d'ancienneté. Dans ce cas, nous serions tenté d'écrire la formule du champ calculé : =SI(Ancienneté>10; Ancienneté *30;0).

Cette formule aboutit à une erreur de calcul car Excel prend en compte dans son calcul le total des anciennetés, il suffirait que 11 personnes d'un même site et d'un même type de contrat aient une ancienneté d'un an chacune pour que le calcul de la prime (11*30) se réalise, ce qui est faux dans notre cas. La solution serait d'insérer directement la formule dans le tableau source afin que la prime soit calculée ligne par ligne et non par rapport au total des anciennetés du service concerné.

N'utilisez les champs calculés que lorsque vous devez faire référence aux valeurs de synthèse et non aux valeurs détails du tableau source.

C. Base de données suivi des incidents

1. Synthèses chronologiques

▶ Ouvrez le fichier **IncidentsVéhicules.xlsx**.

Vous êtes responsable d'un parc de véhicules dans une société de transport routier. Votre objectif est de recenser toutes les pannes afin d'obtenir des statistiques diverses. Chaque ligne de notre tableau source correspond à une panne.

Excel 2010 - Tableaux croisés dynamiques

	A	B	C	D	E	F	G	H	I
1	DATE	CHAUFFEUR	LIEU	TYPE VEHICULE	TYPE PANNE	DUREE IMMOBILISATION	COUT PIECES	COUT MAIN D'ŒUVRE	REMORQUAGE
2	06/01/2011	ANTON	ROUTE	VL	MECANIQUE	00:45	58,00	56,00	N
3	06/01/2011	ANTONELLI	ROUTE	VL	MECANIQUE	00:45	48,00	107,00	N
4	16/01/2011	BONNET	AUTOROUTE	PL	ELECTRIQUE	02:15	42,00	22,50	N
5	31/01/2011	BONNET	ROUTE	VL	MECANIQUE	03:45	189,00	75,00	O
6	08/02/2011	BOUVIER	ROUTE	PL	MECANIQUE	05:15	230,00	52,50	O
7	15/02/2011	BREUGNE	AUTOROUTE	PL	MECANIQUE	02:15	235,00	45,00	N

a. Nombre de pannes mensuelles par type de panne pour un type de véhicule

Cette nouvelle statistique va nous permettre de mettre en pratique les regroupements de données par périodes chronologiques.

▶ Construisez tout d'abord le tableau croisé dynamique dans une nouvelle feuille en vous référant à l'écran ci-dessous :

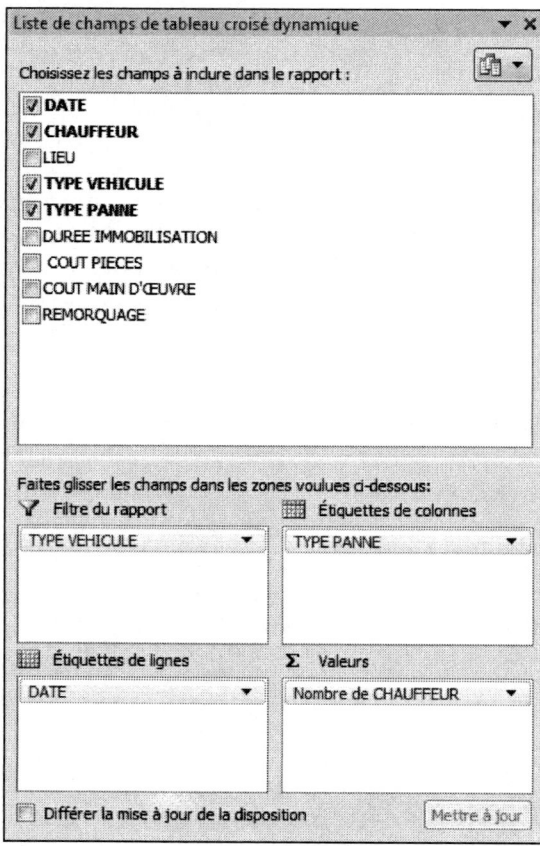

Chapitre 5 : Fonctionnalités avancées 107

Pour l'instant, le tableau croisé dynamique présente une synthèse des pannes journalières. Les dates pour lesquelles au moins une panne a été recensée sont présentes dans le tableau.

	A	B	C	D	E
1	TYPE VEHICULE	(Tous)			
2					
3	Nombre de CHAUFFEUR	Étiquettes de colonnes			
4	Étiquettes de lignes	ELECTRIQUE	FREINS	MECANIQUE	Total général
5	06/01/2011			2	2
6	16/01/2011		1		1
7	31/01/2011			1	1
8	08/02/2011			1	1
9	15/02/2011			1	1
10	17/02/2011		1		1

Le nombre total de pannes calculé (62) correspond bien au nombre de lignes de notre tableau source.

Chaque ligne doit maintenant être regroupée par mois :

➧ Cliquez sur une date, puis dans l'onglet **Outils de tableau croisé dynamique - Options**, dans le groupe **Groupe**, cliquez sur **Grouper la sélection**.

La boîte de dialogue **Grouper** est affichée, les dates extrêmes sont sélectionnées automatiquement et le regroupement par mois est sélectionné par défaut :

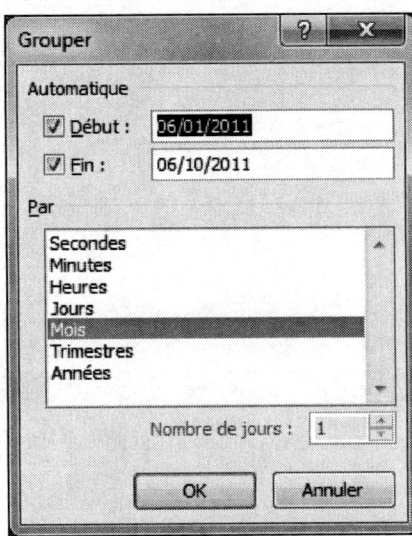

Excel 2010 - Tableaux croisés dynamiques

➽ Validez.

Le regroupement mensuel a été effectué.

	A	B	C	D	E
1	TYPE VEHICULE	(Tous)			
2					
3	Nombre de CHAUFFEUR	Étiquettes de colonnes			
4	Étiquettes de lignes	ELECTRIQUE	FREINS	MECANIQUE	Total général
5	janv		1	3	4
6	févr		1	3	4
7	mars		2	1	9	12
8	juin		3	1	7	11
9	juil		2	3	9	14
10	août		3		5	8
11	sept		1	3	3	7
12	oct			1	1	2
13	Total général		13	9	40	62

Affinez si besoin la présentation du tableau selon vos préférences, vous pouvez vous inspirer de l'écran ci-après.

	A	B	C	D	E
1	TYPE VEHICULE	(Tous)			
2					
3	Nombre de Pannes	TYPES DE PANNES			
4	MOIS	ELECTRIQUE	FREINS	MECANIQUE	Total général
5	janv	1		3	4
6	févr	1		3	4
7	mars	2	1	9	12
8	juin	3	1	7	11
9	juil	2	3	9	14
10	août	3		5	8
11	sept	1	3	3	7
12	oct		1	1	2
13	Total général	13	9	40	62

En fonction de vos besoins, il est bien sûr possible d'effectuer plusieurs niveaux de regroupement.

Chapitre 5 : Fonctionnalités avancées

Dans notre exemple, le premier niveau pourrait être le trimestre et le deuxième pourrait être le mois.

⇒ Pour effectuer ces regroupements, cliquez sur un **Mois** puis dans l'onglet **Outils de tableau croisé dynamique - Options**, cliquez sur le bouton **Grouper la sélection** du groupe **Groupe**.

⇒ Dans la fenêtre **Grouper** qui s'affiche cliquez sur **Trimestres**.

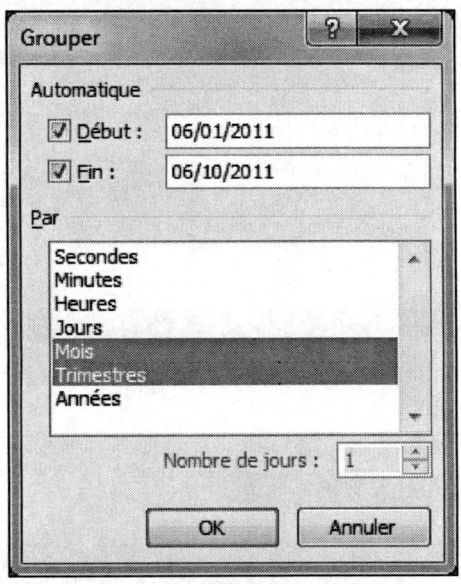

⇒ Valider en cliquant sur **OK**.

Excel a ajouté un niveau de regroupement et vous pouvez remarquer que le champ **Trimestres** a été ajouté à la liste des champs dans la zone **Étiquettes de ligne**.

	A	B	C	D	E
1	TYPE VEHICULE	(Tous)			
2					
3	Nombre de Pannes	TYPES DE PANNES			
4	MOIS	ELECTRIQUE	FREINS	MECANIQUE	Total général
5	⊟Trimestre1				
6	janv		1	3	4
7	févr		1	3	4
8	mars		2	1	9	12
9	⊟Trimestre2				
10	juin		3	1	7	11
11	⊟Trimestre3				
12	juil		2	3	9	14
13	août		3		5	8
14	sept		1	3	3	7
15	⊟Trimestre4				
16	oct			1	1	2
17	Total général		13	9	40	62

◆ Pour masquer les statistiques détaillées par mois, cliquez sur les boutons ⊟ à gauche de chaque trimestre.

	A	B	C	D	E
1	TYPE VEHICULE	(Tous)			
2					
3	Nombre de Pannes	TYPES DE PANNES			
4	MOIS	ELECTRIQUE	FREINS	MECANIQUE	Total général
5	⊞Trimestre1	4	1	15	20
6	⊞Trimestre2	3	1	7	11
7	⊞Trimestre3	6	6	17	29
8	⊞Trimestre4		1	1	2
9	Total général	13	9	40	62

Les trimestres ont été réduits, le détail des données mensuelles a donc disparu.

Chapitre 5 : Fonctionnalités avancées

Enfin, si notre tableau source était composé de plusieurs années, il serait aisé d'ajouter un troisième niveau de regroupement par année pour obtenir une statistique plus complète. Ceci permettrait de comparer les données de différentes années. Un exemple de tableau croisé dynamique présentant deux années est présenté ci-dessous.

	A	B	C	D	E
1	TYPE VEHICULE	(Tous)			
2					
3	Nombre de Pannes	Types de pannes			
4	Périodes	ELECTRIQUE	FREINS	MECANIQUE	Total général
5	⊟ 2010				
6	⊟ Trimestre1				
7	janv		1		1
8	févr	1			1
9	mars	1			1
10	⊟ Trimestre2				
11	avr	1			1
12	mai			1	1
13	juin			1	1
14	⊟ Trimestre3				
15	juil	1			1
16	août			1	1
17	sept		1		1
18	⊟ Trimestre4				
19	oct			1	1
20	⊟ 2011				
21	⊟ Trimestre1				
22	janv	1		2	3
23	févr	1		2	3
24	mars	1	1	7	9
25	⊟ Trimestre2				
26	juin	3	1	6	10
27	⊟ Trimestre3				
28	juil	2	3	8	13
29	août	3		4	7
30	sept	1	3	2	6
31	⊟ Trimestre4				
32	oct		1		1
33	Total général	16	11	35	62

b. Total des durées d'immobilisation par type de panne et par type de véhicule

Effectuer un cumul d'heures pose souvent des problèmes. Cette partie va vous familiariser avec la gestion des données horaires.

➼ Construisez le tableau croisé dynamique présentant le total des durées d'immobilisation par type de panne et par type de véhicule. La liste des champs est présentée ci-dessous.

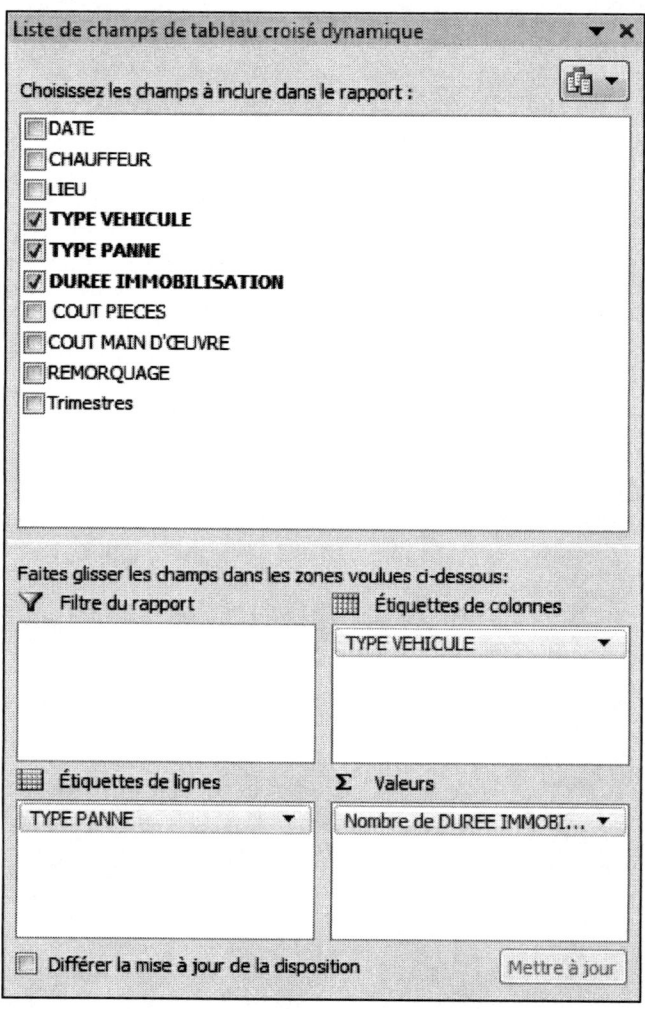

Excel a utilisé la fonction nombre par défaut.

Chapitre 5 : Fonctionnalités avancées

▷ Ouvrez la liste associée au champ **Nombre de DUREE IMMOBILISATION**, cliquez sur l'option **Paramètres des champs de valeur**, sélectionnez la fonction **Somme** puis validez par **OK**.

Le tableau croisé présente une synthèse dont les valeurs affichées sont déroutantes au premier abord. En effet notre tableau source contient des données au format horaire et la synthèse présente des valeurs au format décimal.

	A	B	C	D
1				
2				
3	Somme de DUREE IMMOBILISATION	Étiquettes de colonnes ▼		
4	Étiquettes de lignes ▼	PL	VL	Total général
5	ELECTRIQUE	1,75	0,8125	2,5625
6	FREINS	0,375	1,09375	1,46875
7	MECANIQUE	3,375	3,65625	7,03125
8	Total général	5,5	5,5625	11,0625

Ceci est entièrement normal pour Excel. En effet lorsque vous saisissez 18:00 dans une cellule Excel, l'unité de cette donnée n'est pas l'heure mais le jour. 18:00 correspond à ¾ de jours, soit 0,75. Au lieu de saisir directement 18:00, on aurait pu saisir 0,75 puis appliquer un format horaire à la cellule. Lorsque vous additionnez des heures, cela revient donc à additionner des fractions de jour.

Nos calculs de synthèses sont bien corrects, mais Excel n'applique pas automatiquement un format horaire dans notre tableau croisé. Vous allez donc devoir modifier le format des nombres.

Attention ici à ne pas vous faire piéger avec le format, en effet, il est possible que certaines durées dépassent 24 heures (lorsque les valeurs décimales sont supérieures à 1). Veillez à utiliser le format horaire qui permet de dépasser les 24 heures.

▷ Effectuez un clic droit sur l'une des valeurs puis cliquez sur l'option **Format de nombre**.

▷ Cliquez sur l'option **Personnalisée** dans la zone **Catégorie**.

▷ Dans la zone **Type**, sélectionnez le format **[h]:mm:ss** (format permettant d'afficher des heures au-delà de 24:00).

▷ Dans la case **Type**, effacez **:ss** à la fin du format pour ne pas afficher les secondes.

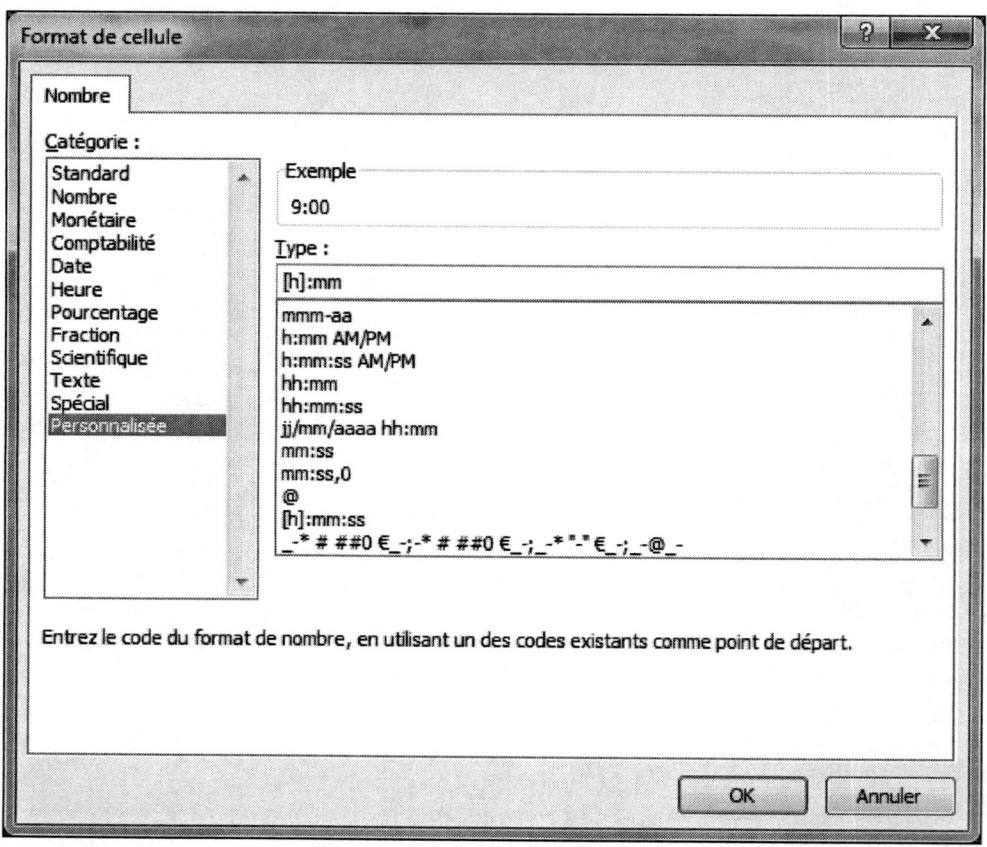

➡ Validez par **OK**.

Les durées sont à présent présentées clairement.

	A	B	C	D
1				
2				
3	Somme de DUREE IMMOBILISATION	Étiquettes de colonnes		
4	Étiquettes de lignes	PL	VL	Total général
5	ELECTRIQUE	42:00	19:30	61:30
6	FREINS	9:00	26:15	35:15
7	MECANIQUE	81:00	87:45	168:45
8	Total général	132:00	133:30	265:30

Chapitre 5 : Fonctionnalités avancées

c. Total des coûts pièces et main d'œuvre par type de panne et par type de véhicule

Pour mettre en pratique les éléments étudiés au point Prime par site et par type de contrat de ce chapitre, vous allez devoir intégrer un champ calculé dans le rapport de tableau croisé dynamique afin d'effectuer le total des coûts pièces et main d'œuvre. Afin de pouvoir visualiser en même temps le tableau croisé dynamique des durées et celui des coûts, nous placerons ce nouveau rapport dans la même feuille que le précédent.

▶ Renommez tout d'abord **Stat** la feuille contenant le précédent tableau croisé dynamique (**Stat**).

▶ Construisez le tableau croisé dynamique. Dans la boîte de dialogue **Créer un tableau croisé dynamique**, cochez l'option **Feuille de calcul existante**, cliquez dans la zone **Emplacement**, puis cliquez sur la cellule **A12** de la feuille **Stat**.

▶ Validez par **OK**.

▶ Ajoutez les champs au tableau croisé dynamique en vous référant à l'écran ci-après. Pour l'instant ne déposez pas de champ dans la zone **Valeurs**.

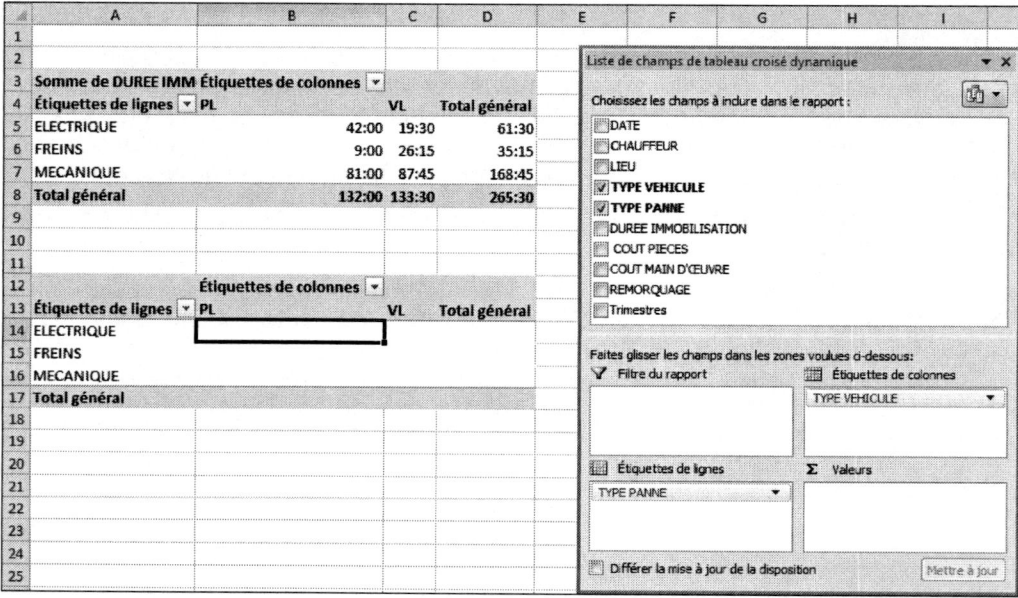

▸ Pour insérer la formule de calcul, dans l'onglet **Outils de tableau croisé dynamique - Options**, cliquez sur le bouton **Champs, éléments et jeux** du groupe **Calculs**, puis cliquez sur **Champ calculé**.

▸ La boîte de dialogue **Insertion d'un champ calculé** s'affiche : saisissez le nom du champ puis entrez la formule en double cliquant sur les champs à utiliser pour les insérer.

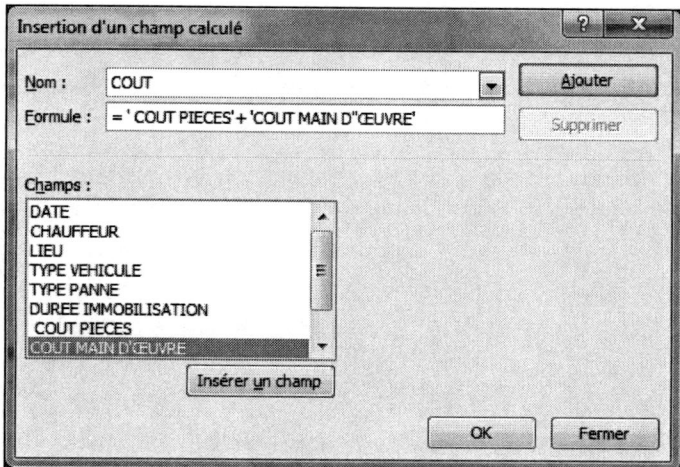

Chapitre 5 : Fonctionnalités avancées

▶ Cliquez sur le bouton **Ajouter** puis terminez par **OK**.

Nous obtenons nos deux tableaux croisés dynamiques et pouvons visualiser ainsi en même temps les durées et les coûts des interventions.

▶ Modifiez les étiquettes pour finaliser vos tableaux :

	A	B	C	D
1				
2				
3	Durées Immobilisation	Types de véhicules		
4	Types de pannes	PL	VL	Total général
5	ELECTRIQUE	42:00	19:30	61:30
6	FREINS	9:00	26:15	35:15
7	MECANIQUE	81:00	87:45	168:45
8	Total général	132:00	133:30	265:30
9				
10				
11				
12	Somme de COUT	Types de véhicules		
13	Types de pannes	PL	VL	Total général
14	ELECTRIQUE	688,00	429,00	1 117,00
15	FREINS	515,00	561,50	1 076,50
16	MECANIQUE	2 682,50	3 565,00	6 247,50
17	Total général	3 885,50	4 555,50	8 441,00

▶ Lorsque vous cliquerez sur le bouton **Actualiser**, les deux tableaux croisés dynamiques seront mis à jour.

2. Classement des chauffeurs

a. Les quatre chauffeurs ayant eu le plus de pannes

Un des points forts des tableaux croisés dynamiques est qu'il est possible d'extraire un "hit parade" établi à partir des données de synthèse. Vous pouvez par exemple obtenir la liste de vos 10 meilleurs commerciaux, vos 5 meilleurs clients, les 10 salariés ayant cumulé le plus d'heures supplémentaires...

Dans notre cas, nous souhaitons obtenir la liste des quatre chauffeurs pour lesquels le nombre de pannes est le plus important. Nous devons calculer dans un premier temps le nombre de pannes par chauffeur, puis dans un deuxième temps, filtrer ces informations pour obtenir notre classement.

▶ Activez la feuille **Pannes** puis cliquez dans une cellule de la source.

▶ Insérer un nouveau tableau croisé en vous référant à l'écran ci-après.

Pour l'instant, aucun champ ne doit être déplacé vers la zone **Étiquettes de colonnes**.

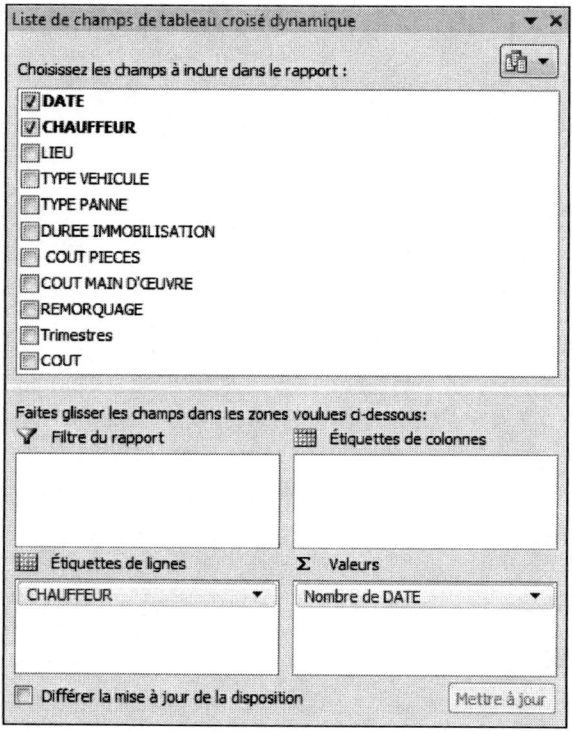

Le tableau croisé dynamique est composé de deux colonnes, la première comporte les noms des chauffeurs, la deuxième le nombre de lignes pour lesquelles le nom du chauffeur apparaît.

Ci-dessous sont présentées les premières lignes de notre tableau croisé dynamique :

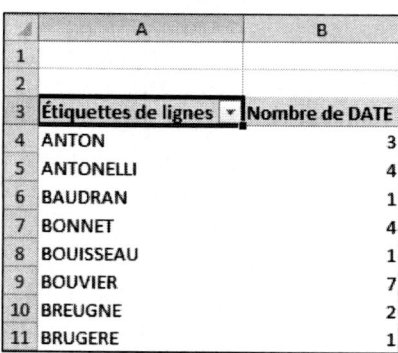

Chapitre 5 : Fonctionnalités avancées

Les noms sont automatiquement classés par ordre alphabétique.

Bien que cela ne soit pas nécessaire pour réaliser notre filtre, nous allons classer les opérateurs par nombres de pannes décroissants.

◗ Déroulez le menu des étiquettes de lignes puis cliquez sur l'option **Options de tri supplémentaires**.

◗ Dans la boîte de dialogue **Trier (CHAUFFEUR)** qui apparaît, cochez **Descendant (de Z à A) par :**.

◗ Puis sélectionnez le champ **Nombre de DATE**.

◗ Cliquez sur le bouton **Autres options** puis vérifiez que les options **Trier automatiquement chaque fois que le rapport est actualisé** et **Total général** sont bien cochées.

◗ Validez deux fois par **OK**.

Nous pouvons maintenant définir notre filtre.

◗ Dans le tableau croisé dynamique, déroulez le menu des étiquettes de lignes puis sélectionnez l'option **Filtres** s'appliquant aux valeurs.

◗ Cliquez ensuite sur l'option **10 premiers**.

➧ Dans la boîte de dialogue **Filtre des 10 premiers (CHAUFFEUR)**, paramétrez le nombre d'éléments à **4** tel que présenté ci-après.

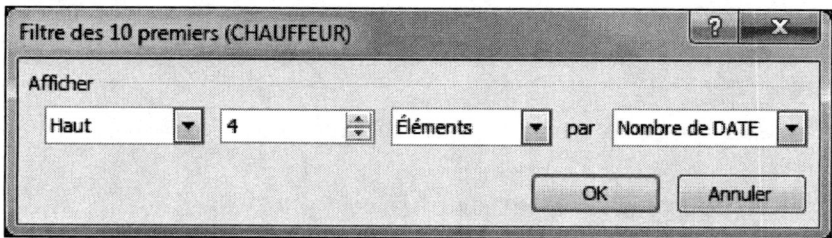

➧ Validez par **OK**.

Le tableau croisé dynamique est filtré et fait apparaître les noms de 5 employés. En effet, Excel gère les valeurs "ex-æquo". Dans notre exemple, cinq chauffeurs présentent les quatre nombres de pannes les plus importants.

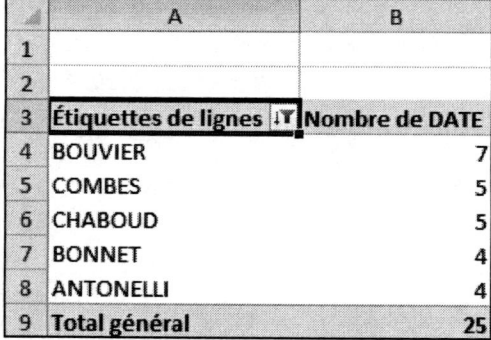

b. Les cinq chauffeurs ayant occasionné les coûts les plus élevés

Nous allons ajouter au tableau croisé dynamique précédent le coût total des interventions afin de pouvoir établir qui sont les chauffeurs pour lesquels les coûts d'intervention ont été les plus élevés.

➧ Faites tout d'abord glisser le champ **COUT** dans la zone **Valeurs** pour ajouter cette donnée dans le tableau croisé dynamique.

Chapitre 5 : Fonctionnalités avancées

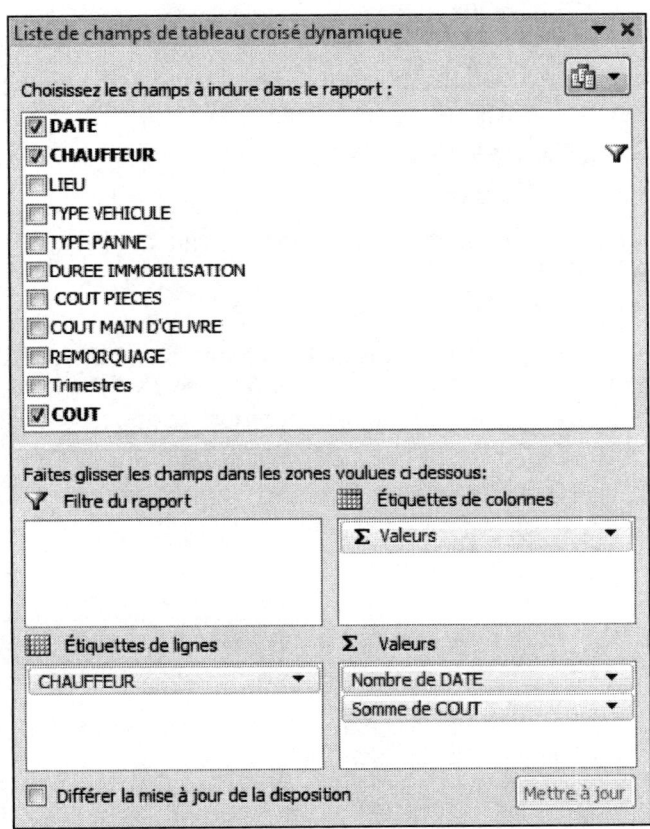

Le filtre précédent est toujours actif, les coûts sont donc affichés pour les employés ayant eu le plus grand nombre de pannes. Ceci ne signifie pas obligatoirement que sont affichés les coûts les plus élevés.

	A	B	C
1			
2			
3	**Étiquettes de lignes**	Nombre de DATE	Somme de COUT
4	BOUVIER	7	983,50
5	COMBES	5	437,00
6	CHABOUD	5	730,00
7	BONNET	4	514,50
8	ANTONELLI	4	476,00
9	**Total général**	**25**	**3 141,00**

▶ Effacez dans un premier temps le filtre défini sur le nombre de dates.
▶ Déroulez le menu des étiquettes de lignes puis sélectionnez l'option **Effacer le filtre de CHAUFFEUR**.

Tous les opérateurs réapparaissent dans le tableau croisé dynamique.

Appliquez maintenant le filtre sur les coûts :

▶ Déroulez le menu des étiquettes de lignes puis cliquez sur l'option **Filtres s'appliquant aux valeurs**.
▶ Cliquez ensuite sur l'option **10 premiers**.
▶ Dans la boîte de dialogue **Filtre des 10 premiers (CHAUFFEUR)**, paramétrez le nombre d'éléments à **5** puis, dans la zone **par, Somme de COUT**.

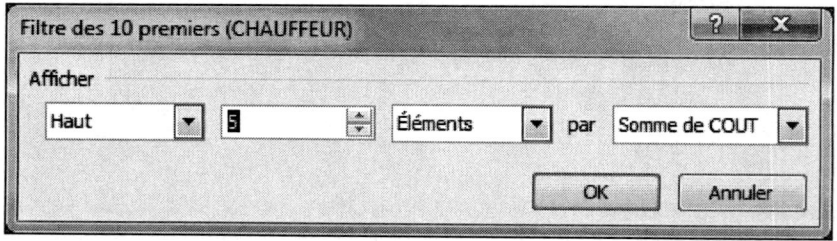

▶ Validez par **OK**.

Notre tableau croisé dynamique affiche désormais les cinq chauffeurs pour lesquels les coûts d'intervention ont été les plus élevés.

	A	B	C
1			
2			
3	Étiquettes de lignes	Nombre de DATE	Somme de COUT
4	BOUVIER	7	983,50
5	CHABOUD	5	730,00
6	BONNET	4	514,50
7	ANTONELLI	4	476,00
8	PORET	1	1 297,50
9	Total général	21	4 001,50

Nous allons vérifier le fonctionnement de notre tableau croisé dynamique.

▶ Dans la feuille **Pannes**, en cellule **G2**, remplacez le coût des pièces du chauffeur **ANTON** par **900**, et le coût de la main d'œuvre, en cellule **H2** par **230**.

Chapitre 5 : Fonctionnalités avancées

▶ Positionnez le curseur dans le tableau croisé dynamique puis cliquez sur le bouton **Actualiser** ou Alt F5.

Notre tableau prend bien en compte cette modification. En actualisant le tableau croisé dynamique à chaque modification des données source, vous connaîtrez toujours les n personnes ayant engendré les coûts les plus élevés.

	A	B	C
1			
2			
3	Étiquettes de lignes	Nombre de DATE	Somme de COUT
4	BOUVIER	7	983,50
5	CHABOUD	5	730,00
6	BONNET	4	514,50
7	ANTON	3	1 308,00
8	PORET	1	1 297,50
9	Total général	20	4 833,50

Cette fonctionnalité des tableaux croisés dynamiques est très intéressante car à tout moment vous pouvez extraire rapidement une petite statistique des "n meilleurs" ou "n moins bons" à partir de vos données source.

D. Base de données Accidents du travail

1. Synthèses chronologiques

▶ Ouvrez le fichier **AccidentsDuTravail.xlsx**.

Chaque ligne de notre tableau source correspond à l'enregistrement des données d'un accident du travail. Les employés de cette société travaillent du lundi au vendredi.

	A	B	C	D	E	F	G	H	I	J
1	DATE ACCIDENT	EMPLOYE	SERVICE	SEXE	HEURE ACCIDENT	TYPE INCAPACITE	ARRET TRAVAIL	DUREE ARRET (J)	SIEGE LESIONS	CODE GRAVITE
2	04/01/2010	MORAND	CHANTIER	H	10:30	IP	O	60	DOS	3
3	12/02/2010	PASTOR	MAINTENANCE	H	11:00	IT	O	10	GENOU	0
4	29/03/2010	BLANC	MAINTENANCE	H	17:30	IT	O	5	DOS	0
5	03/05/2010	DUBOIS	CHANTIER	H	16:30		O	90	JAMBE	4
6	19/05/2010	FERRETTI	MAINTENANCE	H	09:00	IT	O	12	YEUX	0
7	26/05/2010	DARMANI	CHANTIER	H	16:45		O	20	MAIN	2

Deux types d'incapacité sont recensés : Incapacité permanente (**IP**) et incapacité temporaire (**IT**).

Pour information, les codes gravités utilisés par l'entreprise sont détaillés dans le tableau ci-dessous.

CODE GRAVITÉ	TAUX D'INCAPACITÉ
0	Inférieur à 10%
1	De 10% à 30 %
2	De 31% à 50%
3	De 51% à 66%
4	Supérieur à 66%

a. Statistique mensuelle des accidents

Vous devez fournir à votre direction le nombre total mensuel des accidents ayant occasionné un arrêt de travail supérieur à 10 jours et dont le code gravité est supérieur à 2.

Ce tableau croisé va nous permettre d'effectuer plusieurs opérations :
- un regroupement des dates par mois ;
- une comparaison du nombre mensuel d'accidents entre les deux années ;
- le cumul de deux filtres, le premier sur la durée d'arrêt et le deuxième sur le code gravité.

Afin de réaliser notre filtre sur l'année de l'accident, il vous faut ajouter le calcul de l'année dans la base de données source :

➤ Dans la feuille **ListeAT**, insérez dans la cellule **K1** le titre **ANNEE** et en **K2** la formule **=ANNEE(A2)** puis double cliquez sur la poignée de recopie pour recopier cette formule vers le bas.

	A	B	C	D	E	F	G	H	I	J	K
1	DATE ACCIDENT	EMPLOYE	SERVICE	SEXE	HEURE ACCIDENT	TYPE INCAPACITE	ARRET TRAVAIL	DUREE ARRET (J)	SIEGE LESIONS	CODE GRAVITE	ANNEE
2	04/01/2010	MORAND	CHANTIER	H	10:30	IP	O	60	DOS	3	2010
3	12/02/2010	PASTOR	MAINTENANCE	H	11:00	IT	O	10	GENOU	0	2010
4	29/03/2010	BLANC	MAINTENANCE	H	17:30	IT	O	5	DOS	0	2010
5	03/05/2010	DUBOIS	CHANTIER	H	16:30		O	90	JAMBE	4	2010
6	19/05/2010	FERRETTI	MAINTENANCE	H	09:00	IT	O	12	YEUX	0	2010

➤ Construisez maintenant le tableau croisé dynamique dans une nouvelle feuille en vous référant à l'écran qui suit.

Chapitre 5 : Fonctionnalités avancées

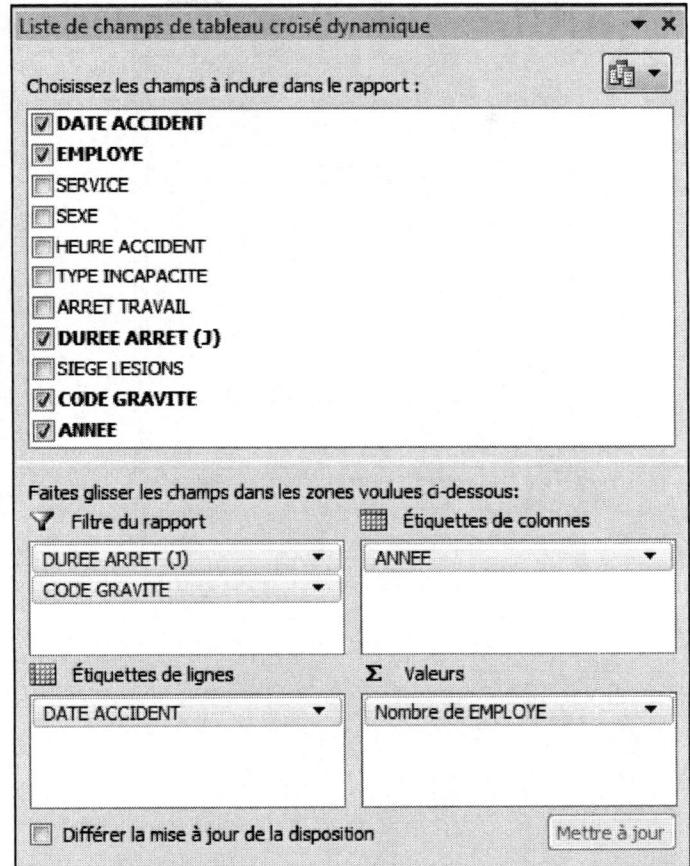

Le tableau croisé dynamique a regroupé les accidents par dates.

Nous allons maintenant procéder au regroupement des étiquettes de lignes par mois.

◗ Effectuez un clic droit sur une date quelconque. Dans le menu contextuel, cliquez sur l'option **Grouper**.

◗ La boîte de dialogue **Grouper** apparaît, la date la plus ancienne ainsi que la plus récente apparaissent automatiquement dans les zones **Début** et **Fin**.

Le regroupement par mois est sélectionné par défaut.

⇨ Ne modifiez pas les options proposées :

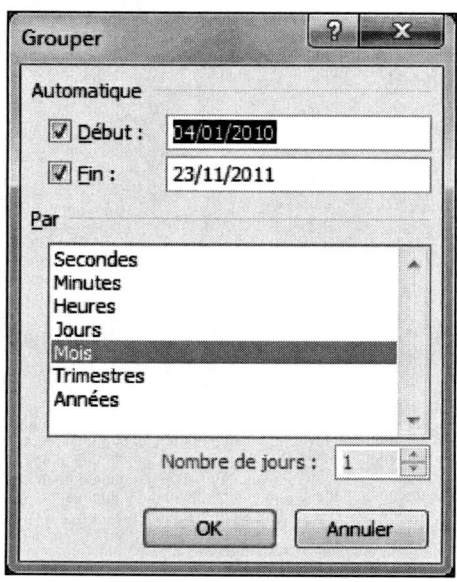

⇨ Validez par **OK**.

Le rapport de tableau croisé dynamique ne comporte plus que onze lignes.

	A	B	C	D
1	DUREE ARRET (J)	(Tous)		
2	CODE GRAVITE	(Tous)		
3				
4	Nombre de EMPLOYE	Étiquettes de colonnes		
5	Étiquettes de lignes		2010	2011 Total général
6	janv		1	1
7	févr		1	1	2
8	mars		1	2	3
9	avr			2	2
10	mai		4	1	5
11	juin		4	2	6
12	juil		3	1	4
13	août		2	2	4
14	sept		1	1	2
15	oct		2	1	3
16	nov		3	1	4
17	Total général		22	14	36

Chapitre 5 : Fonctionnalités avancées

Il ne nous reste plus qu'à définir les deux filtres.

- Déroulez le menu du champ **DUREE ARRET (J)** (cellule B1), cochez l'option **Sélectionner plusieurs éléments**, puis décochez les cases des durées à ne pas prendre en compte.

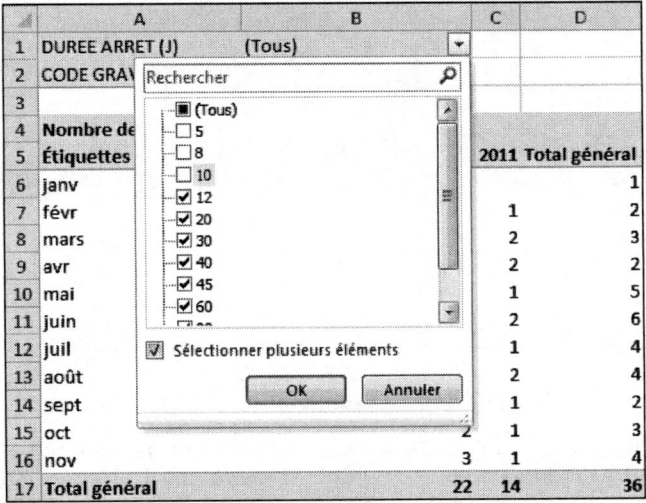

- Validez par **OK**.
- Déroulez ensuite le menu du champ **CODE GRAVITE** (cellule B2). Cochez l'option **Sélectionner plusieurs éléments**, puis décochez les CODES à ne pas prendre en compte.

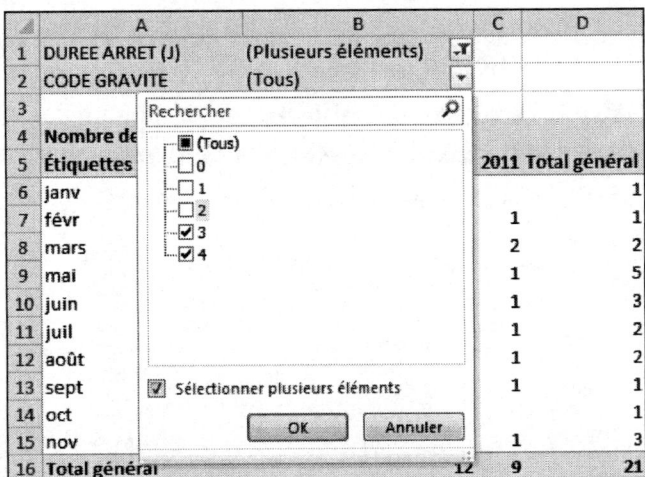

Excel 2010 - Tableaux croisés dynamiques

➧ Validez par **OK**.

➧ Seuls les mois pendant lesquels des accidents du travail ont entraîné un arrêt de travail supérieur à 12 jours et dont la gravité a été jugée de niveau supérieur à 2 sont affichés. Finalisez enfin le tableau en modifiant les étiquettes.

	A	B	C	D
1	DUREE ARRET (J)	(Plusieurs éléments) .T		
2	CODE GRAVITE	(Plusieurs éléments) .T		
3				
4	Nombre de EMPLOYE	Nombre Accidents		
5	MOIS		2010	2011 Total général
6	janv		1	1
7	mars			1	1
8	mai		1	1
9	nov		1	1
10	Total général		3	1	4

b. Nombre total d'accidents par jours de semaine

Pour réduire le nombre d'accidents du travail, il peut être intéressant de déterminer les différentes causes d'accidents. Nous souhaitons savoir si il y a un jour de la semaine où le nombre d'accidents est le plus important.

➧ Pour effectuer une analyse sur les jours de semaine, calculez cette donnée dans le tableau source.

La fonction **JOURSEM** d'Excel (=JOURSEM(DATE)) nous permet de connaître le numéro du jour dans la semaine (dimanche correspond au 1, lundi au 2...).

Afin de faire apparaître dans le tableau le nom du jour et non son numéro, nous allons utiliser la fonction **CHOISIR** (=choisir(Numéro;"Valeur1";"Valeur2";...)).

➧ Dans la feuille **ListeAT**, insérez le titre **JOURS** en **L1** et la formule ci-après en **L2** :
=CHOISIR(JOURSEM(A2);"";"1 LUN";"2 MAR";"3 MER";"4 JEU";"5 VEN")

➧ Double cliquez enfin sur la poignée de recopie pour dupliquer la formule sur tout le tableau.

	A	B	C	D	E	F	G	H	I	J	K	L
1	DATE ACCIDENT	EMPLOYE	SERVICE	SEXE	HEURE ACCIDENT	TYPE INCAPACITE	ARRET TRAVAIL	DUREE ARRET (J)	SIEGE LESIONS	CODE GRAVITE	ANNEE	JOURS
2	04/01/2010	MORAND	CHANTIER	H	10:30	IP	O	60	DOS	3	2010	1 LUN
3	12/02/2010	PASTOR	MAINTENANCE	H	11:00	IT	O	10	GENOU	0	2010	5 VEN
4	29/03/2010	BLANC	MAINTENANCE	H	17:30	IT	O	5	DOS	0	2010	1 LUN
5	03/05/2010	DUBOIS	CHANTIER	H	16:30		O	90	JAMBE	4	2010	1 LUN
6	19/05/2010	FERRETTI	MAINTENANCE	H	09:00	IT	O	12	YEUX	0	2010	3 MER

Chapitre 5 : Fonctionnalités avancées

! Les chiffres devant les noms des jours vont nous permettre d'obtenir dans le tableau croisé dynamique un classement logique des jours et non un classement par ordre alphabétique.

➽ Construisez maintenant le tableau croisé dynamique en vous référant à l'écran suivant :

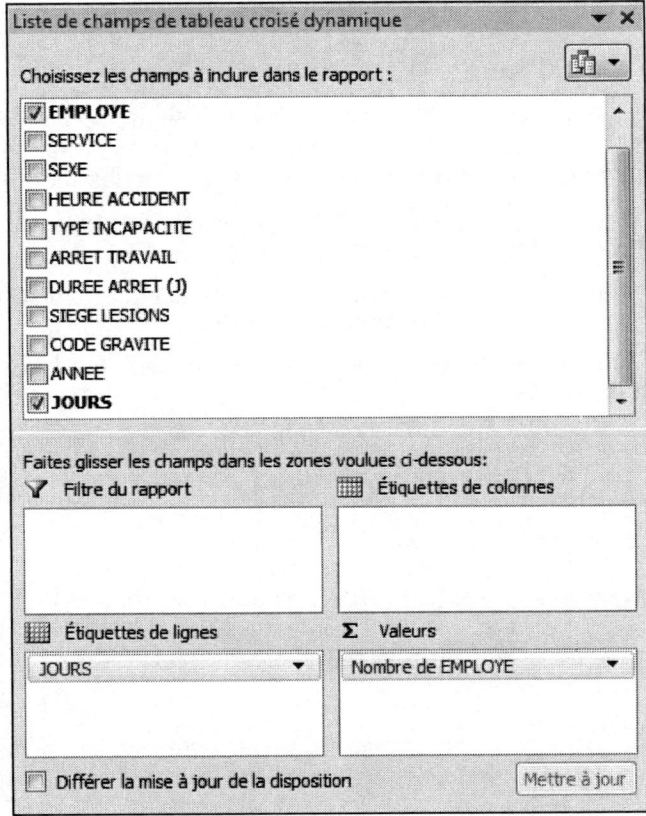

Même si la mise en forme n'est pas optimale, nous pouvons déjà voir que les accidents sont plus fréquents en début et en fin de semaine.

Excel 2010 - Tableaux croisés dynamiques

	A	B
1		
2		
3	Étiquettes de lignes	Nombre de EMPLOYE
4	1 LUN	6
5	2 MAR	4
6	3 MER	8
7	4 JEU	6
8	5 VEN	12
9	Total général	36

Ce genre de statistique est d'autant plus fiable que la période étudiée est longue. Il est certain que si vous recensez les accidents sur plusieurs années, la pertinence des résultats sera meilleure que si votre période se limite à quelques mois.

Dans cet exemple il peut être intéressant d'afficher le pourcentage par rapport au total des accidents pour chaque jour de semaine.

- Effectuez un clic droit dans la deuxième colonne du tableau croisé dynamique, puis cliquez sur l'option **Paramètres des champs de valeurs**.
- Activez l'onglet **Afficher les valeurs**, dans la liste **Afficher les valeurs**, sélectionnez l'option **% du total général**.

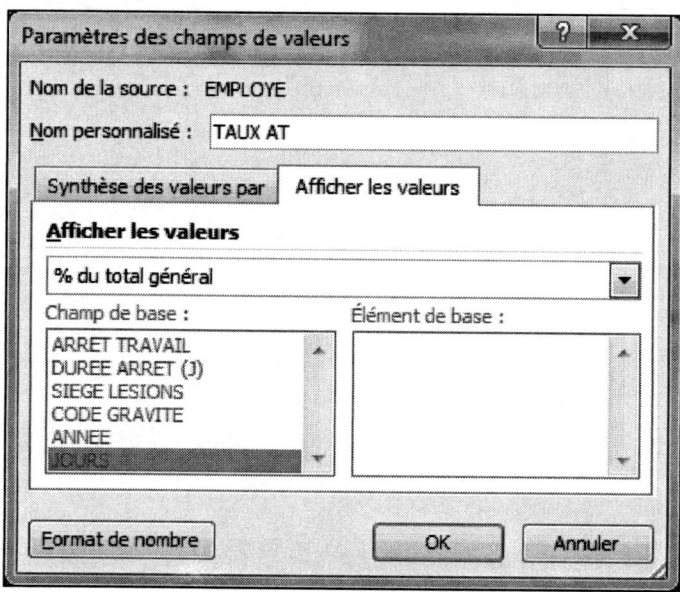

Chapitre 5 : Fonctionnalités avancées

◆ Dans la zone **Nom personnalisé**, saisissez le texte **TAUX AT**.

◆ Validez par **OK**.

Notre tableau croisé dynamique montre ainsi que 34 % des accidents du travail se produisent le vendredi et 25% le lundi.

	A	B
1		
2		
3	JOURS ▼	TAUX AT
4	1 LUN	25,71%
5	2 MAR	20,00%
6	3 MER	8,57%
7	4 JEU	11,43%
8	5 VEN	34,29%
9	Total général	100,00%

2. Calculs et regroupements

a. Statistiques accidents

Afin d'affiner notre étude sur les accidents de travail, notre objectif est d'obtenir, par siège de lésions, par service et par sexe, la durée moyenne des arrêts de travail d'un code gravité supérieur à deux.

De plus, un comparatif Hommes/Femmes pour ces informations devra être réalisé.

◆ Activez la feuille **ListeAt** puis construisez le tableau croisé dynamique dans une nouvelle feuille en vous référant à l'écran ci-après.

Excel 2010 - Tableaux croisés dynamiques

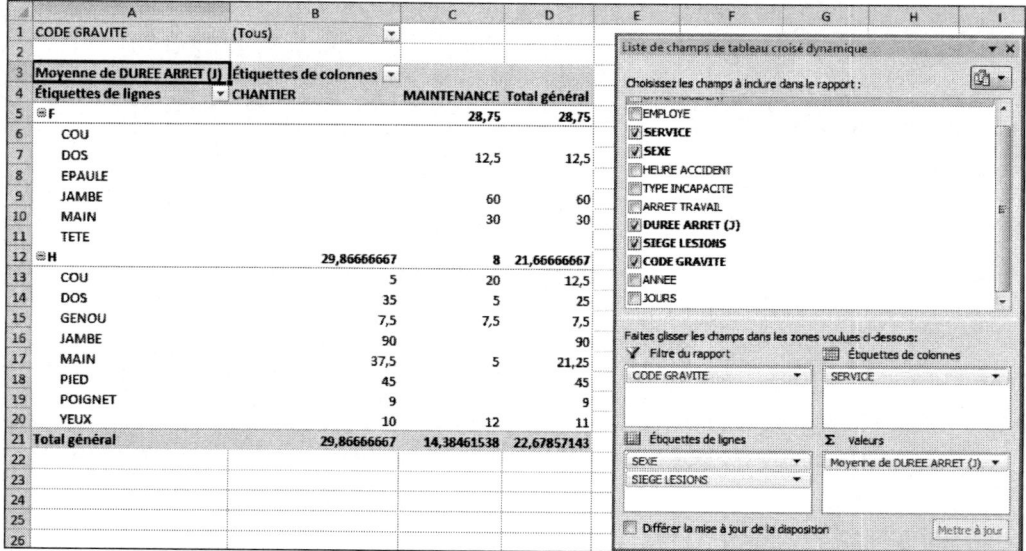

Nous allons maintenant finaliser le tableau :

- Modifiez les étiquettes.
- Formatez les nombres pour afficher seulement deux décimales.
- Appliquez le style **Style foncé 2** au tableau.
- Paramétrez le filtre sur les codes gravité : déroulez le menu de la cellule B2, cochez l'option **Sélectionner plusieurs éléments** et décochez les **CODES 0 1 2**, validez par **OK**.

Une fois toutes ces manipulations effectuées, le rapport de tableau croisé dynamique est plus présentable et est exposé page suivante.

	A	B	C	D
1	CODE GRAVITE	(Plusieurs éléments)		
2				
3	DUREE MOYENNE	SERVICES		
4	LESIONS	CHANTIER	MAINTENANCE	Moyenne générale
5	⊟F		60,00	60,00
6	JAMBE		60,00	60,00
7	⊟H	65,00		65,00
8	DOS		60,00	60,00
9	JAMBE		90,00	90,00
10	PIED		45,00	45,00
11	Moyenne générale	65,00	60,00	63,75

Chapitre 5 : Fonctionnalités avancées

b. Pourcentages des types d'incapacités

Parmi les accidents ayant entraîné un arrêt de travail, vous souhaitez savoir quels sont les pourcentages d'accidents ayant entraîné une incapacité permanente et une incapacité temporaire.

▶ Activez la feuille **ListeAt** puis construisez le tableau croisé dynamique dans une nouvelle feuille en vous référant à l'écran ci-après.

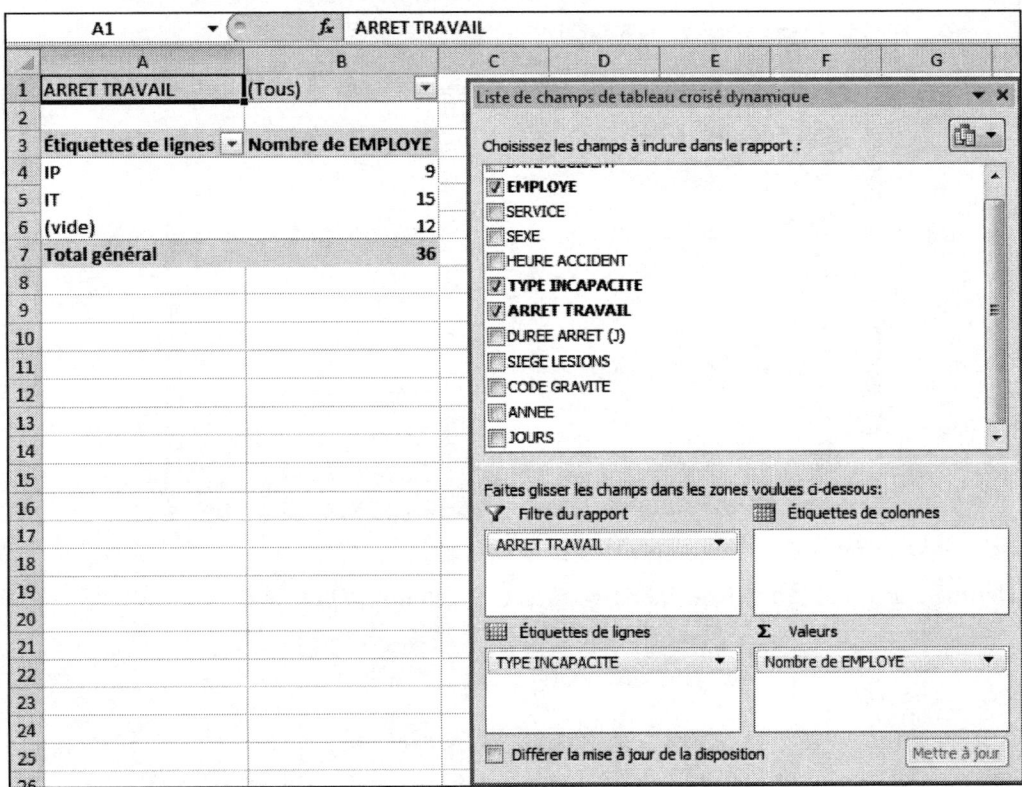

▶ Calculez les pourcentages.

⏵ Accédez à la boîte de dialogue **Paramètres des champs de valeurs** du champ **Nombre de EMPLOYES**, onglet **Afficher les valeurs**, sélectionnez **% du total général**, saisissez **% ACCIDENTS** dans la zone **Nom personnalisé** :

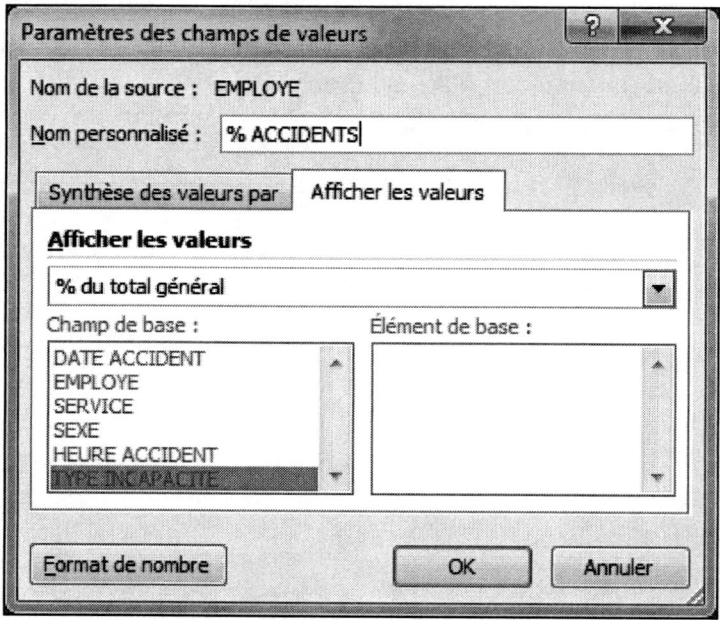

⏵ Appliquez le filtre sur le champ **ARRET TRAVAIL**.
⏵ Déroulez le menu en cellule **B1** et cochez uniquement la valeur **0**.

	A	B
1	ARRET TRAVAIL	0
2		
3	Étiquettes de lignes	% ACCIDENTS
4	IP	31,03%
5	IT	51,72%
6	(vide)	17,24%
7	Total général	100,00%

Chapitre 6
Filtres, regroupements et calculs

A. Introduction 136
B. Filtres et regroupements 136
C. Champs et éléments calculés 142

A. Introduction

Nous avons déjà étudié comment regrouper, filtrer des informations, et comment insérer un champ calculé dans un tableau croisé dynamique. Le présent chapitre va vous permettre d'approfondir ces techniques. Dans ce but nous allons utiliser plusieurs données source :
- Une base de données de ventes de vins d'un site web (**VenteVins.xlsx**).
- Une liste des ventes journalières d'un fabricant de VTT (**VTT.xlsx**).

Connaissances nécessaires : techniques de conception des tableaux croisés dynamiques

Nouveaux acquis :
- Filtres et regroupements
- Champs calculés
- Éléments calculés

B. Filtres et regroupements

➡ Téléchargez puis ouvrez le fichier **VenteVins.xlsx**.

	A	B	C	D	E	F	G	H
1	DATE	CODE PRODUIT	ORIGINE	COULEUR	MILLESIME	PRIX U HT	QUANTITE	TOTAL
2	02/01/2010	LOI-66	LOIRE	ROSE	2008	7,00	12	84,00
3	05/01/2010	LOI-70	LOIRE	ROUGE	2007	18,00	18	324,00
4	08/01/2010	COT-72	COTES DU RHONE	ROUGE	2008	24,00	6	144,00
5	11/01/2010	COT-118	COTES DU RHONE	ROSE	2008	9,00	6	54,00
6	14/01/2010	COT-64	COTES DU RHONE	ROSE	2007	7,00	12	84,00
7	17/01/2010	COT-34	COTES DU RHONE	BLANC	2009	16,00	12	192,00
8	20/01/2010	COT-14	COTES DU RHONE	BLANC	2009	8,00	24	192,00
9	20/01/2010	BOR-63	BORDEAUX	BLANC	2009	11,00	12	132,00

La feuille **ListeVentes** de ce classeur contient des informations sur chaque vente effectuée par un site web.

Notre tableau contient la liste ventes du 2 janvier 2010 au 29 décembre 2011. Ceci va nous permettre d'effectuer des comparatifs entre les deux années.

Chapitre 6 : Filtres, regroupements et calculs

1. Chiffre d'affaires annuel par origine

Le nombre de régions d'origine étant supérieur au nombre d'années, il est préférable de construire la disposition de notre tableau croisé dynamique telle que les origines soient en en-tête de lignes et les années en en-tête de colonnes.

Par contre, notre tableau source contient les dates et non pas les années, nous allons donc devoir placer les dates en en-têtes de colonnes dans un premier temps puis ensuite les grouper par années. Dans ce genre de manipulation, il faut toujours vérifier au préalable que l'on ne risque pas d'atteindre le nombre limite de colonnes d'Excel. Excel 2010 dispose de 16384 colonnes, ce qui nous laisse une certaine marge de sécurité.

▶ Insérez le tableau croisé dans une nouvelle feuille en vous référant à l'écran qui suit :

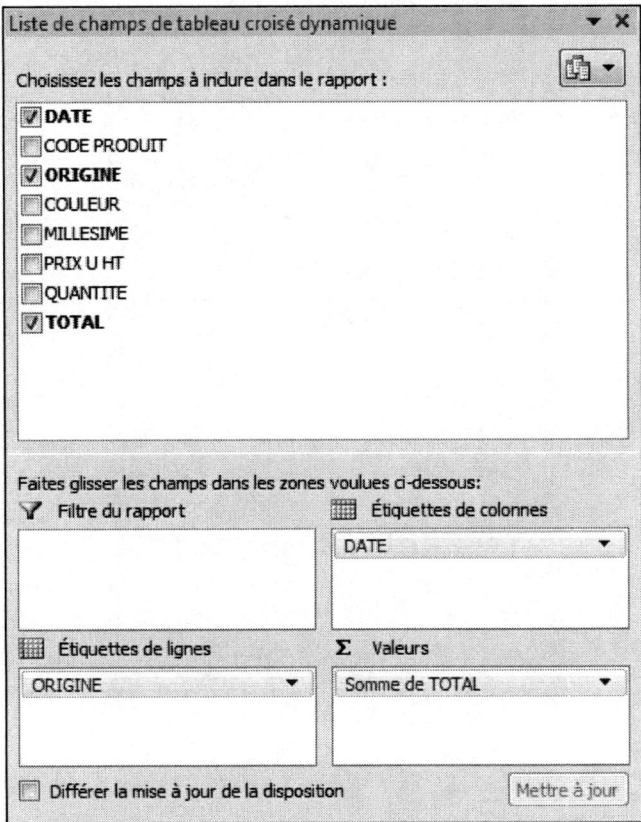

Les premières colonnes du tableau croisé dynamique sont représentées ci-dessous.

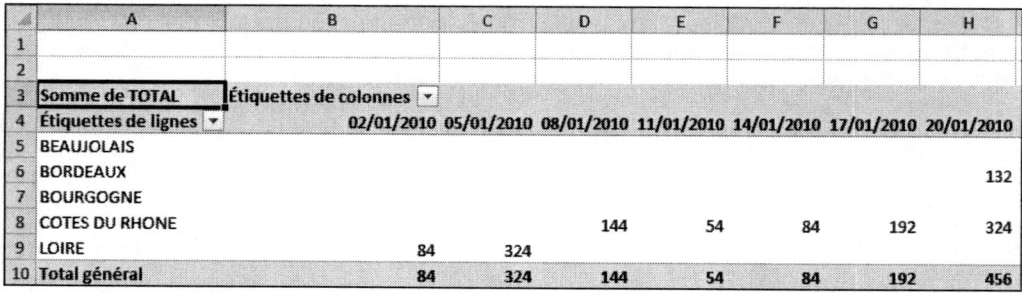

Actuellement ce tableau contient - avec les titres - 245 colonnes. Nous allons maintenant regrouper les dates en années.

❯ Effectuez un clic droit sur l'une des dates.

❯ Dans le menu contextuel qui apparaît, sélectionnez l'option **Grouper**.

❯ Désélectionnez l'option **Mois** puis sélectionnez **Années**.

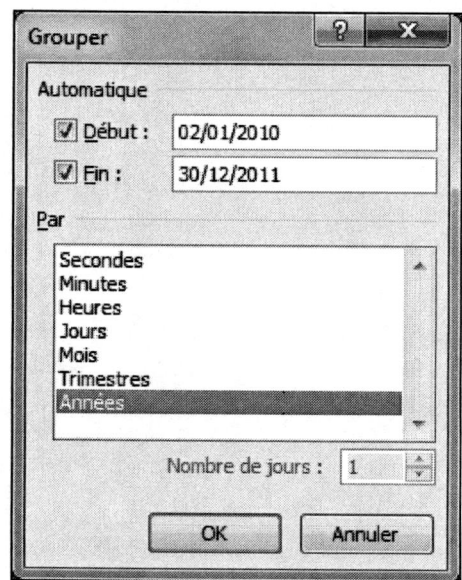

❯ Cliquez sur **OK**.

Chapitre 6 : Filtres, regroupements et calculs

➢ Finalisez le tableau croisé dynamique en vous référant à l'écran ci-après.

	A	B	C	D
1				
2				
3	Chiffre d'affaires	Années		
4	Origines	2010	2011	Total général
5	BEAUJOLAIS	2 077,20	2 400,00	4 477,20
6	BORDEAUX	10 865,40	6 148,20	17 013,60
7	BOURGOGNE	12 033,60	9 981,60	22 015,20
8	COTES DU RHONE	4 732,80	4 416,00	9 148,80
9	LOIRE	7 684,50	6 997,50	14 682,00
10	Total général	37 393,50	29 943,30	67 336,80

Le tableau croisé dynamique présente les chiffres d'affaires annuels par régions d'origine.

 Il faut veiller à toujours avoir à l'esprit quelles sont les données que l'on compare. En effet, l'année précédente sera toujours complète dans vos tableaux alors que l'année en cours ne sera complète qu'après avoir clôturé votre exercice. Ce type de tableau croisé dynamique peut vous permettre de connaître en temps réel comment se situe le cumul de vos dépenses actuelles par rapport à l'année précédente.

2. Quels sont les trois vins ayant réalisé les plus gros chiffres d'affaires en 2010 ?

Pour une année, vous souhaitez connaître le "top 3" de vos meilleures ventes en 2010.

Pour effectuer rapidement ce filtre sur l'année souhaitée, nous allons ajouter une formule de calcul dans notre tableau source.

➢ Accédez à la feuille **ListeVentes**.

➢ Placez le titre **ANNEE** dans la cellule **I1** puis saisissez en **I2** la formule **=ANNEE(A2)**.

➢ Double cliquez sur la poignée de recopie pour recopier cette formule vers le bas.

	A	B	C	D	E	F	G	H	I
1	DATE	CODE PRODUIT	ORIGINE	COULEUR	MILLESIME	PRIX U HT	QUANTITE	TOTAL	ANNEE
2	02/01/2010	LOI-66	LOIRE	ROSE	2008	7,00	12	84,00	2010
3	05/01/2010	LOI-70	LOIRE	ROUGE	2007	18,00	18	324,00	2010
4	08/01/2010	COT-72	COTES DU RHONE	ROUGE	2008	24,00	6	144,00	2010
5	11/01/2010	COT-118	COTES DU RHONE	ROSE	2008	9,00	6	54,00	2010

➡️ Construisez maintenant le tableau croisé, tel que présenté ci-dessous.

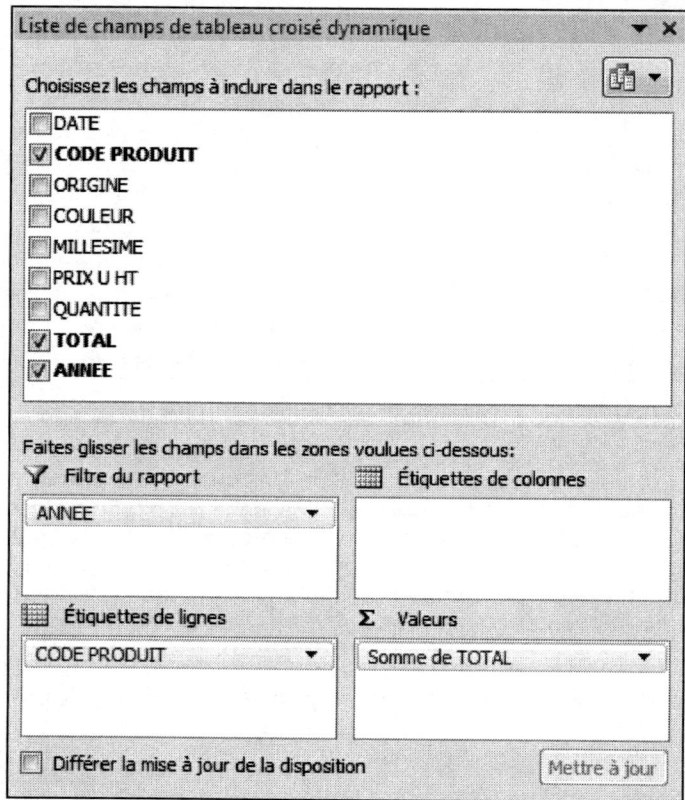

Grâce au filtre défini, vous pouvez obtenir instantanément les informations sur l'année choisie.

➡️ Ouvrez la liste déroulante associée à la cellule **B1**.
➡️ Cochez l'option **Sélectionner plusieurs éléments**.
➡️ Cochez uniquement **2010**.

Chapitre 6 : Filtres, regroupements et calculs

	A	B
1	ANNEE	2010
2		
3	**Étiquettes de lignes**	**Somme de TOTAL**
4	BEA-22	360
5	BEA-30	979,2
6	BEA-36	180
7	BEA-55	216
8	BEA-67	132
9	BEA-74	96
10	BEA-84	114
11	BOR-0	324
12	BOR-108	444

Affichez seulement les trois vins les plus vendus en 2010 :

- Effectuez un clic droit sur l'un des codes produits.
- Dans le menu contextuel, sélectionnez **Filtrer - 10 premiers**.
- Paramétrez le nombre de valeurs à **3** puis cliquez sur **OK**.

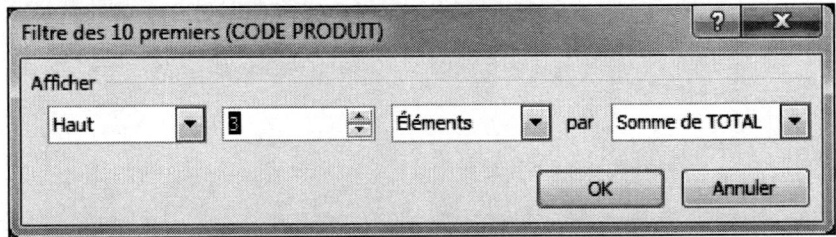

Les trois meilleures ventes de 2010 sont affichées :

	A	B
1	ANNEE	2010
2		
3	**Étiquettes de lignes**	**Somme de TOTAL**
4	BOR-28	1728
5	BOR-83	1837,2
6	BOU-14	1806
7	**Total général**	**5371,2**

C. Champs et éléments calculés

1. Calcul de taxes

Afin de pouvoir construire un champ calculé, nous allons considérer que vous devez payer une taxe sur chaque bouteille vendue. Cette taxe est calculée en fonction de la couleur du vin selon le barème ci-dessous :

Rouge : 0.01 € / bouteille

Blanc : 0.02 € / bouteille

Rosé : 0.03 € / bouteille

Construisez tout d'abord le tableau croisé dynamique en vous référant à l'écran ci-après.

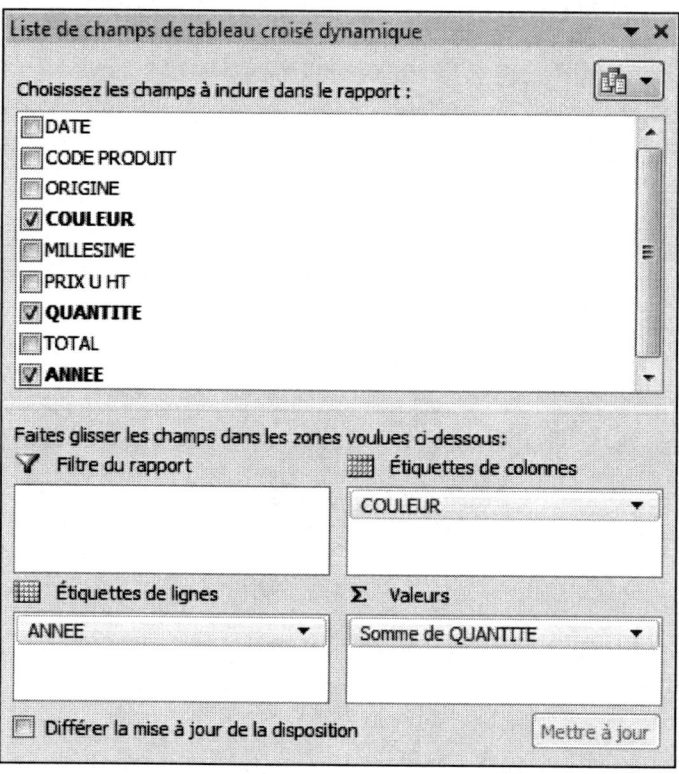

Chapitre 6 : Filtres, regroupements et calculs

▶ Modifiez les étiquettes de votre tableau croisé dynamique comme sur l'écran ci-dessous :

	A	B	C	D	E
1					
2					
3	NB BOUTEILLES	COULEUR ▼			
4	ANNEES ▼	BLANC	ROSE	ROUGE	Total général
5	2010	534	144	822	1500
6	2011	480	138	762	1380
7	Total général	1014	282	1584	2880

Vous pouvez maintenant insérer les trois éléments calculés dans le tableau croisé dynamique.

▶ Cliquez tout d'abord en **B4** pour positionner le curseur sur une couleur.

▶ Dans l'onglet **Outils de tableau croisé dynamique - Options**, cliquez sur le bouton **Champs, éléments et jeux** du groupe **Calculs**, puis sur l'option **Élément calculé**.

La boîte de dialogue **Insérer un élément calculé** s'affiche :

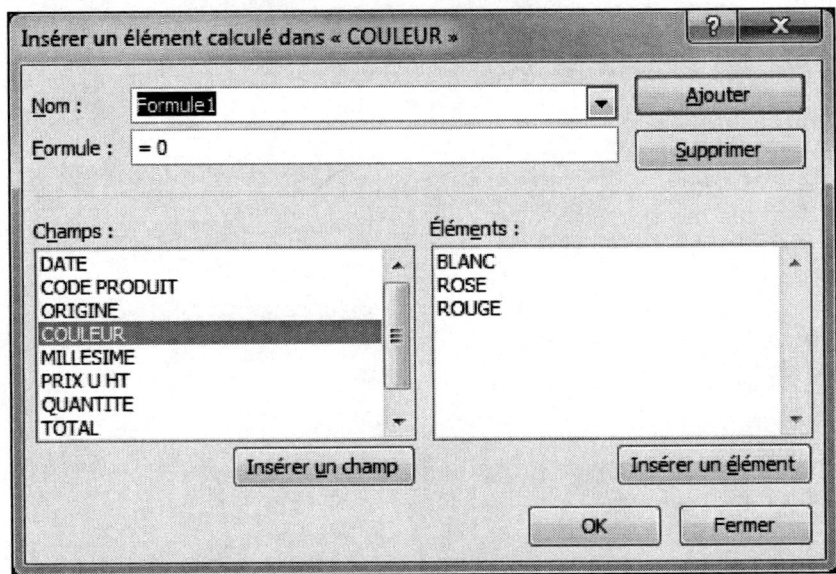

Paramétrer l'élément calculé permettant de calculer la taxe sur le vin blanc :

▶ Dans la zone **Nom** saisissez **Taxe BLANC** puis entrez la formule **=BLANC*0,02** en double cliquant sur l'élément à utiliser pour l'insérer.

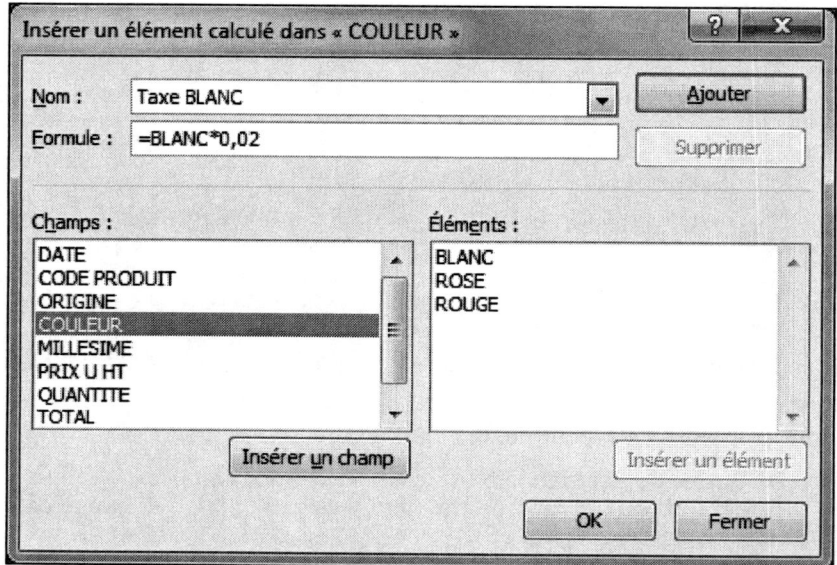

▶ Cliquez sur le bouton **Ajouter** puis terminez par **OK**.

Le champ est inséré dans le tableau.

▶ Renouvelez ces opérations pour les deux autres couleurs :

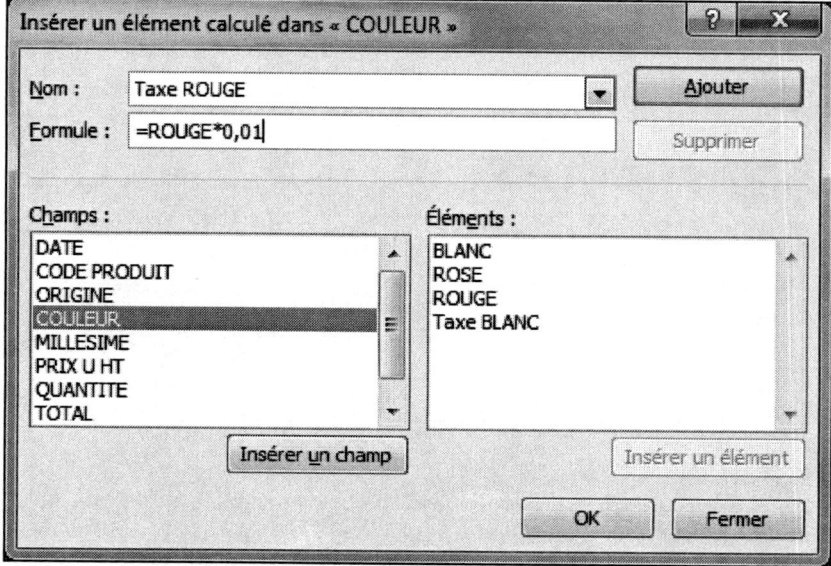

Chapitre 6 : Filtres, regroupements et calculs

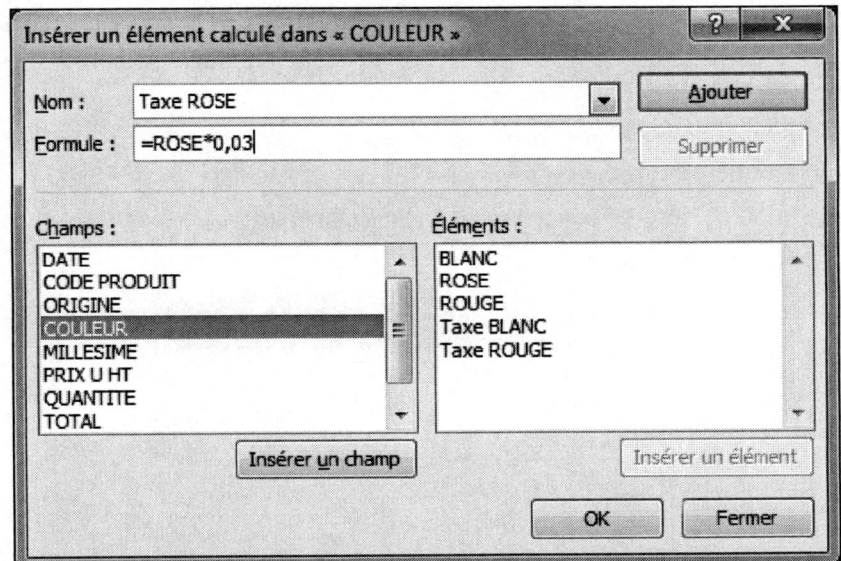

Pour terminer, il est préférable de ne pas afficher les totaux des lignes :

- Réalisez un clic droit dans le tableau croisé dynamique.
- Cliquez sur **Options du tableau croisé dynamique**.
- Dans l'onglet **Totaux et filtres**, décochez l'option **Afficher les totaux des lignes**.

	A	B	C	D	E	F	G
1							
2							
3	NB BOUTEILLES	COULEUR					
4	ANNEES	BLANC	ROSE	ROUGE	Taxe BLANC	Taxe ROUGE	Taxe ROSE
5	2010	534	144	822	10,68	8,22	4,32
6	2011	480	138	762	9,6	7,62	4,14
7	Total général	1014	282	1584	20,28	15,84	8,46

2. Taux de variation

Un des éléments les plus utilisés sur les tableaux Excel est le calcul d'un taux de variation d'une donnée de l'année en cours (N) par rapport à l'année précédente (N-1).

Notre objectif est de mesurer l'évolution des ventes de 2011 par rapport à 2010 pour chaque région d'origine.

Afin de ne pas rencontrer de problème de mémoire ou de message d'erreur lors de l'insertion de notre élément calculé, il est conseillé d'effectuer une copie de la feuille **ListeVentes** dans un nouveau classeur.

- Effectuez un clic droit sur l'onglet **ListeVentes**.
- Cliquez sur l'option **Déplacer ou copier**.
- Dans la liste déroulante sélectionnez **(nouveau classeur)**.
- Cochez l'option **Créer une copie**.

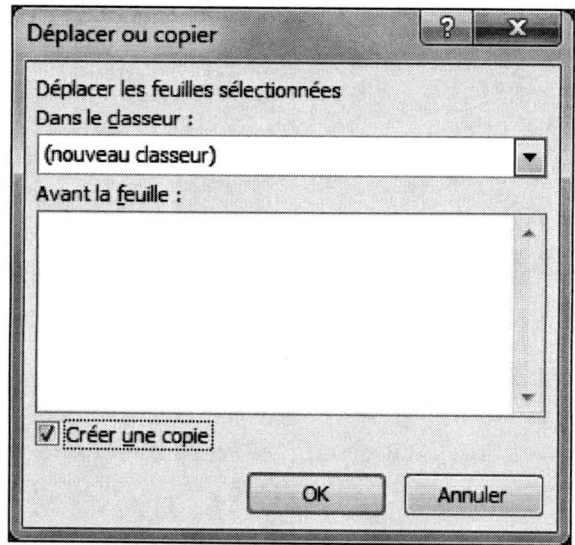

- Validez par **OK**.
- Sauvegardez le nouveau classeur créé (VenteVins-2.xlsx).
- Élaborez ensuite le tableau croisé dynamique en vous référant à l'écran ci-après.

Chapitre 6 : Filtres, regroupements et calculs

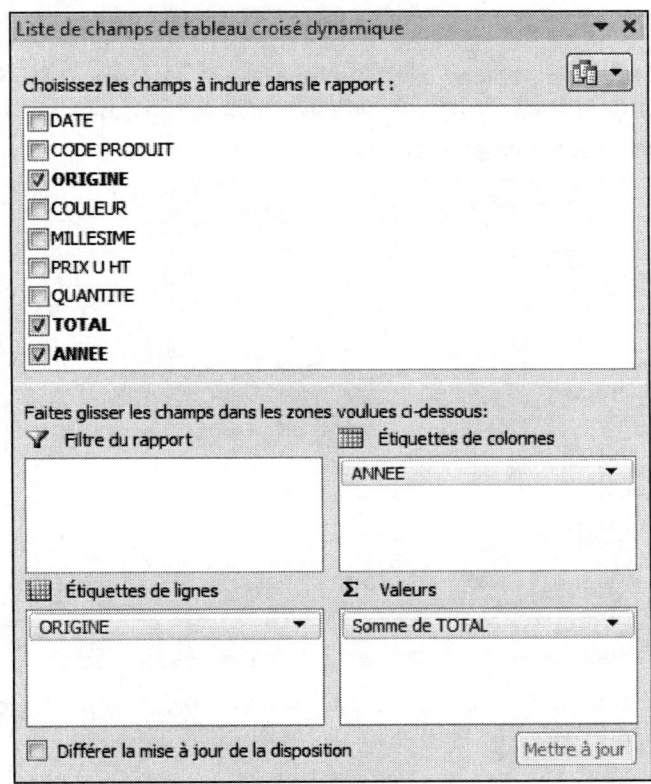

Afin d'obtenir le taux de variation des ventes de 2011 par rapport à 2010, nous allons insérer un élément calculé dans le tableau. Cet élément va utiliser les deux chiffres d'affaires annuels de chaque région.

➧ Cliquez dans le tableau croisé dynamique sur une des deux années en en-tête de colonnes.

	A	B	C	D
1				
2				
3	Somme de TOTAL	Étiquettes de colonnes		
4	Étiquettes de lignes	2010	2011	Total général
5	BEAUJOLAIS	2077,2	2400	4477,2
6	BORDEAUX	10865,4	6148,2	17013,6
7	BOURGOGNE	12033,6	9981,6	22015,2
8	COTES DU RHONE	4732,8	4416	9148,8
9	LOIRE	7684,5	6997,5	14682
10	Total général		37393,5	29943,3	67336,8

Insérez la formule de l'élément calculé :

◆ Dans l'onglet **Outils de tableau croisé dynamique - Options**, cliquez sur le bouton **Champs, éléments et jeux** du groupe **Calculs**, puis sur **Élément calculé**.

La boîte de dialogue **Insérer un élément calculé** s'affiche :

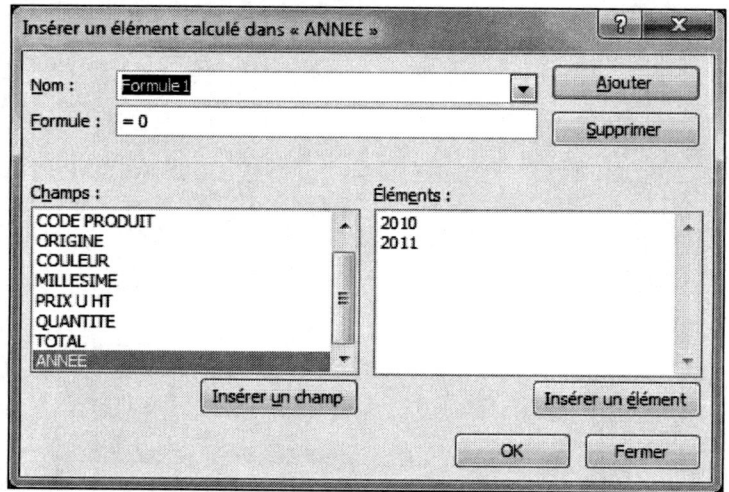

◆ Saisissez le nom de l'élément **TX VARIATION** puis entrez la formule **=('2011'-'2010')/'2010'** en double cliquant sur les champs à utiliser pour les insérer.

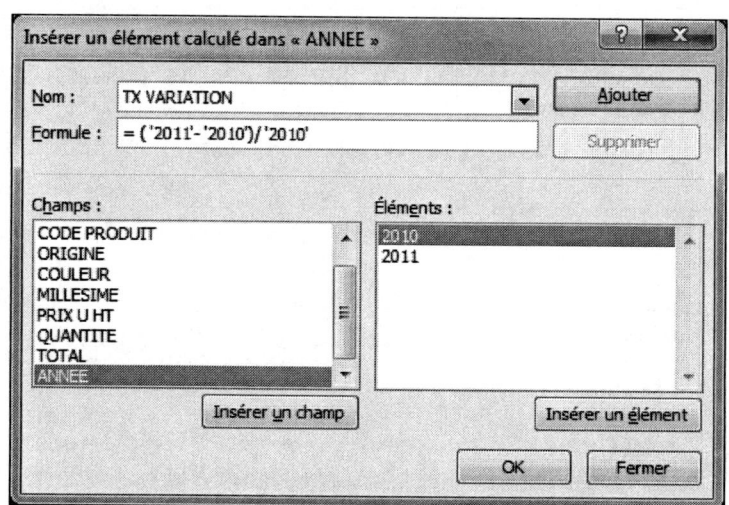

Chapitre 6 : Filtres, regroupements et calculs

▶ Cliquez sur le bouton **Ajouter** puis terminez par **OK**.

Le champ est inséré dans le tableau.

	A	B	C	D	E
1					
2					
3	Somme de TOTAL	Étiquettes de colonnes			
4	Étiquettes de lignes	2010	2011	TX VARIATION	Total général
5	BEAUJOLAIS	2077,2	2400	0,155401502	4477,355402
6	BORDEAUX	10865,4	6148,2	-0,434148766	17013,16585
7	BOURGOGNE	12033,6	9981,6	-0,170522537	22015,02948
8	COTES DU RHONE	4732,8	4416	-0,06693712	9148,733063
9	LOIRE	7684,5	6997,5	-0,089400742	14681,9106
10	Total général	37393,5	29943,3	-0,605607662	67336,19439

⚠ Vous pouvez remarquer que la colonne **Total général** inclut maintenant dans son calcul le taux de variation, ce qui bien évidemment est inexact.

Pour terminer notre tableau croisé dynamique effectuez les opérations suivantes :

▶ Supprimez la colonne **Total général**.

▶ Modifiez les étiquettes.

▶ Formater les nombres : sélectionnez les valeurs puis utilisez les outils du groupe **Nombre** de l'onglet **Accueil** pour afficher deux décimales et appliquer le format **Pourcentage** aux taux de variation.

	A	B	C	D
1				
2				
3	CHIFFRES D'AFFAIRES	ANNEES		
4	ORIGINES	2010	2011	TX VARIATION
5	BEAUJOLAIS	2 077,20	2 400,00	15,5%
6	BORDEAUX	10 865,40	6 148,20	-43,4%
7	BOURGOGNE	12 033,60	9 981,60	-17,1%
8	COTES DU RHONE	4 732,80	4 416,00	-6,7%
9	LOIRE	7 684,50	6 997,50	-8,9%
10	Total général	37 393,50	29 943,30	-60,6%

Les formules de champs ou éléments de tableau croisé dynamique doivent toujours faire référence à des éléments du même champ que l'élément calculé. Veillez toujours à positionner correctement votre curseur sur le champ concerné avant d'insérer votre formule.

3. Sous-totaux par types de produits

Les éléments calculés peuvent nous permettre de rassembler un ensemble d'informations appartenant à un même groupe.

Il est ainsi possible d'ajouter des sous-totaux par types de clients, familles de produits, périodes... même si un champ dédié n'existe pas dans le tableau source.

Afin de mettre en pratique ce calcul, nous allons utiliser le classeur **VTT.xlsx**. Ce classeur contient le détail des ventes journalières d'un fabricant de VTT.

Notre objectif est de calculer les quantités vendues par produit et par type de cadre : Alu (AL) ou Carbone (CA).

➤ Téléchargez puis ouvrez le fichier **VTT.xlsx**.

	A	B	C	D
1	DATES	FAMILLE	PRODUIT	QTE VENDUE
2	04/01/2011	CROSS-COUNTRY	CA-XC-610	5
3	07/01/2011	DESCENTE	AL-DH-860	2
4	08/01/2011	CROSS-COUNTRY	AL-XC-300	1
5	09/01/2011	ENDURO	CA-EN-340	3
6	10/01/2011	CROSS-COUNTRY	AL-XC-300	2
7	11/01/2011	DESCENTE	AL-DH-860	10
8	14/01/2011	CROSS-COUNTRY	AL-XC-300	11
9	15/01/2011	ENDURO	AL-EN-240	15
10	16/01/2011	CROSS-COUNTRY	AL-XC-600	4
11	17/01/2011	CROSS-COUNTRY	AL-XC-300	8
12	18/01/2011	CROSS-COUNTRY	CA-XC-610	9
13	21/01/2011	ENDURO	AL-EN-240	12
14	22/01/2011	CROSS-COUNTRY	AL-XC-300	7
15	23/01/2011	CROSS-COUNTRY	AL-XC-600	6
16	24/01/2011	CROSS-COUNTRY	CA-XC-610	2
17	25/01/2011	ENDURO	CA-EN-340	3
18	28/01/2011	CROSS-COUNTRY	AL-XC-300	1
19	29/01/2011	DESCENTE	AL-DH-860	5
20	30/01/2011	DESCENTE	CA-DH-960	2

Chapitre 6 : Filtres, regroupements et calculs

➠ Insérez le tableau croisé dynamique en vous référant à l'écran ci-après :

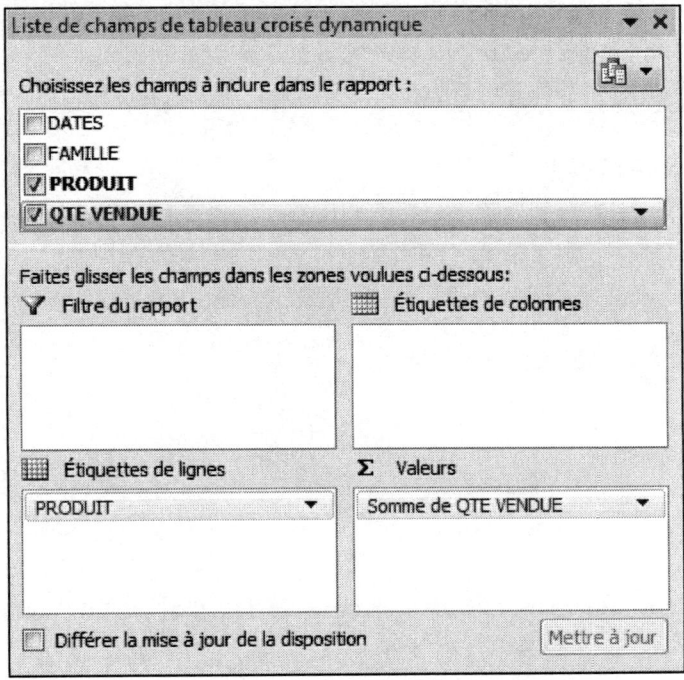

Nous allons regrouper les productions par PRODUIT :

➠ Cliquez sur l'une des données de la colonne **A** du tableau croisé dynamique.

	A	B
1		
2		
3	**Étiquettes de lignes**	**Somme de QTE VENDUE**
4	AL-DH-860	40
5	AL-EN-240	52
6	AL-XC-300	81
7	AL-XC-600	40
8	CA-DH-960	18
9	CA-EN-340	10
10	CA-XC-610	35
11	**Total général**	**276**

Excel 2010 - Tableaux croisés dynamiques

≫ Dans l'onglet **Outils de tableau croisé dynamique - Options**, cliquez sur le bouton **Champs, éléments et jeux** du groupe **Calculs**, puis sur l'option **Élément calculé**.

La boîte de dialogue **Insérer un élément calculé** s'affiche :

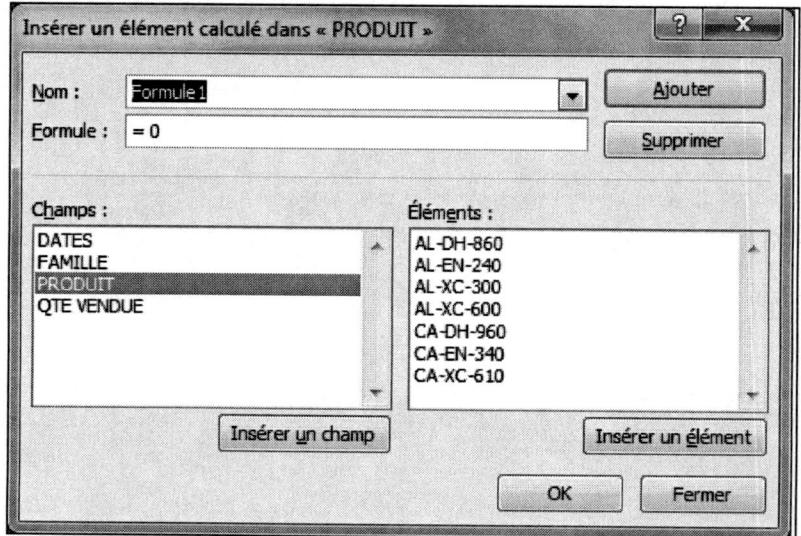

≫ Saisissez le nom du champ **TOTAL ALU** puis entrez la formule en double cliquant sur les champs à utiliser pour les insérer.

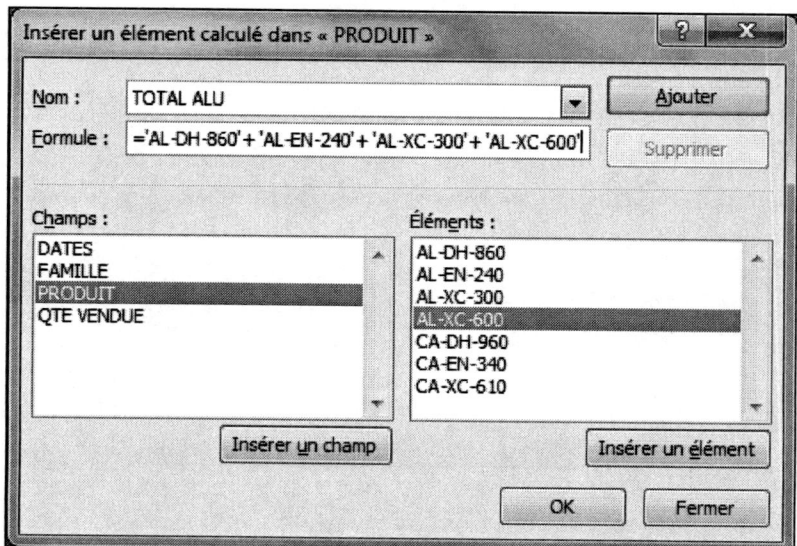

Chapitre 6 : Filtres, regroupements et calculs

▶ Cliquez sur le bouton **Ajouter** puis terminez par **OK**.

Le champ est inséré dans le tableau :

	A	B
1		
2		
3	**Étiquettes de lignes**	**Somme de QTE VENDUE**
4	AL-DH-860	40
5	AL-EN-240	52
6	AL-XC-300	81
7	AL-XC-600	40
8	CA-DH-960	18
9	CA-EN-340	10
10	CA-XC-610	35
11	TOTAL ALU	213
12	**Total général**	**489**

▶ Renouvelez ces opérations pour les VTT en carbone.

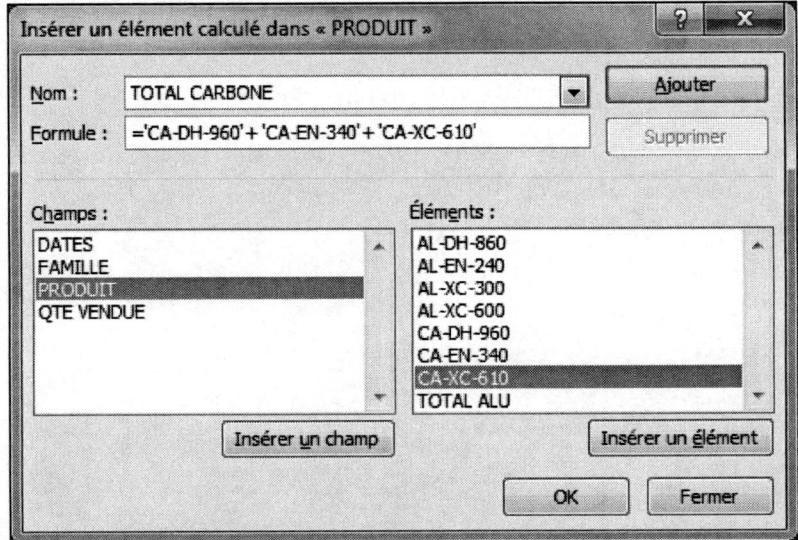

Les deux sous-totaux sont intégrés dans le tableau.

	A	B
1		
2		
3	Étiquettes de lignes	Somme de QTE VENDUE
4	AL-DH-860	40
5	AL-EN-240	52
6	AL-XC-300	81
7	AL-XC-600	40
8	CA-DH-960	18
9	CA-EN-340	10
10	CA-XC-610	35
11	TOTAL ALU	213
12	TOTAL CARBONE	63
13	**Total général**	552

> ❗ Excel réalise le cumul de toutes les données, ce qui est incorrect. Il est donc préférable de supprimer l'affichage de la ligne **Total général** et de la remplacer par un élément calculé affichant réellement le total.

▶ Supprimez le **Total général**.

▶ Ajoutez un élément calculé affichant la somme des quantités de VTT cadre alu et cadre carbone vendues.

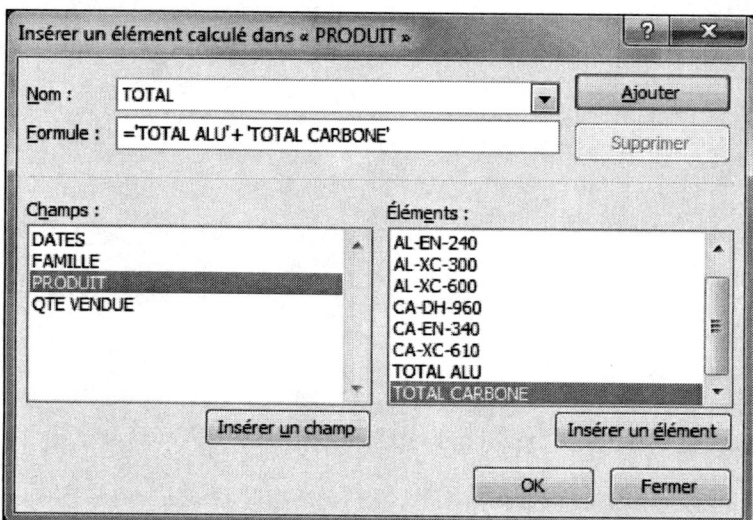

Chapitre 6 : Filtres, regroupements et calculs

Notre statistique est maintenant terminée. Après avoir supprimé la ligne Total général et modifié les étiquettes, vous pouvez afficher en gras et en couleur les trois lignes de synthèse pour les dissocier des lignes relatives aux produits.

	A	B
1		
2		
3	PRODUITS	QUANTITES TOTALES
4	AL-DH-860	40
5	AL-EN-240	52
6	AL-XC-300	81
7	AL-XC-600	40
8	CA-DH-960	18
9	CA-EN-340	10
10	CA-XC-610	35
11	TOTAL ALU	213
12	TOTAL CARBONE	63
13	TOTAL	276

En résumé, un champ calculé permet d'effectuer des calculs entre différents champs d'un tableau croisé dynamique. Un élément calculé permet d'effectuer des calculs sur les éléments d'un même champ.

Dans vos futurs tableaux croisés dynamiques, vous pourrez créer les deux types de formules en fonction de vos besoins.

N'oubliez pas que les lignes et colonnes de totaux peuvent afficher des résultats incorrects lors de l'insertion de champs/éléments calculés.

N'hésitez pas à supprimer leur affichage :

Clic droit sur le tableau croisé, **Options du tableau croisé dynamique**.

Dans l'onglet **Totaux et filtres**, décochez les deux options des totaux généraux.

Chapitre 7
Gestion des données source

A. Introduction 158
B. Définir une plage source dynamique 158
C. Utiliser une plage de données discontinue 166
D. Utiliser une source de données externe 176

A. Introduction

La pertinence des résultats obtenus dans un tableau croisé dynamique dépend de la bonne utilisation de vos données source. Excel 2010 vous permet d'utiliser plusieurs types de données source :
- Une feuille de calcul Excel dont la plage est fixe.
- Une feuille de calcul Excel dont la plage est définie dynamiquement.
- Une sélection discontinue Excel (plusieurs tableaux situés dans la même feuille, plusieurs feuilles d'un même classeur, ou plusieurs classeurs).
- Une base de données externe (autre classeur Excel, table Access, table SQL Server…).

Connaissances nécessaires : techniques de conception des tableaux croisés dynamiques

Nouveaux acquis :
- créer des plages source dont les dimensions s'ajustent automatiquement ;
- utiliser des sources multiclasseurs ;
- utiliser des données en provenance d'autres logiciels.

B. Définir une plage source dynamique

Toute plage source est en général destinée à évoluer dans le temps, au moins pour le nombre de lignes. Si entre le moment où vous avez créé votre tableau croisé dynamique et le moment où vous actualisez le tableau croisé, des lignes ont été ajoutées dans la plage source, **ces nouvelles lignes ne seront pas prises en compte par l'actualisation**.

Pour palier à ce problème, nous disposons d'une fonction de calcul puissante, la fonction **DECALER**. Cette fonction permet de définir des plages de cellules dont les dimensions peuvent être variables et/ou pour lesquelles l'emplacement peut aussi être variable.

La syntaxe de la fonction est détaillée ci-dessous.

`=DECALER(CELLULE;Nb Li;Nb Col;Hauteur;Largeur)`

Cette fonction renvoie une plage de cellules de largeur *LARGEUR*, de hauteur *HAUTEUR*, décalée par rapport à la cellule *CELLULE* de *Nb Li* lignes et *Nb Col* colonnes.

`Cellule` est la plage à partir de laquelle le décalage doit être réalisé.

`Nb Li` correspond au nombre de lignes vers le bas (si positif) ou vers le haut (si négatif) dont la cellule doit être décalée.

Nb Col correspond au nombre de colonnes vers la droite (si positif) ou vers la gauche (si négatif) dont la cellule doit être décalée.

Hauteur est le nombre de lignes en hauteur de la plage renvoyée.

Largeur est le nombre de colonnes en largeur de la plage renvoyée.

 La fonction DECALER ne décale pas physiquement les cellules mais renvoie uniquement les coordonnées d'une plage de cellules dont les dimensions ont été modifiées et/ou pour laquelle la position a été décalée par rapport à la plage définie dans l'argument Cellule.

1. Nombre de lignes variables

Afin d'illustrer l'utilisation de cette méthode, nous allons utiliser le classeur **Formations.xlsx** qui recense dans la feuille **Liste** par ordre chronologique les formations effectuées par les salariés d'une entreprise. Par définition, le nombre de lignes augmente dès qu'une nouvelle formation est enregistrée.

▶ Téléchargez puis ouvrez le fichier **Formations.xlsx**.

La structure est présentée ci-dessous. La liste des formations se termine à la ligne 78.

	A	B	C	D	E	F	G	H	I
1	Date Début	Salarié	Organisme	Domaine	Formation	TYPE	Durée (J)	Durée (H)	Cout / Pers
2	lundi 10 01 2011	LOGEROT	D SOFT FORMATION	INFORMATIQUE	EXCEL NIV 2	PLAN	3	21	364
3	lundi 10 01 2011	BRUDERMANN	D SOFT FORMATION	INFORMATIQUE	EXCEL NIV 2	PLAN	3	21	364
4	lundi 10 01 2011	BASCUNANA	CCV FIN	COMPTABILITE	COMPTA GENERALE	PLAN	4	28	220
5	mercredi 12 01 2011	GUILLEMINOT	D SOFT FORMATION	INFORMATIQUE	PHOTOSHOP	PLAN	3	21	400
6	mercredi 12 01 2011	VALAIZE	D SOFT FORMATION	INFORMATIQUE	PHOTOSHOP	DIF	3	21	400
7	vendredi 14 01 2011	PAYRE	CCV FIN	COMPTABILITE	COMPTA GENERALE	DIF	4	28	220
8	vendredi 14 01 2011	COMTE	CCV FIN	COMPTABILITE	COMPTA GENERALE	DIF	4	28	220
9	lundi 17 01 2011	CHABAZIAN	SECU 2000	SECURITE	CONDUITE ENGINS	DIF	2	14	195

Notre objectif est d'obtenir le nombre d'heures de formations réalisées par domaine et par type.

Définissez tout d'abord la plage variable dynamiquement.

▶ Dans l'onglet **Formules**, groupe **Noms définis**, cliquez sur **Gestionnaire de noms**.

▶ Dans la boîte de dialogue **Gestionnaire de noms**, cliquez sur le bouton **Nouveau**.

▶ Entrez le nom de la plage **ListeFormations** puis saisissez la formule dans la zone **Fait référence à** : =DECALER(LISTE!$A$1;;;NBVAL(LISTE!$A$1:$A$1000);9).

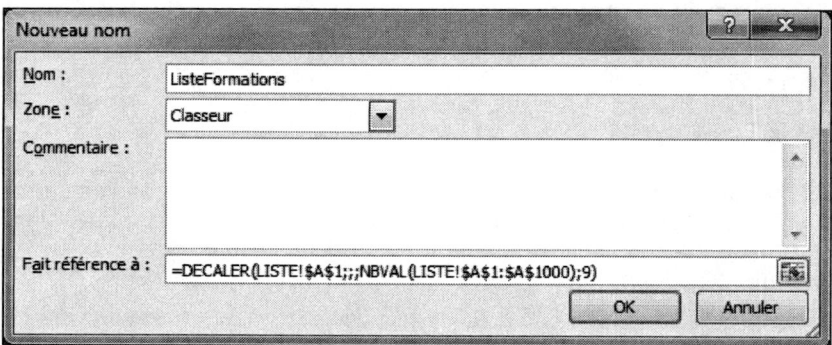

Dans notre exemple, la *HAUTEUR* est égale au nombre de cellules pleines de la colonne A, et la largeur est fixe et égale à 9.

La formule DECALER(LISTE!$A$1;;;NBVAL(LISTE!$A$1:$A$1000);9) est équivalente à DECALER(LISTE!$A$1;0;0;NBVAL(LISTE!$A$1:$A$1000);9). Les deux arguments Nb Li et Nb col sont à zéro car nous ne souhaitons pas effectuer de déplacement de plage.

La plage étant limitée à la ligne 1000, nous avons donc considéré ici que nous ne ferons pas plus de 999 formations en 2011.

▶ Validez par **OK**.

Le nom est ajouté dans la liste du gestionnaire de noms.

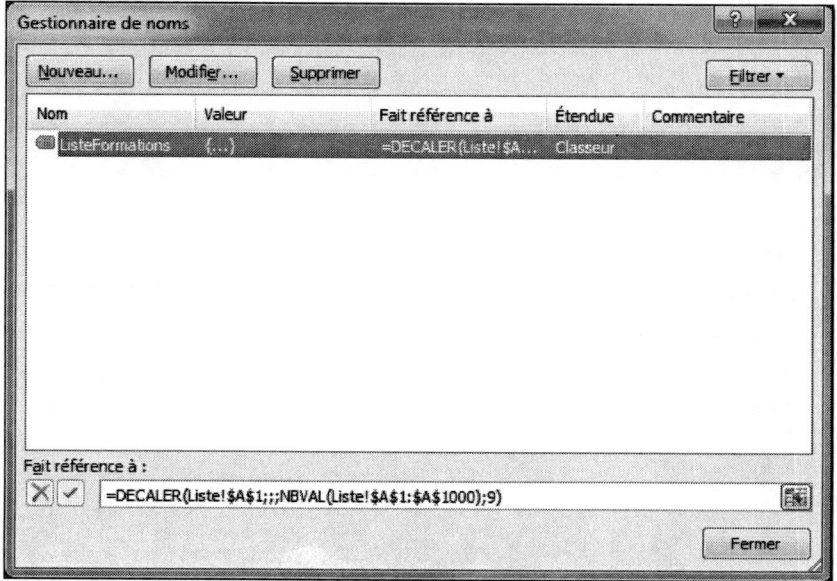

Chapitre 7 : Gestion des données source

◗ Cliquez enfin sur **Fermer** pour terminer.

Construisez maintenant le tableau croisé dynamique :

◗ Cliquez dans la liste source puis dans l'onglet **Insertion**, cliquez sur **Tableau croisé dynamique**.

Excel sélectionne automatiquement la plage **Liste!$A$1:$I$78**.

◗ Cet ensemble de cellules étant fixe nous allons le remplacer par notre plage dynamique, saisissez la formule **=ListeFormations** à la place des coordonnées puis validez par **OK**.

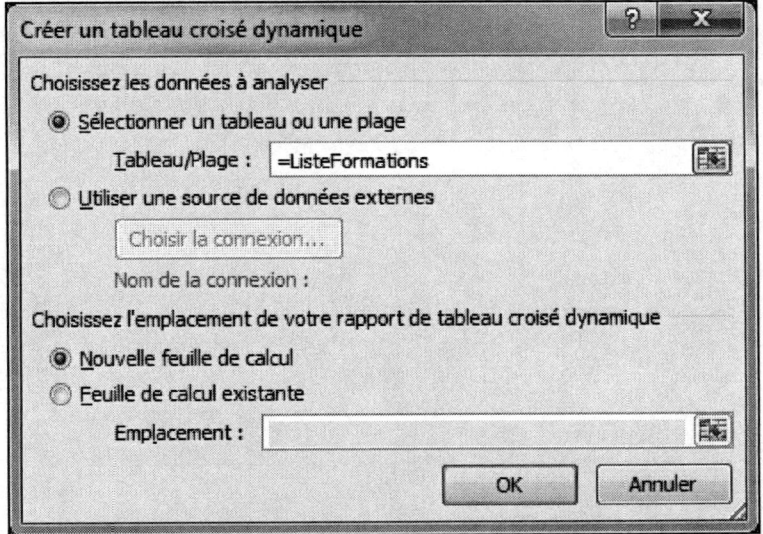

◗ Paramétrez les champs du tableau croisé dynamique en vous référant à l'écran suivant.

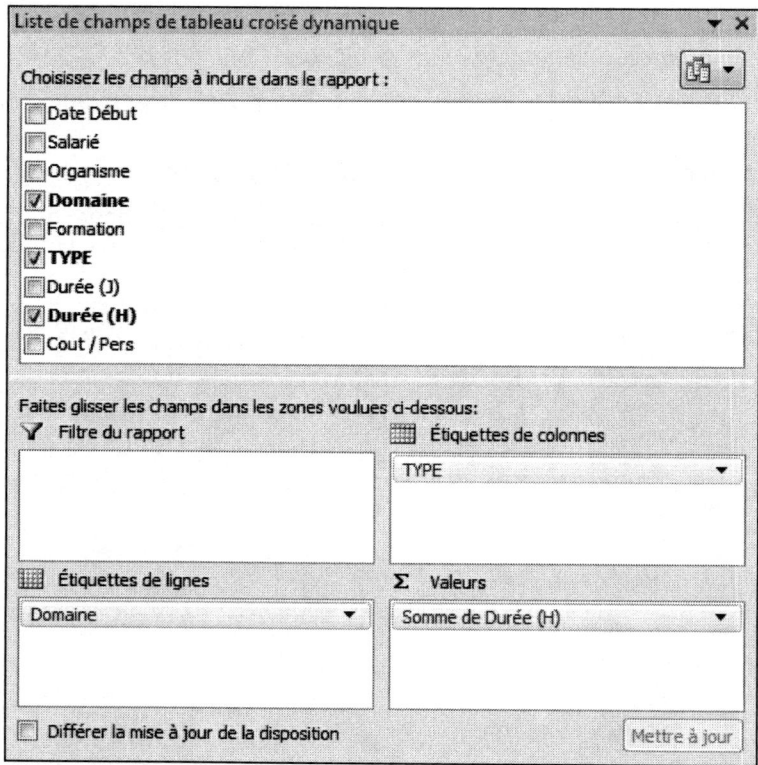

➤ Modifiez les étiquettes en vous référant à l'écran ci-dessous :

	A	B	C	D
1				
2				
3	Nombre d'heures	TYPES		
4	Domaines	DIF	PLAN	Total général
5	COMMERCIAL		56	56
6	COMPTABILITE	56	252	308
7	INFORMATIQUE	168	483	651
8	JURIDIQUE	84	196	280
9	LANGUES	112	112	224
10	MANAGEMENT		98	98
11	SECURITE	42	98	140
12	Total général	462	1295	1757

Chapitre 7 : Gestion des données source

▶ Afin de vérifier si notre plage dynamique fonctionne, ajoutez manuellement quelques lignes à la fin de la feuille **Liste**.

	A	B	C	D	E	F	G	H	I
76	lundi 19 09 2011	LIEBELT	JURIS 84	JURIDIQUE	LA PAIE	PLAN	4	28	560
77	lundi 19 09 2011	VIDAL	D SOFT FORMATION	INFORMATIQUE	INDESIGN	PLAN	3	21	420
78	lundi 19 09 2011	RESLINGER	D SOFT FORMATION	INFORMATIQUE	INTERNET	PLAN	3	21	340
79	mardi 20 09 2011	DUPOND	D SOFT FORMATION	INFORMATIQUE	INDESIGN	DIF	3	21	340
80	mercredi 21 09 2011	DURAND	JURIS 84	JURIDIQUE	LA PAIE	DIF	4	28	560
81	jeudi 22 09 2011	MARTIN	CCV FIN	COMMERCIAL	VENDRE	PLAN	2	14	280

▶ Cliquez dans le tableau croisé dynamique puis actualisez-le (Alt F5).

Les nouvelles formations ont été insérées automatiquement dans le tableau croisé dynamique.

	A	B	C	D
1				
2				
3	Nombre d'heures	TYPES		
4	Domaines	DIF	PLAN	Total général
5	COMMERCIAL		70	70
6	COMPTABILITE	56	252	308
7	INFORMATIQUE	189	483	672
8	JURIDIQUE	112	196	308
9	LANGUES	112	112	224
10	MANAGEMENT		98	98
11	SECURITE	42	98	140
12	Total général	511	1309	1820

2. Nombre de lignes et de colonnes variables

Notre prochaine statistique va consister à calculer le montant des sommes versées à chaque organisme de formation. Par sécurité nous allons prendre en compte la possibilité d'ajouter dans le futur des colonnes à droite de la plage source de notre feuille **Liste**. Par exemple, nous pourrions ajouter une colonne pour le service auquel appartient la personne, ou bien son statut (cadre, agent de maîtrise…).

Nous allons utiliser la fonction **DECALER** pour définir une plage dont la hauteur et la largeur sont variables.

▶ Dans l'onglet **Formules**, groupe **Noms définis**, cliquez sur **Gestionnaire de noms**.

▶ Dans la boîte de dialogue **Gestionnaire de noms**, cliquez sur le bouton **Nouveau**.

▶ Entrez le nom de la plage puis saisissez la formule dans la zone **Fait référence à** : **=DECALER(Liste!$A$1;;;NBVAL(Liste!$A$1:$A$1000);NBVAL(Liste!$A$1:$S$1))**.

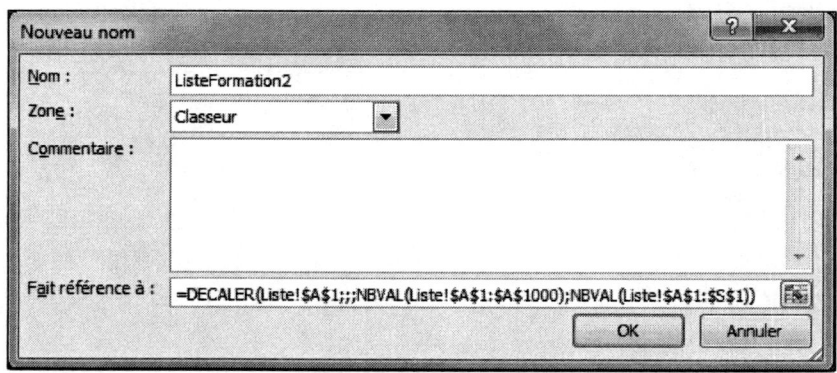

En comptabilisant le nombre de colonnes pleines jusqu'à la colonne S, nous considérons que dix colonnes au maximum seront ajoutées dans notre tableau.

▶ Construisez le tableau croisé dans une nouvelle feuille à partir de la plage **Listeformation2** en vous référant à l'écran ci-après :

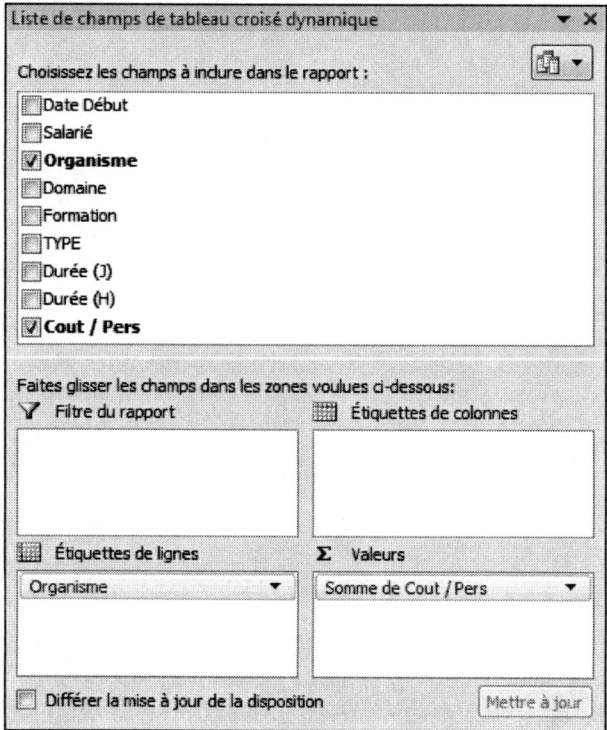

Chapitre 7 : Gestion des données source

◆ Modifiez les étiquettes :

	A	B
1		
2		
3	ORGANISMES	CHIFFRE D'AFFAIRES
4	CCIAT	1296
5	CCV FIN	4940
6	D SOFT FORMATION	11430
7	JURIS 84	5240
8	SECU 2000	1950
9	TOP ANGLAIS	2960
10	Total général	27816

Si vous ajoutez une colonne dans la source des données et que vous actualisez le tableau croisé dynamique, le nouveau champ est intégré automatiquement dans la liste.

Ci-dessous, les colonnes **SERVICE** et **STATUT** ont été ajoutées en colonnes **J** et **K** puis le tableau croisé dynamique a été mis à jour.

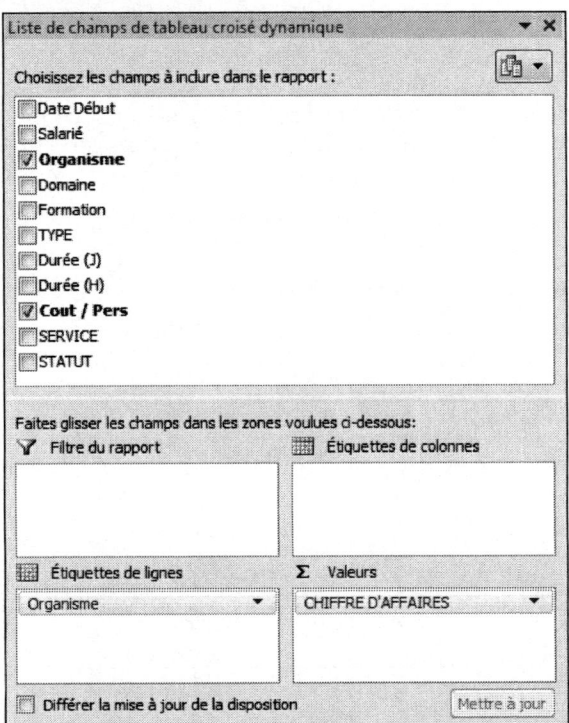

En conclusion, nous avons vu qu'il est possible de paramétrer des plages dynamiques sans trop de difficultés. Utiliser une plage dont le nombre de colonnes varie est moins fréquent qu'une plage avec un nombre de lignes variable. Cependant par sécurité, vous pouvez employer dans tous les cas la formule utilisée au point Nombre de lignes et de colonnes variables, même si le nombre de colonnes reste fixe.

C. Utiliser une plage de données discontinue

Il est possible que vous ayez parfois besoin de consolider des informations en provenance de plusieurs tableaux. Ces données peuvent être :
- des tableaux non contigus situés à l'intérieur d'une même feuille ;
- des tableaux situés sur plusieurs feuilles d'un même classeur ;
- des tableaux situés sur des feuilles de plusieurs classeurs.

Si ces informations existent dans d'autres classeurs, on considère que ce sont des données externes. Excel est capable d'effectuer une synthèse à partir de ces informations, cependant nous vous conseillons d'organiser la structure de ces données de manière identique.

Nous allons considérer ici que nous possédons trois usines. Chacune de ces usines nous adresse par e-mail chaque fin de semaine un classeur Excel incluant le détail des contrats d'intérim depuis le début de l'année. Notre objectif consiste à établir, à partir de ces trois classeurs, une statistique cumulée des heures d'intérim des trois usines par service.

Pour pouvoir effectuer ce travail, vous disposez de trois classeurs : **Annecy.xlsx**, **Chambery.xlsx** et **Lyon.xlsx**.

▶ Téléchargez puis ouvrez ces trois classeurs.

Chaque classeur contient une feuille nommée **INTERIM** dont la structure est présentée ci-dessous.

	A	B	C	D	E	F
1	SERVICE	NOMBRE D'HEURES		SEMAINE N°	NOM SALARIE	TAUX HORAIRE
2	MAINTENANCE	35		1	EISCHEN	10,54
3	MAINTENANCE	35		1	LOMBARD	10,67
4	PRODUCTION	28		1	MATEO	11,45
5	MAINTENANCE	35		1	PALUSSIERE	10,67
6	PRODUCTION	29		1	GIROUD	11,45
7	PRODUCTION	35		1	RESLINGER	11,45

Chapitre 7 : Gestion des données source

Afin de vous faciliter la tâche, et avant de fournir les fichiers vierges à chaque usine, vous avez paramétré une plage de données dynamique – de deux colonnes A et B – dans chaque fichier.

Dans chacun des classeurs, la plage source dynamique a été nommée **ListeIntérimaires**, et est définie par la formule :
=DECALER(INTERIM!$A$1;;;NBVAL(INTERIM!$D$1:$D$500);2)

1. Activer l'assistant Tableau croisé dynamique

Dans Excel 2010, l'interface du logiciel ne nous offre plus la possibilité d'utiliser directement des sources multiples. Pour pouvoir utiliser cette fonctionnalité, il nous faut activer l'assistant, tel qu'on le connaissait sous Excel 2003. Nous allons donc ajouter à la barre de lancement rapide l'assistant tableau croisé dynamique.

◆ Cliquez sur le menu **Fichier** puis sur le bouton **Options**.

◆ Dans la catégorie **Barre d'outils Accès rapide**, déroulez la liste **Choisir les commandes dans les catégories suivantes** puis sélectionnez **Commandes non présentes sur le ruban**.

◆ Sélectionnez **Assistant Tableau croisé dynamique**.

◆ Cliquez sur le bouton **Ajouter** puis validez par **OK**.

Le bouton de l'assistant a été ajouté à la barre d'outils Accès rapide.

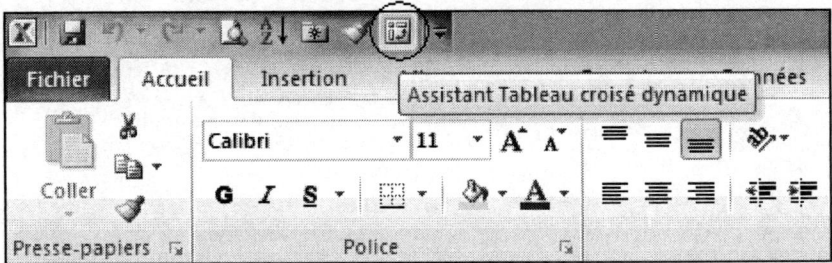

2. Conception du tableau croisé dynamique à partir de trois classeurs

◆ Téléchargez puis ouvrez les trois classeurs. Dans notre exemple, chaque fichier est sauvegardé dans un dossier nommé **C:\GestInterim**.

◆ Créez un nouveau classeur (Ctrl N).

◆ Cliquez dans la barre d'outils **Accès rapide** sur l'**Assistant Tableau croisé dynamique**.

❧ Cochez l'option **Plages de feuilles de calcul avec étiquettes** puis cliquez sur **Suivant**.

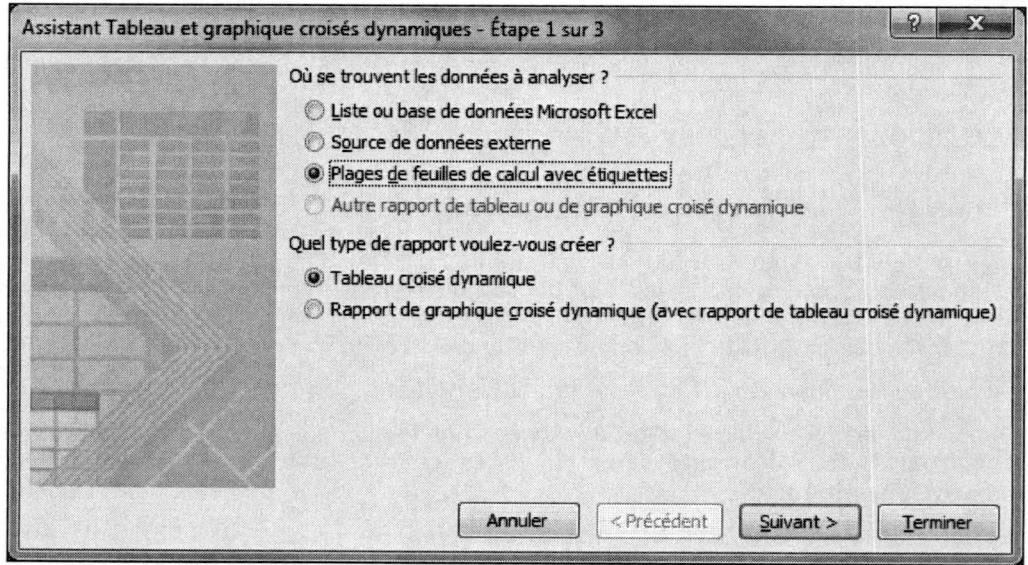

❧ À l'étape 2a, privilégiez la création manuelle des champs de page (filtres).
❧ Cochez **Plusieurs (création manuelle)** puis cliquez sur **Suivant**.

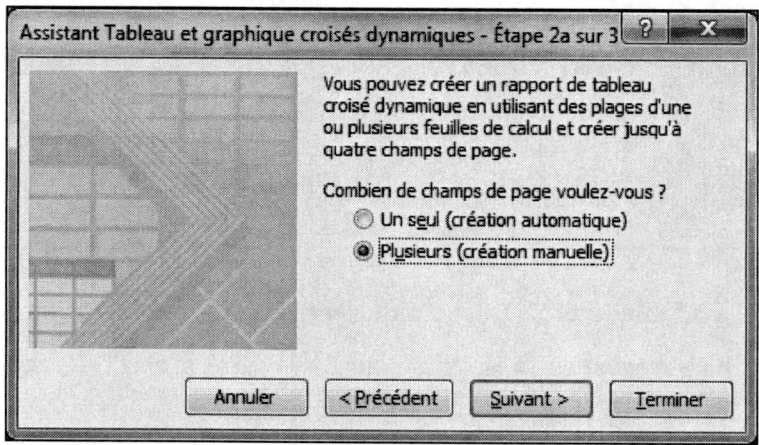

Il nous faut maintenant ajouter une à une chaque plage source.

❧ Cliquez tout d'abord sur le bouton **Parcourir**, sélectionnez sur **C:** le dossier **GestInterim**, cliquez sur le premier classeur **ANNECY** puis validez par **OK**.

Chapitre 7 : Gestion des données source

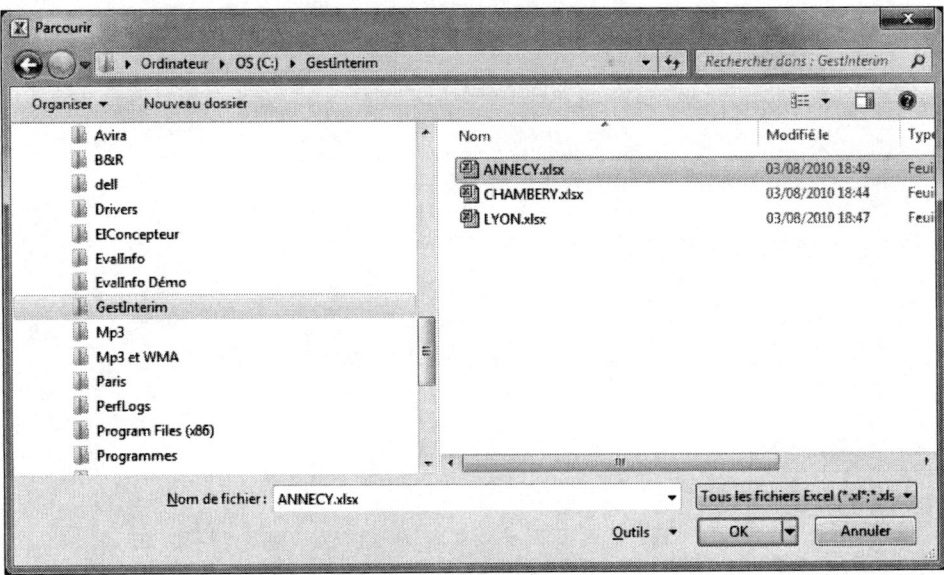

▶ Saisissez le nom de la plage à utiliser après le point d'exclamation, **ListeIntérimaires** pour notre exemple :

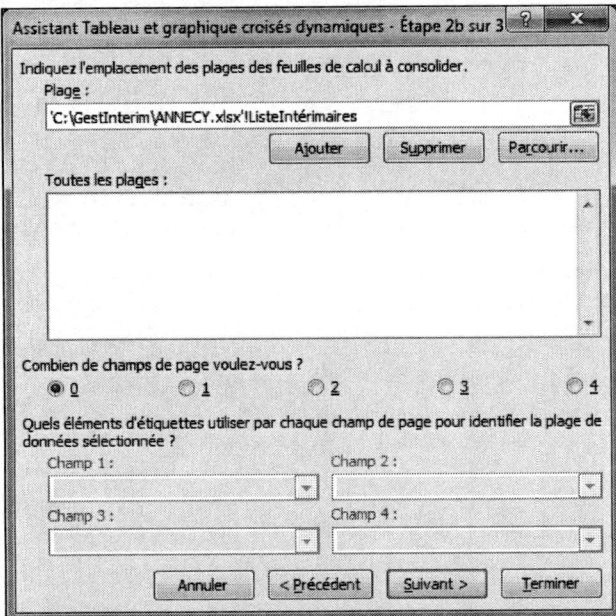

➡️ Cliquez sur le bouton **Ajouter**.

La plage a été ajoutée à la liste **Toutes les plages** :

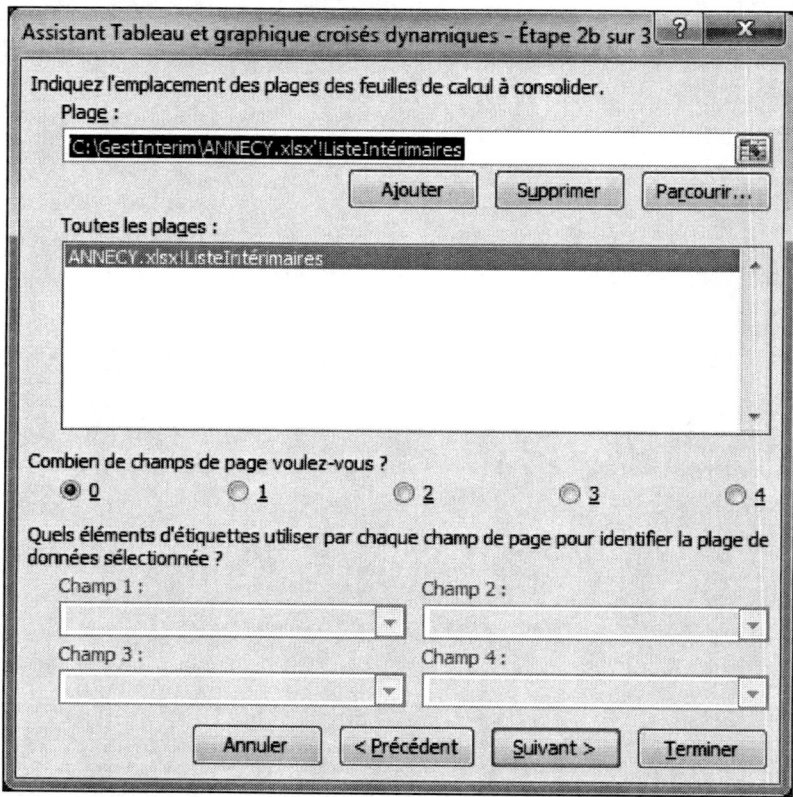

Excel affiche la zone sélectionnée entourée de pointillés *mouvants* ceci vous permet de contrôler à chaque fois si les zones correspondent bien aux plages souhaitées.

➡️ Cliquez à nouveau sur le bouton **Parcourir**, puis renouvelez les démarches précédentes pour les deux autres données source.

Chapitre 7 : Gestion des données source

Il est important d'identifier chaque plage par un nom clair, nous allons donc attribuer à chaque plage un nom de champ de page.

▶ Sélectionnez la première plage, activez **1** comme nombre de champs de page à utiliser puis dans la zone **Champ 1** attribuez le nom **SiteANNECY** à ce champ :

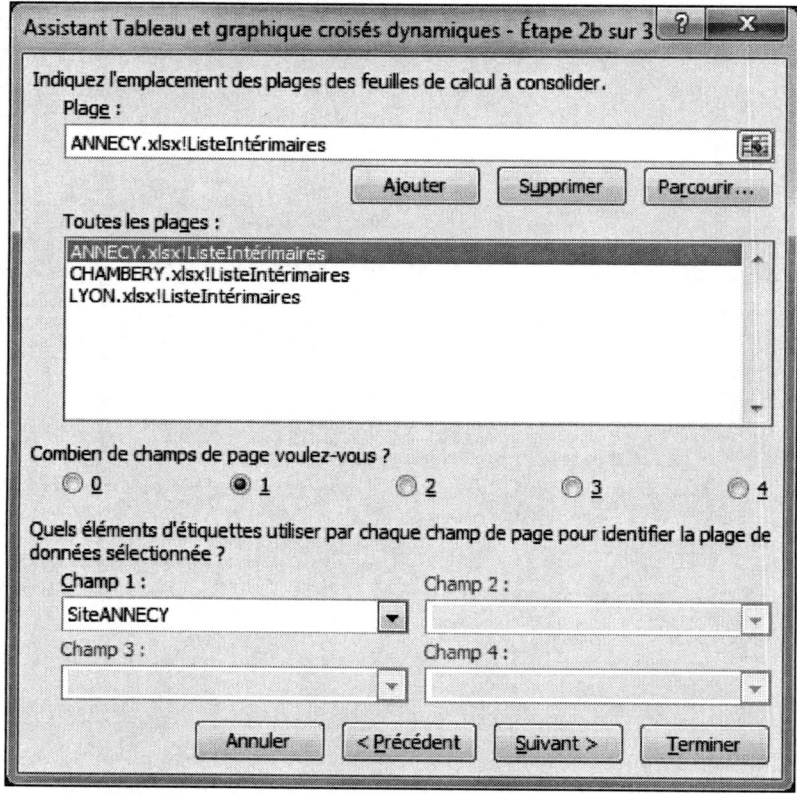

▶ Sélectionnez ensuite la deuxième plage puis saisissez le nom **SiteCHAMBERY** dans la zone **Champ 1**.

▶ Sélectionnez la troisième plage puis saisissez le nom **SiteLYON** dans la zone **Champ 1**.

▶ Maintenant que les trois plages sources ont été définies, cliquez sur le bouton **Suivant**.

▶ Définissez l'emplacement du tableau croisé dynamique, ici en **A3** puis cliquez sur le bouton **Terminer**.

Chapitre 7 : Gestion des données source

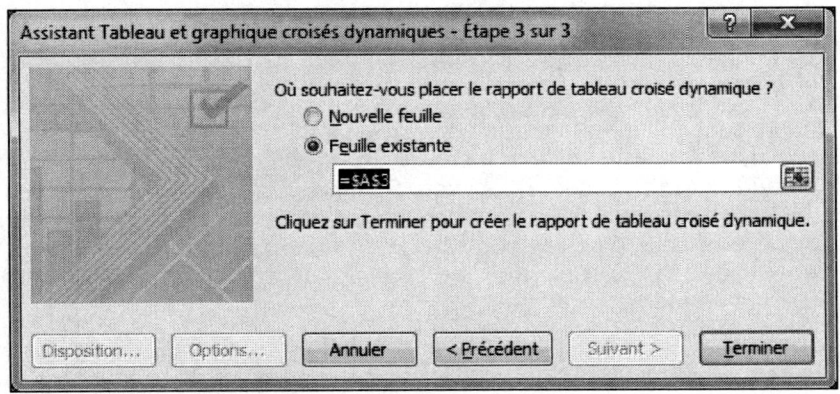

Le tableau croisé dynamique a été inséré dans la feuille.

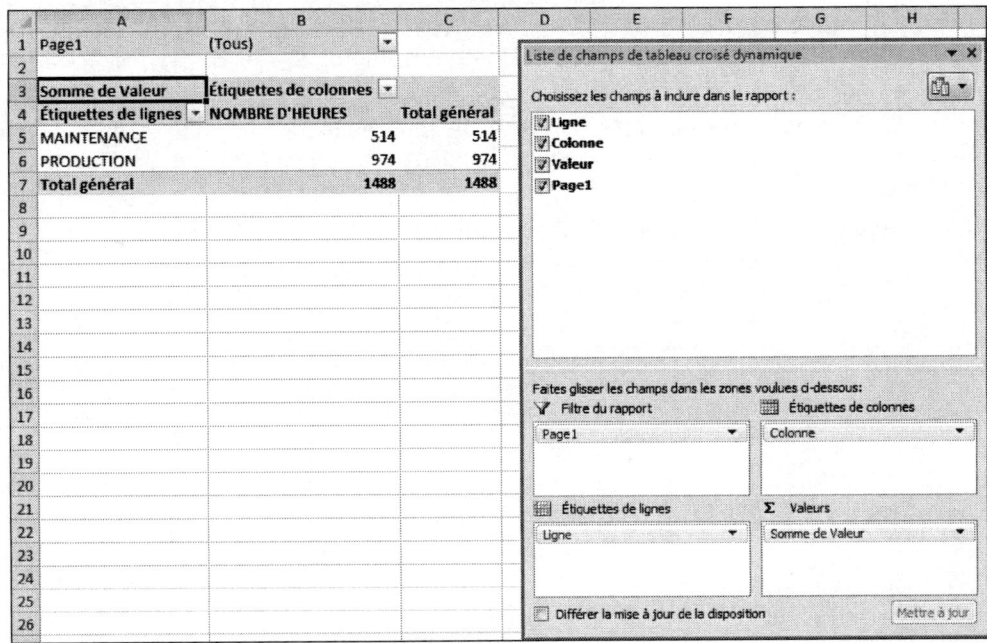

Plusieurs points sont à noter :

La liste des champs contient 4 champs intitulés : **Ligne**, **Colonne**, **Valeur** et **Page1**.

Le champ **Ligne** correspond à la première colonne des sources de données. Il vous faudra ainsi veiller à placer dans la première colonne de vos futurs tableaux sources la donnée qui devra apparaître en en-tête de ligne dans le tableau croisé dynamique.

Le champ **Colonne** contient toutes les autres colonnes de la source de données. Dans notre cas, nos données source n'étant composées que de deux colonnes, ce champ est limité à la deuxième colonne de nos données source.

Le champ **Valeur** contient tous les éléments du champ colonne. Comme deux colonnes composent nos données, et que la colonne **Montant** contient des valeurs numériques, Excel a automatiquement utilisé la fonction **Somme**. Lorsque vous créez un tableau croisé dynamique à partir de plages discontinues dont le nombre de colonnes est important, Excel va effectuer un regroupement des champs de données dans le champ colonne et va utiliser la fonction **Nombre**. Ceci peut aboutir parfois à des champs inutiles qu'il sera plus judicieux de masquer.

Une colonne vierge a ainsi été insérée dans nos fichiers sources entre les colonnes **Nombre d'heures** et **Semaine n°**, afin de mieux visualiser la séparation entre les données qui vont intervenir dans les tableaux croisés dynamiques et les données non inutilisées.

La formule **=DECALER(INTERIM!$A$1;;;NBVAL(INTERIM!$D$1:$D$500);2)** a été paramétrée pour ne prendre en compte que les deux colonnes A et B.

Le champ **Page1** est le seul champ pour lequel vous avez pu définir manuellement les éléments. Un maximum de quatre champs Page est réalisable et chaque champ Page peut être déplacé en ligne ou en colonne afin de rajouter si nécessaire des niveaux de regroupement.

Le champ **Page1** permet de filtrer les informations d'une ou plusieurs usines.

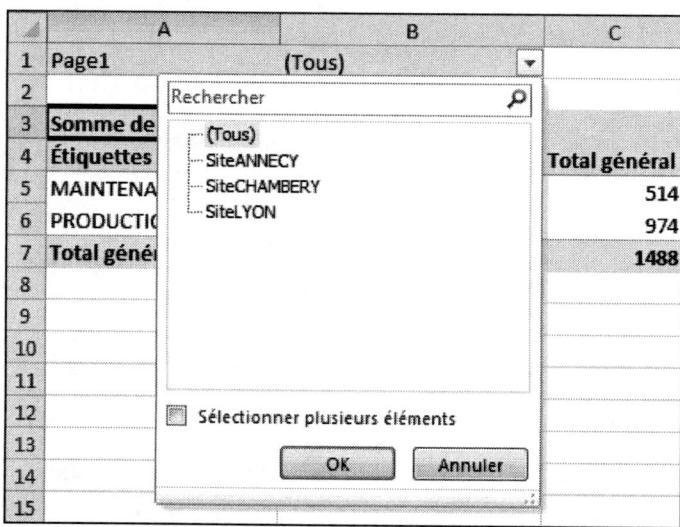

Afin de visualiser en même temps les informations relatives aux trois usines, nous allons placer le champ **Page1** en étiquette de colonne.

Chapitre 7 : Gestion des données source

➨ Dans le volet **Liste de champs de tableau croisé dynamique**, déplacez le champ **Page1** au dessus du champ **Colonne**.

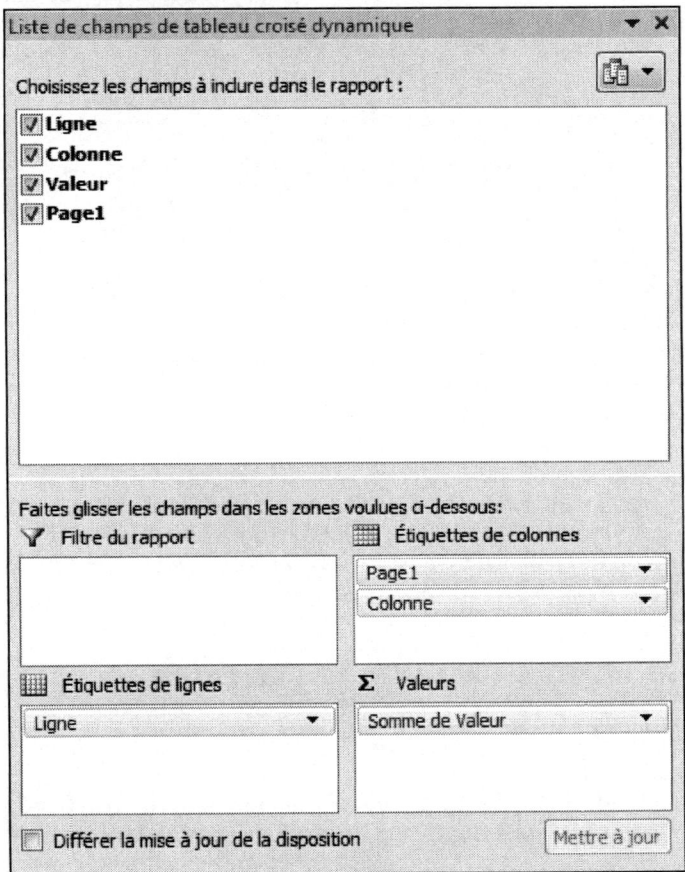

Le tableau a été réorganisé et affiche maintenant les données des trois usines.

	A	B	C	D	E	F	G	H
1								
2								
3	Somme de Valeur	Étiquettes de colonne						
4		⊟SiteANNECY	Total SiteANNECY	⊟SiteCHAMBERY	Total SiteCHAMBERY	⊟SiteLYON	Total SiteLYON	Total général
5	Étiquettes de lignes	NOMBRE D'HEURES		NOMBRE D'HEURES		NOMBRE D'HEURES		
6	MAINTENANCE	257	257	70	70	187	187	514
7	PRODUCTION	438	438	184	184	352	352	974
8	Total général	695	695	254	254	539	539	1488

Afin d'améliorer la lecture du tableau croisé dynamique, modifiez le titre, masquez les en-têtes de champs puis utilisez les boutons ⊟ pour réduire les champs.

	A	B	C	D	E
1					
2					
3	Nombre d'Heures				
4		⊞ SiteANNECY	⊞ SiteCHAMBERY	⊞ SiteLYON	Total général
5					
6	MAINTENANCE	257	70	187	514
7	PRODUCTION	438	184	352	974
8	Total général	695	254	539	1488

Nous avons maintenant une vision synthétique des données qui permet d'obtenir en temps réel les statistiques d'emploi des intérimaires. Dès que l'on reçoit les fichiers sources, il suffit de les sauvegarder, de les ouvrir et d'actualiser notre tableau croisé dynamique.

Lorsque vous créez des noms de plages dans un même classeur en vue de les utiliser comme sources discontinues, vérifiez toujours que la zone d'attribution du nom soit bien le classeur. Ceci afin de ne pas attribuer deux fois le même nom à deux plages différentes dans le même classeur.

D. Utiliser une source de données externe

Excel est un formidable outil de calcul et d'analyse. Par contre ses performances en termes de gestion de base de données sont très limitées. En effet, contrairement à un Système de Gestion de Base de Données, Excel ne gère pas les relations entre les tables, ce qui va impliquer une redondance des informations. De plus, lorsque vous allez travailler sur des tableaux Excel composés d'un nombre de lignes très important, l'analyse va être ralentie par la lourdeur du fichier.

C'est pourquoi, lorsque vous devez manipuler des bases complexes et importantes, il est préférable de faire traiter la partie base de données par un logiciel dédié qui a été conçu pour cela. Ensuite, exportez les données vers Excel puis effectuez vos analyses avec Excel.

Afin de pouvoir illustrer la technique d'utilisation de sources externes, nous vous proposons de télécharger une base de données ACCESS (**VentesTop2000.accdb**).

Cette base de données intègre les ventes de produits informatiques et bureautiques et est composée de quatre tables liées entre elles :
- VentesHT

Chapitre 7 : Gestion des données source

- Typesclients
- Commerciaux
- Secteurs

La fenêtre des relations est présentée ci-dessous.

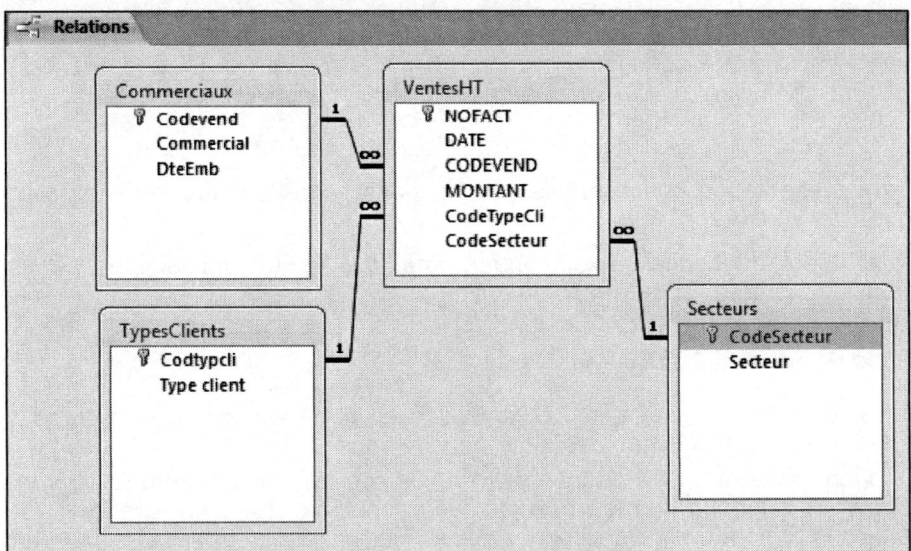

Cette base de données contient une requête (**RequeteVentes**) déjà préparée. Elle regroupe les quatre tables et nous permet d'obtenir la liste de toutes les ventes effectuées.

La structure de la requête est détaillée ci-dessous :

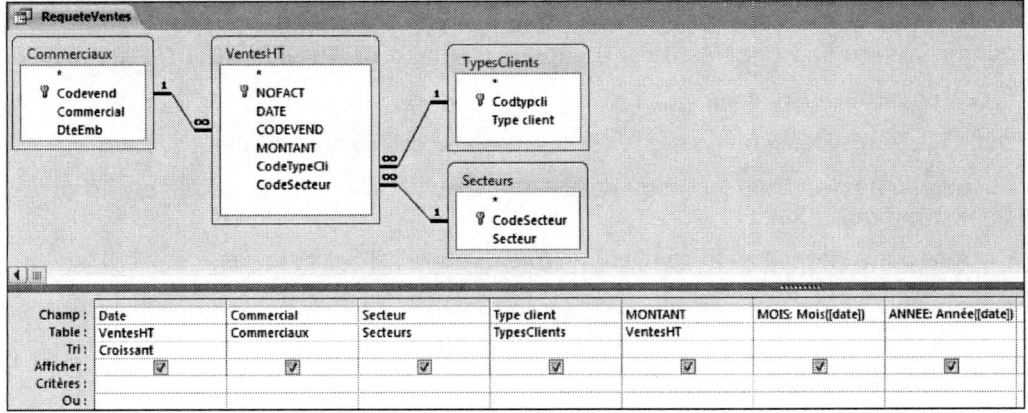

Les premières lignes de la requête exécutée sont les suivantes :

Date	Commercial	Secteur	Type client	MONTANT	MOIS	ANNEE
02/01/2010	MARTIN	NORD	Grossiste	2 852,00 €	1	2010
06/01/2010	MARCELIN	EST	Administration	1 227,60 €	1	2010
09/01/2010	MARTIN	SUD	Revendeur	3 334,36 €	1	2010
12/01/2010	MARTIN	NORD	Grossiste	6 944,00 €	1	2010
13/01/2010	LEPETIT	EST	Administration	2 095,60 €	1	2010
14/01/2010	MARTIN	NORD	Revendeur	9 789,80 €	1	2010
15/01/2010	MARTIN	SUD	Grossiste	3 968,00 €	1	2010

Après cette présentation des données source, nous allons construire le tableau croisé dynamique.

Notre objectif est de connaître le montant total des ventes mensuelles par type de clients pour une année et pour un commercial.

1. Base de données ACCESS - Méthode 1

Une mauvaise technique serait de copier/coller les informations de la requête Access dans une feuille de calcul Excel, ceci pour deux raisons :
- Tout d'abord cette méthode ne crée pas une liaison dynamique entre Access et Excel. Lorsque vous souhaiterez mettre à jour votre tableau croisé dynamique, ceci vous obligerait à ouvrir la base de données dans Access, lancer la requête puis effectuer un copier/coller des nouvelles informations dans la feuille pour disposer des données actualisées.
- Ensuite cette méthode alourdirait le traitement puisque les informations sont stockées dans Excel.

Nous allons vous présenter ici une technique permettant de palier ces deux problèmes.

➤ Téléchargez puis sauvegardez la base de données. Dans notre exemple, la base de données a été sauvegardée dans un dossier nommé **C:\Excel2010TCD**.

➤ Créez un nouveau classeur (Ctrl **N**).

➤ Dans l'onglet **Insertion** venez cliquer sur **Tableau croisé dynamique**.

➤ Cochez l'option **Utiliser une source de données externes** puis cliquez sur le bouton **Choisir la connexion**.

➤ Dans la boîte de dialogue **Connexions existantes**, cliquez sur **Rechercher**.

Chapitre 7 : Gestion des données source

- Sélectionnez le dossier **Excel2010TCD** puis la base de données **VentesTop2000** et cliquez sur **Ouvrir**.
- Dans la boîte de dialogue **Sélectionner le tableau**, cliquez sur la requête **Requete-Ventes** puis validez par **OK**.

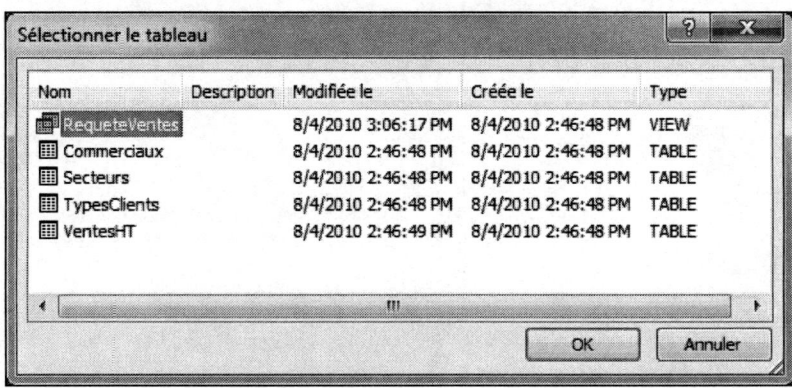

La colonne **Type** affiche deux types d'objets : le type **VIEW** correspond aux requêtes, et le type **TABLE** correspond aux tables contenant les données.

◈ Cliquez sur **OK**.

◈ Le nom de la connexion a été mis à jour, validez par **OK** pour terminer.

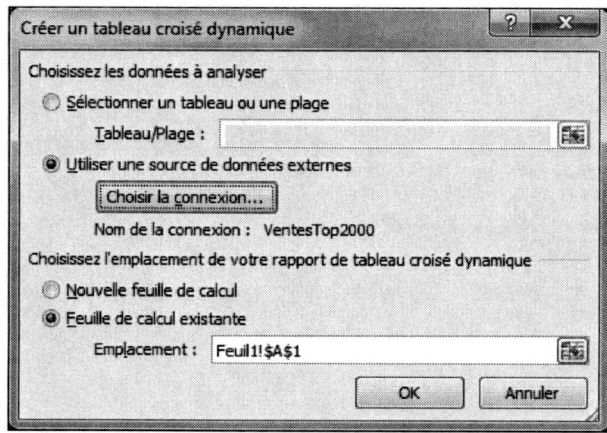

Excel affiche dans la feuille active l'écran de conception du tableau croisé dynamique.

La connexion a été établie et la liste des champs présente tous les champs de la requête Access.

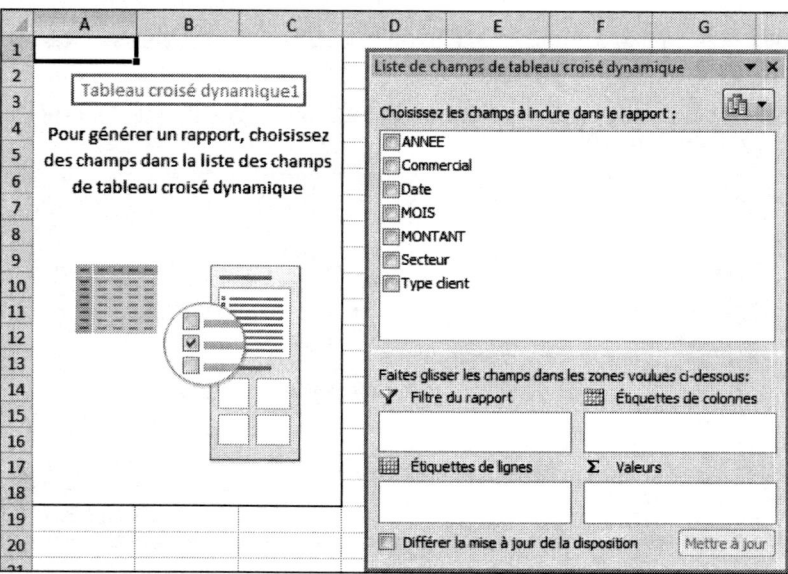

Chapitre 7 : Gestion des données source

▶ Faites glisser à présent les champs dans les différentes zones.

▶ Regroupez les dates par mois.
▶ Affinez la présentation puis effectuez les filtres souhaités.

Le tableau croisé dynamique utilise les données en provenance de la requête ACCESS.

	A	B	C	D	E
1	ANNEE	2011 ⌄			
2	Commercial	LEPETIT ⌄			
3					
4	Somme de MONTANT	TYPES CLIENTS ⌄			
5	MOIS ⌄	Administration	Grossiste	Revendeur	Total général
6	janv	24 110,56	38 230,44	17 924,20	80 265,20
7	févr	40 576,52	39 205,08	20 497,20	100 278,80
8	mars	15 047,40	15 781,48	20 519,52	51 348,40
9	avr	18 824,44	6 078,48	24 476,36	49 379,28
10	mai	5 739,96	12 972,88	18 712,84	37 425,68
11	juin	24 223,40	12 556,24	37 327,72	74 107,36
12	juil	15 033,76	18 649,60	6 269,44	39 952,80
13	août	19 841,24	11 926,32	7 045,68	38 813,24
14	sept	16 873,92	12 496,72	3 134,72	32 505,36
15	oct	25 401,40	9 276,44	27 394,08	62 071,92
16	nov	1 599,60	1 599,60	215 484,72	218 683,92
17	Total général	207 272,20	178 773,28	398 786,48	784 831,96

 Les données source ne sont pas visibles directement dans le classeur. Cependant, vous pouvez toujours, si vous le souhaitez, visualiser le détail des ventes en double cliquant sur une cellule du tableau croisé.

Il peut être intéressant d'accéder aux paramètres de connexion afin de la personnaliser en fonction de vos besoins.

▶ Dans l'onglet **Données**, dans le groupe **Connexions**, cliquez sur **Propriétés**.

▶ Personnalisez les paramètres en fonction de vos besoins et du type d'utilisation.

Si la base Access est sur votre réseau, que la mise à jour des ventes est effectuée régulièrement et que vous souhaitez obtenir en temps réel les statistiques, vous pouvez activer l'actualisation en arrière plan puis paramétrer un délai d'actualisation.

Chapitre 7 : Gestion des données source

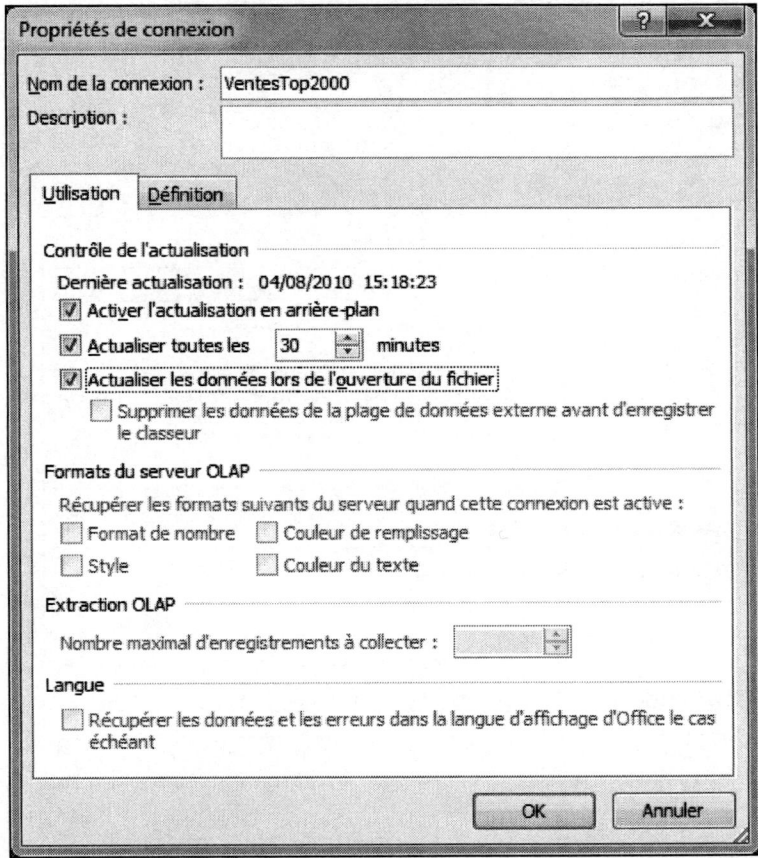

L'onglet **Définition** fournit la syntaxe permettant éventuellement d'effectuer cette opération dans un module VBA.

Excel 2010 - Tableaux croisés dynamiques

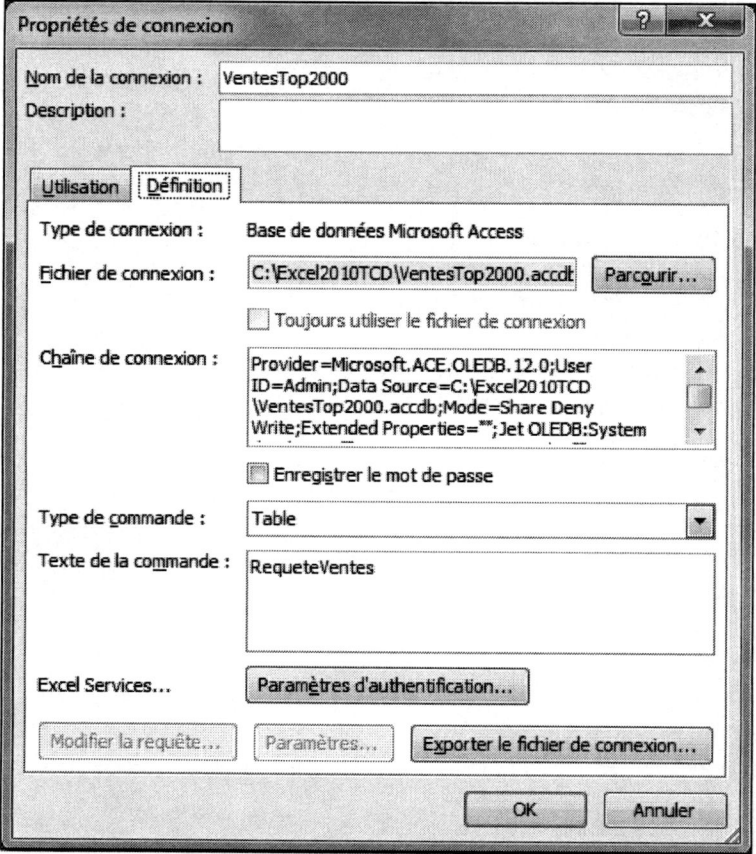

» Cliquez sur **OK** pour terminer.
» Enregistrez ce classeur puis fermez-le.

2. Base de données ACCESS - Méthode 2

Nous vous proposons ici une deuxième méthode de travail avec des données externes.

» Créez un nouveau classeur.
» Dans l'onglet **Données**, cliquez sur **Depuis Access** du groupe **Données externes**.
» Comme précédemment, sélectionnez le dossier **Excel2010TCD** puis la base de données **VentesTop2000.accdb**.
» Sélectionnez ensuite la requête **RequeteVentes** puis cliquez sur **OK**.

Chapitre 7 : Gestion des données source

❖ Dans la boîte de dialogue **Importation de données**, cochez l'option **Rapport de tableau croisé dynamique** puis validez par **OK**.

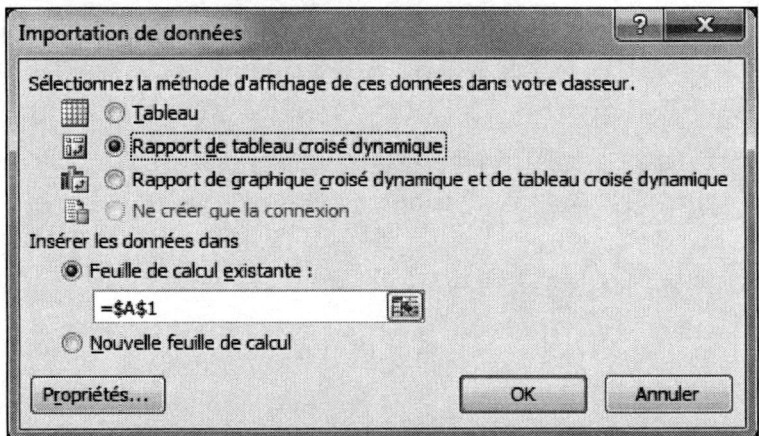

Vous retrouvez maintenant l'écran de création du tableau croisé dynamique identique à celui présenté lors de la méthode 1.

Il ne vous reste plus qu'à faire glisser les champs dans les zones souhaitées pour concevoir votre tableau croisé dynamique.

En conclusion, ces deux méthodes permettent de ne pas importer directement les données dans Excel et vous offrent la possibilité de paramétrer les délais de mise à jour afin d'obtenir des statistiques en temps réel. Privilégiez toujours la création de requêtes sur Access. En effet, celles-ci peuvent être multitables et permettent d'effectuer toutes sortes de calcul qui allègent d'autant le travail d'Excel.

Chapitre 8
Concevoir des graphiques

A. Introduction 188
B. Votre premier graphique 188
C. Créer un graphique à partir d'un tableau croisé dynamique existant 195
D. Graphique en secteur avec filtre 206
E. Quelques conseils 210
F. Limitations et solutions 212

A. Introduction

Lorsque vous construisez des analyses sur Excel, n'hésitez pas à compléter vos tableaux par la représentation graphique de vos synthèses. Un graphique croisé dynamique vous permet de visualiser très rapidement les points clés de votre analyse et apporte réellement un plus à vos tableaux.

Lors d'une réunion de travail, vous pourrez instantanément filtrer – grâce aux segments – les informations pour illustrer les statistiques d'un secteur, d'un poste de dépense, d'un commercial, d'un service ou de tout autre point.

Les graphiques standards utilisent comme source un tableau composé de différentes cellules. La valeur de chaque cellule est représentée par un point de données sur le graphique. Lorsque vous créez un graphique croisé dynamique, l'élément source du graphique est un objet global représenté par le tableau croisé dynamique. Le tableau et le graphique sont liés, toute modification apportée au tableau croisé dynamique se répercute sur le graphique. Si vous appliquez un filtre, déplacez un champ ou masquez une composante du tableau, le graphique s'actualise en fonction des modifications apportées au tableau.

Un des éléments auquel il faudra faire attention est la disposition qu'utilise Excel pour les axes. En effet, Excel va utiliser comme étiquette de l'axe des abscisses (X) le champ placé en en-tête de ligne et pour l'axe des ordonnées (Y) le champ placé en en-tête de colonne. Le tableau croisé dynamique devra être organisé en fonction de ces deux paramètres.

Connaissances nécessaires :
- Techniques de conception des tableaux croisés dynamiques
- Champs calculés
- Mise en forme conditionnelle

Nouveaux acquis :
- Concevoir des graphiques croisés dynamiques
- Appliquer un filtre à un graphique
- Formater et modifier un graphique.

B. Votre premier graphique

Afin d'aborder les techniques de conception des graphiques, nous vous proposons de télécharger le classeur **DépensesFoyer.xlsx**.

Ce classeur présente la liste de toutes les dépenses d'un foyer.

Chapitre 8 : Concevoir des graphiques

Sont répertoriés, la date de la dépense, le poste de dépense, le compte payeur, le montant, et le mode de règlement. L'année au cours de laquelle la dépense a été effectuée est calculée.

	A	B	C	D	E	F
	F2			f_x	=ANNEE(A2)	
1	DATES	POSTES	COMPTE PAYEUR	MONTANT	REGLE PAR	ANNEE
2	01/01/2010	LOGEMENT	SANDRINE	311,04	CB	2010
3	02/01/2010	ALIMENTATION	LAURENT	53,76	CB	2010
4	02/01/2010	LOISIRS	SANDRINE	328,96	CB	2010
5	05/01/2010	LOGEMENT	LAURENT	1 205,76	CHQ	2010
6	07/01/2010	EPARGNE	LAURENT	547,84	CHQ	2010

Notre objectif est de construire un histogramme représentant le montant des dépenses par postes et par comptes payeurs pour une année.

1. Création

Construire un graphique revient en grande partie à concevoir un tableau croisé dynamique, nous allons donc débuter par le tableau croisé dynamique.

Le nombre de postes de dépense étant supérieur au nombre de comptes payeurs, il est préférable de disposer en lignes les postes (ce qui correspondra à l'axe des abscisses) et en colonnes les comptes payeurs (axe des ordonnées).

▶ Téléchargez puis ouvrez le fichier **DépensesFoyer.xlsx**.

▶ Dans l'onglet **Insertion**, groupe **Tableaux**, ouvrez la liste associée au bouton **Tableau croisé dynamique**, puis sélectionnez **Graphique croisé dynamique**.

▶ La plage de cellules est sélectionnée automatiquement, validez directement en cliquant sur **OK**.

Tous les éléments de conception du graphique apparaissent dans la feuille de calcul.

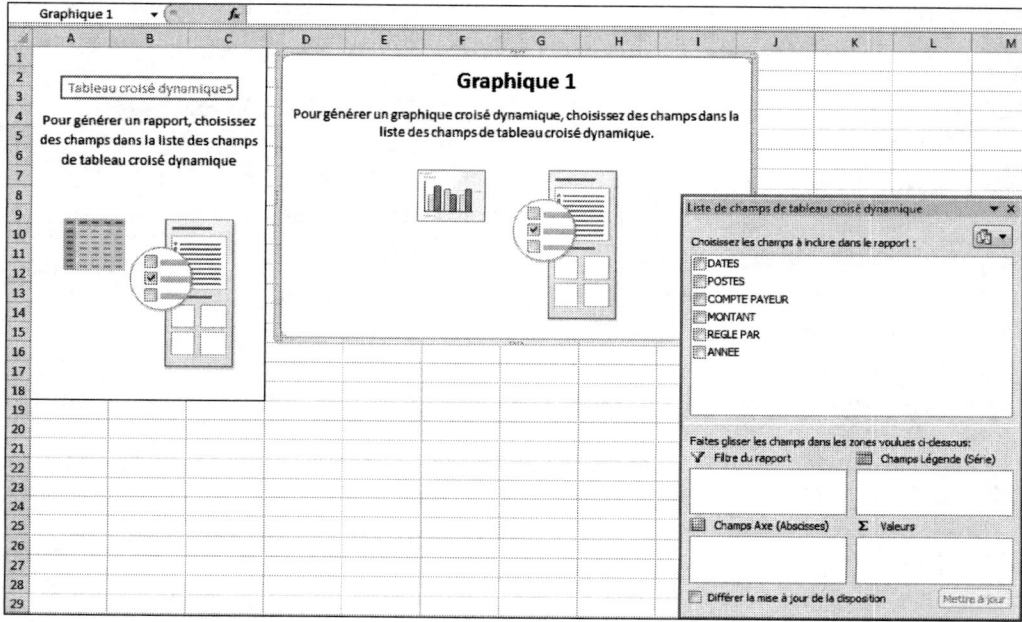

▶ Dans la liste des champs, la zone **Étiquettes de lignes** est remplacée par **Champs Axe (Abscisses)** et la zone **Étiquettes de colonnes** par **Champs Légende (Série)**.

La zone du graphique, actuellement vierge, est visible.

▶ Dans la liste des champs, faites glisser les champs dans les zones appropriées en vous référant à l'écran ci-dessous : le tableau croisé et le graphique se construisent au fur et à mesure que les champs sont déposés dans la liste des champs.

Chapitre 8 : Concevoir des graphiques

191

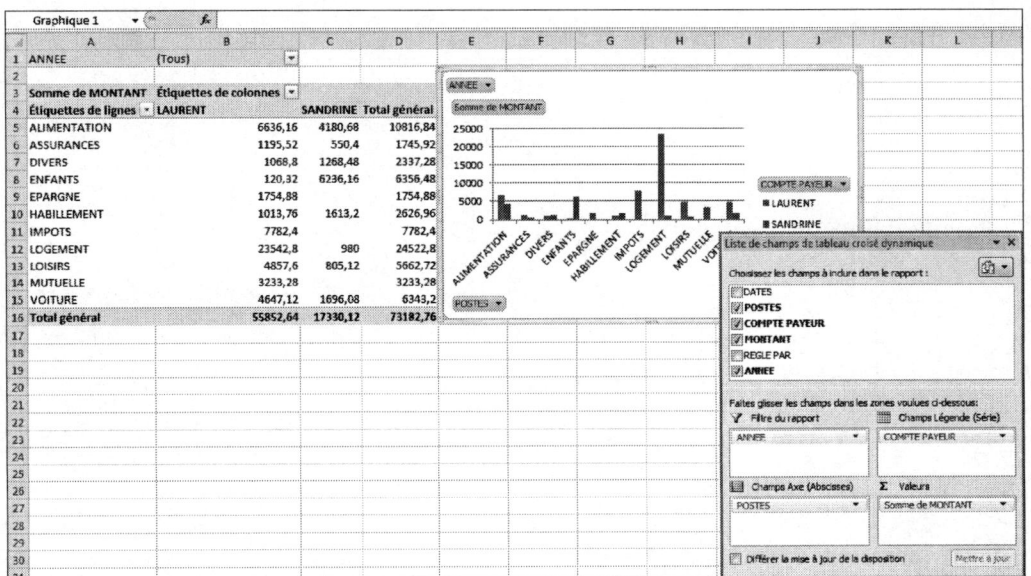

2. Mise en forme

Le graphique tel qu'il a été créé nécessite d'améliorer sa présentation. Nous allons dans un premier temps ajouter les différents titres : le titre du graphique, le titre de l'axe des abscisses et le titre de l'axe des ordonnées.

- Si besoin, effectuez un clic sur le graphique pour le sélectionner.

- Dans l'onglet **Outils de graphique croisé dynamique - Disposition**, cliquez sur le bouton **Titre du graphique** du groupe **Étiquettes**, puis sélectionnez **Au dessus du graphique**. Saisissez directement le titre **DEPENSES**, puis validez.

- Dans l'onglet **Outils de graphique croisé dynamique - Disposition**, cliquez sur le bouton **Titre des axes** du groupe **Étiquettes**, puis pointez l'option **Titre de l'axe horizontal principal** et cliquez sur **Titre en dessous de l'axe**.

- Saisissez directement le titre **POSTES DE DEPENSES**, puis validez.

- Toujours dans l'onglet **Outils de graphique croisé dynamique - Disposition**, cliquez sur le bouton **Titre des axes**, pointez l'option **Titre de l'axe vertical principal** puis cliquez sur **Titre pivoté**. Saisissez directement le titre **MONTANTS**, puis validez.

- N'hésitez pas à redimensionner le graphique pour l'agrandir.

Le graphique doit être tel que ci-dessous.

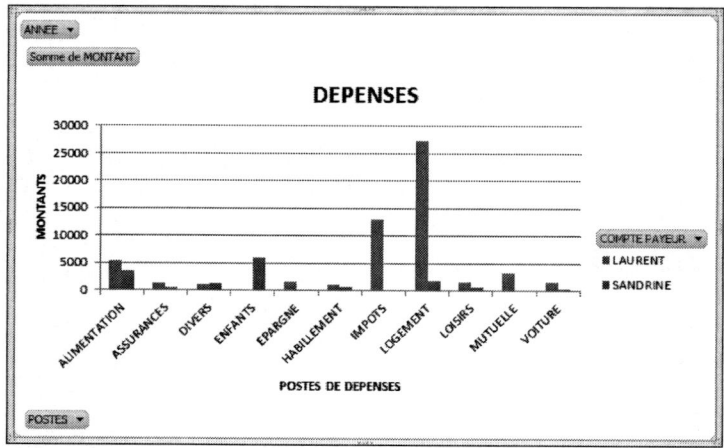

3. Filtrer les éléments d'un graphique

Un des points forts des graphiques croisés dynamiques est qu'il est très facile de définir un filtre pour sélectionner les informations à afficher.

Nous souhaitons ici visualiser dans le graphique les informations relatives à un seul compte payeur (**LAURENT**), une année (**2010**) et à certains postes de dépenses (**alimentation**, **logement**, **loisirs** et **voiture**).

Excel 2010 a intégré directement dans le graphique les différents filtres disponibles, Année, Postes et Compte Payeur :

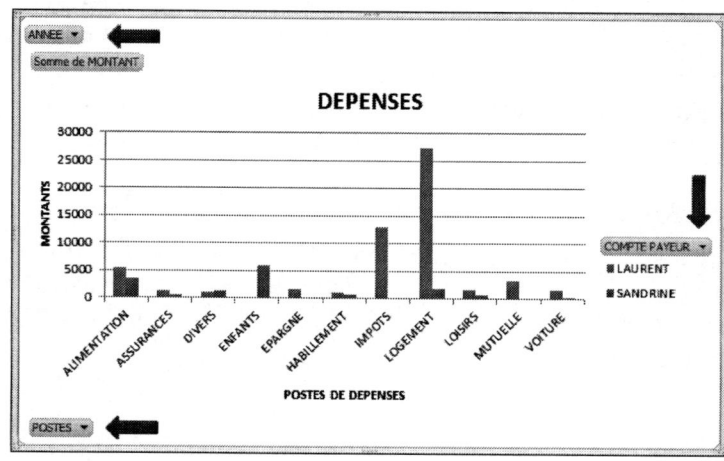

Chapitre 8 : Concevoir des graphiques

193

Déroulez chaque filtre dans le graphique puis cochez les éléments souhaités, le graphique est automatiquement mis à jour.

Vous obtenez un graphique identique à celui présenté ci-après.

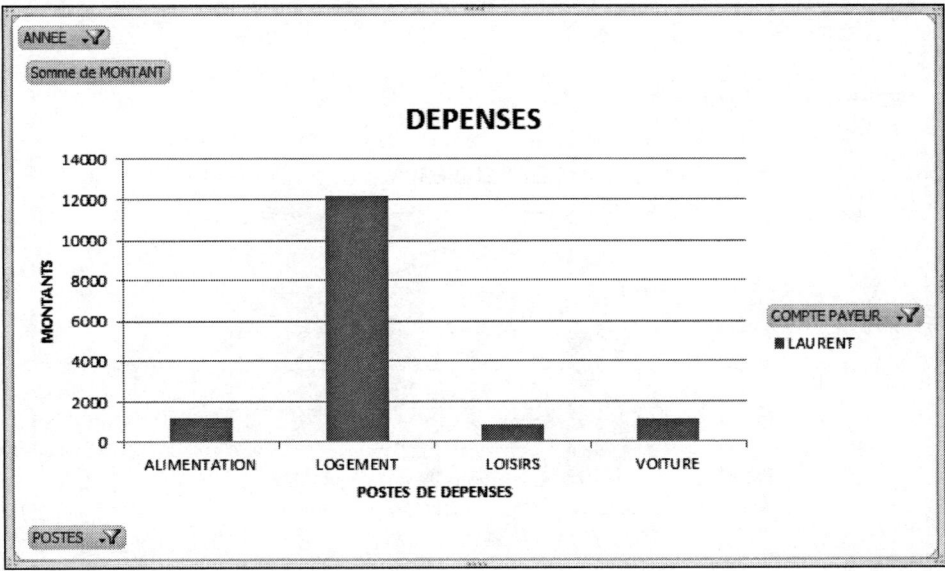

Les filtres peuvent être paramétrés indifféremment dans le graphique ou le tableau croisé dynamique. Les deux éléments sont liés.

Si vous sélectionnez une année dans la cellule **B1**, le graphique affiche instantanément les dépenses de cette année.

Notre travail présente maintenant un petit défaut. En effet, lorsque le graphique va être imprimé, on ne pourra pas savoir à quelle année correspondent les données affichées. Il nous reste donc à définir un titre interactif qui sera positionné à droite du filtre sur l'année.

▶ Effectuez un clic sur le graphique pour le sélectionner.

▶ Dans l'onglet **Insertion**, cliquez sur le bouton **Zone de texte** puis effectuez un clic dans le graphique. Vous obtenez une zone carrée en pointillés.

▶ Appuyez une fois sur la touche [Echap] du clavier.

Les pointillés se tranforment en traits pleins.

▶ Cliquez dans la barre de formule, appuyez sur la touche **=**, cliquez sur la cellule **B1** puis validez.

La formule affichée est **=Feuil4!$B$1**.

⯈ Si besoin, modifiez la police et la taille de la zone de texte, puis positionnez cette zone à droite du filtre de l'année.

⯈ Lorsque vous sélectionnez une année, celle-ci est maintenant affichée dans le graphique.

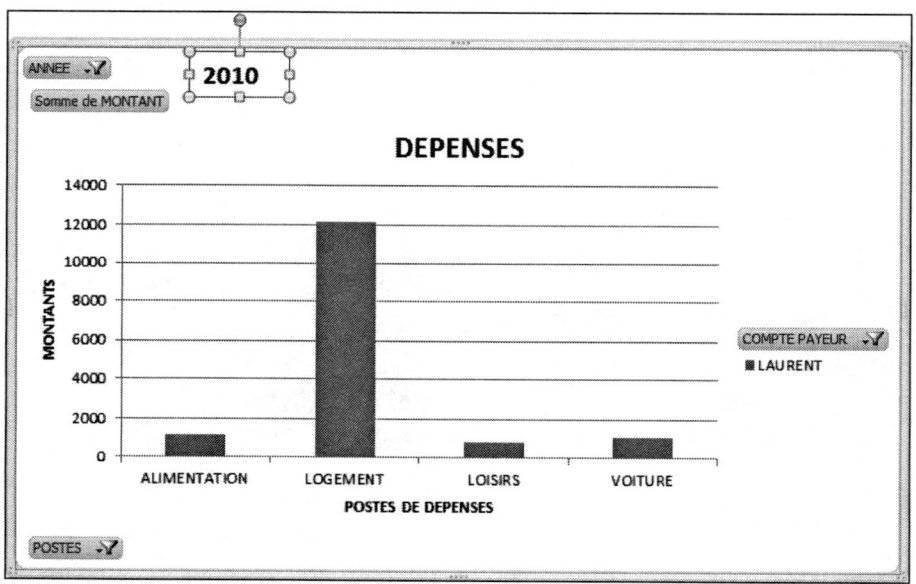

4. Permuter les axes

Afin d'illustrer la facilité avec laquelle un graphique croisé dynamique est modifiable nous allons inverser les Postes de dépenses et les Comptes payeurs.

⯈ Annulez tout d'abord le filtre sur le compte payeur en cochant l'option **Sélectionner tout**.

⯈ Dans le volet **Liste de champs de tableau croisé dynamique**, déplacez le champ **COMPTE PAYEUR** vers la zone **Champs Axe (Abscisses)** puis déplacez le champ **POSTES** vers **Champs Légende (série)**.

Le tableau croisé dynamique et le graphique sont instantanément modifiés.

Chapitre 8 : Concevoir des graphiques 195

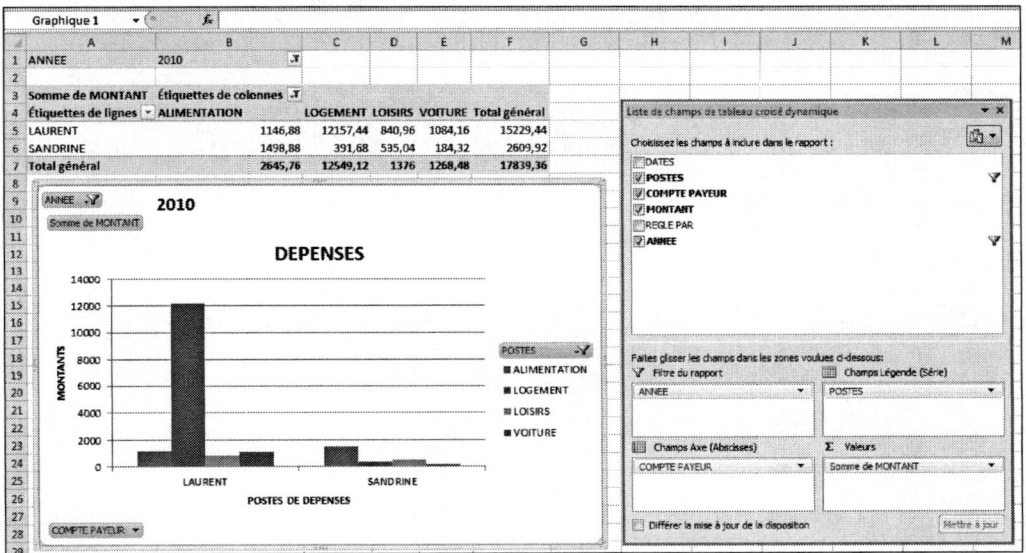

La lecture du graphique est cependant moins aisée que précédemment, il ne nous faut que quelques instants pour revenir à la présentation précédente en permutant à nouveau les champs.

Cette technique très simple vous permettra de faire des essais sans perte de temps et ainsi de toujours choisir la disposition la mieux adaptée.

C. Créer un graphique à partir d'un tableau croisé dynamique existant

En prévision d'une réunion vous souhaitez concevoir quelques graphiques pour illustrer des statistiques chiffrées. Vos tableaux croisés dynamiques ont déjà été créés précédemment, il vous suffit donc de bâtir les graphiques à partir des tableaux croisés dynamiques existants.

Nous allons travailler à partir du classeur **DépensesDesServices.xlsx**.

Ce classeur contient dans la feuille **TCD** un tableau croisé dynamique dont la liste des champs est présentée ci-dessous. Le total des dépenses est calculé par service et par motif de dépense.

Excel 2010 - Tableaux croisés dynamiques

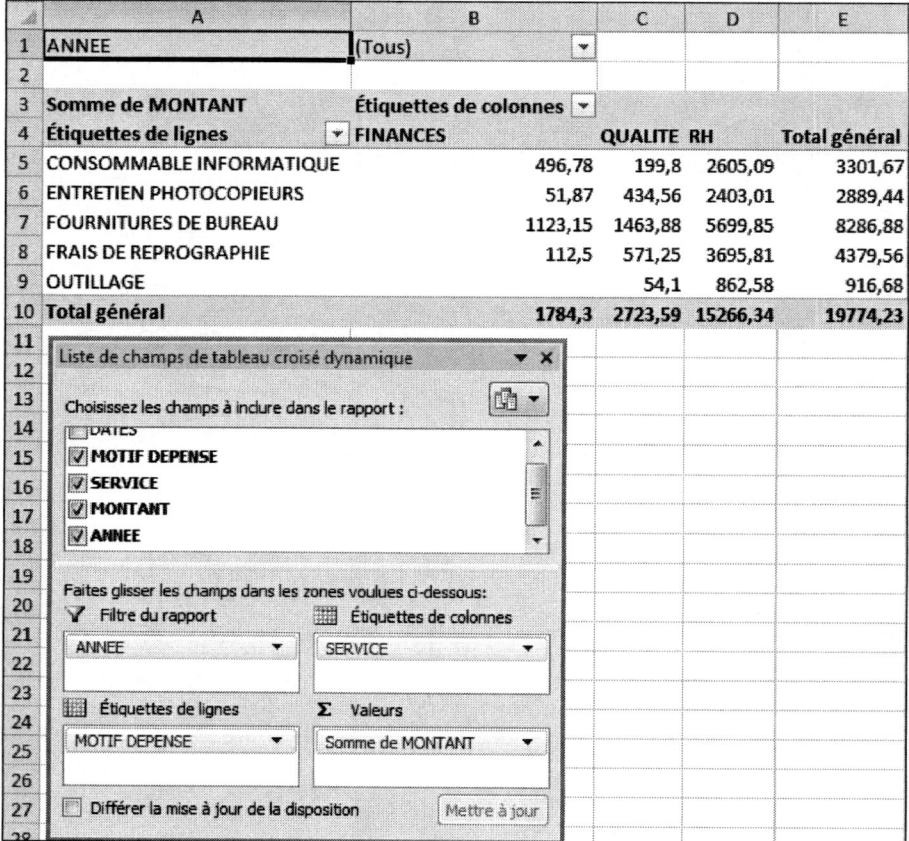

Notre but est de visualiser sur un graphique la répartition des dépenses par service pour une année.

1. Conception du graphique

▶ Ouvrez le classeur **DépensesDesServices.xlsx**.

▶ Commencez par renommer les étiquettes en vous référant à l'écran ci-dessous :

Chapitre 8 : Concevoir des graphiques

	A	B	C	D	E
1	ANNEE	(Tous)			
2					
3	TOTAL DEPENSES	SERVICES			
4	POSTES	FINANCES	QUALITE	RH	Total général
5	CONSOMMABLE INFORMATIQUE	496,78	199,8	2605,09	3301,67
6	ENTRETIEN PHOTOCOPIEURS	51,87	434,56	2403,01	2889,44
7	FOURNITURES DE BUREAU	1123,15	1463,88	5699,85	8286,88
8	FRAIS DE REPROGRAPHIE	112,5	571,25	3695,81	4379,56
9	OUTILLAGE		54,1	862,58	916,68
10	Total général	1784,3	2723,59	15266,34	19774,23

▶ Effectuez tout d'abord un clic dans le tableau croisé dynamique.

Pour construire le graphique, vous disposez ensuite de deux méthodes :

▶ Dans l'onglet **Insertion**, groupe **Graphiques**, cliquez sur **Colonne** puis dans la zone **Histogramme 2D** cliquez sur **Histogramme groupé**.

ou bien :

▶ Dans l'onglet **Outils de tableau croisé dynamique - Options**, groupe **Outils**, cliquez sur **Graphique croisé dynamique** puis dans la zone **Histogramme**, cliquez sur **Histogramme groupé** et validez par **OK**.

Le graphique est inséré dans la feuille :

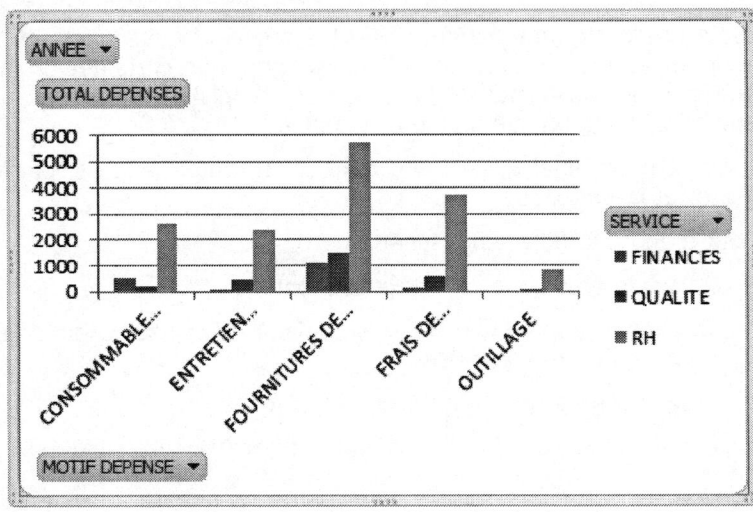

▶ Agrandissez la taille du graphique afin de visualiser entièrement les étiquettes.

◗ Notre objectif est de ne visualiser que les données relatives à l'année 2011. Appliquez donc un filtre dans le graphique sur l'année.

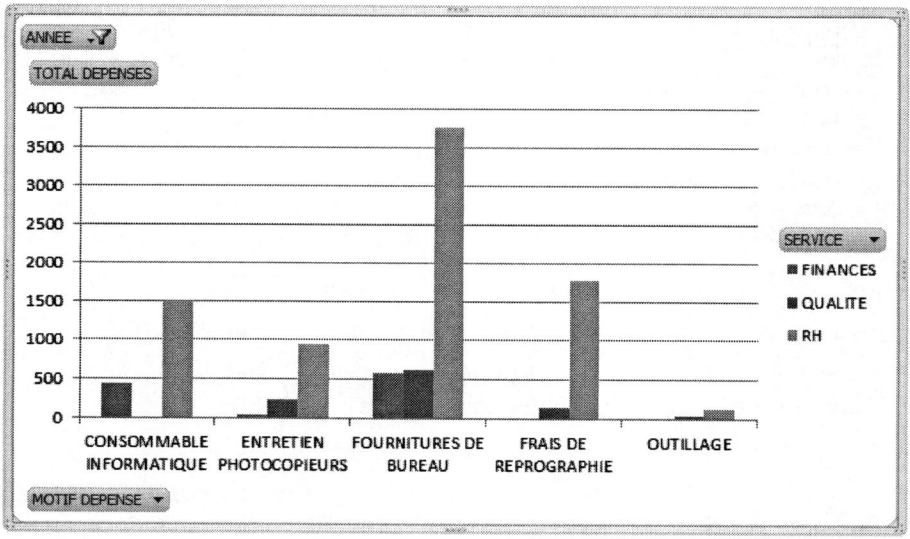

2. Insérer un segment

Excel 2010 intègre une nouvelle fonctionnalité : les segments. Ceci permet de filtrer les informations sources afin de n'effectuer l'analyse que sur certaines données. Cette fonctionnalité est très simple à mettre en œuvre et s'applique aussi bien à un tableau croisé dynamique qu'à un graphique croisé dynamique.

Nous allons ici cibler notre analyse sur une période de dates précise, par exemple les dépenses de février et mars 2010.

◗ Supprimez tout d'abord le filtre sur l'année.

◗ Effectuez un clic sur le graphique pour le sélectionner.

◗ Dans l'onglet **Outils de graphique croisé dynamique - Analyse**, cliquez sur le bouton **Insérer un segment** du groupe **Données**.

La boîte de dialogue **Insérer des segments** est affichée.

◗ Cochez uniquement le champ **DATES**, puis validez par **OK**.

Chapitre 8 : Concevoir des graphiques

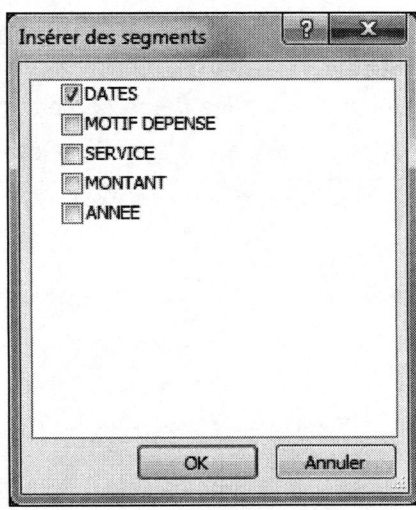

La fenêtre de sélection du segment des dates apparaît dans la feuille, toutes les dates présentes dans les données source sont affichées.

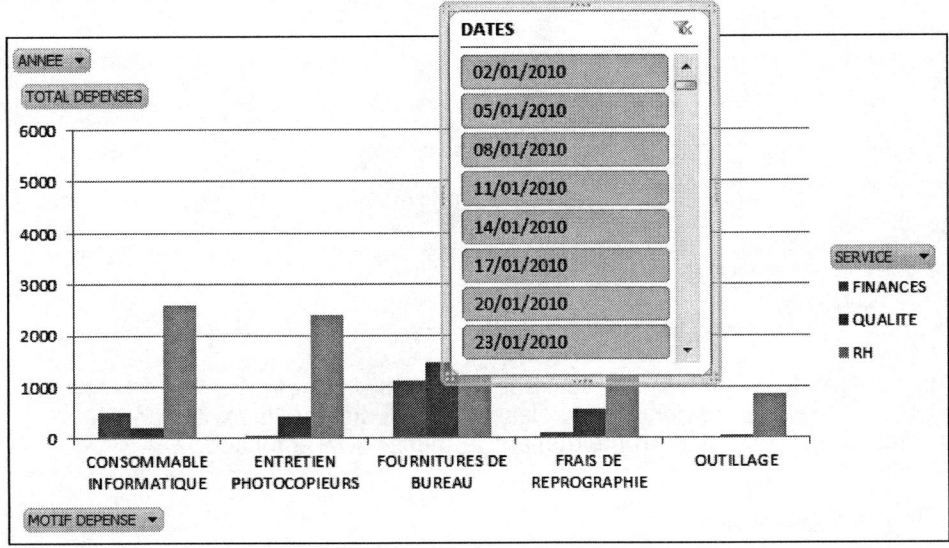

Il ne vous reste qu'à sélectionner la plage de dates souhaitée :

▶ Faites défiler les dates puis cliquez sur la première date (ici le **01/02/2010**) pour la sélectionner.

➡ Faites à nouveau défiler les dates jusqu'au **30/03/2010**, maintenez la touche ⇧Shift **j** enfoncée puis cliquez sur cette date.

Ceci a pour effet de sélectionner toutes les dates de cette période.

Le tableau croisé dynamique et le graphique ont été mis à jour instantanément :

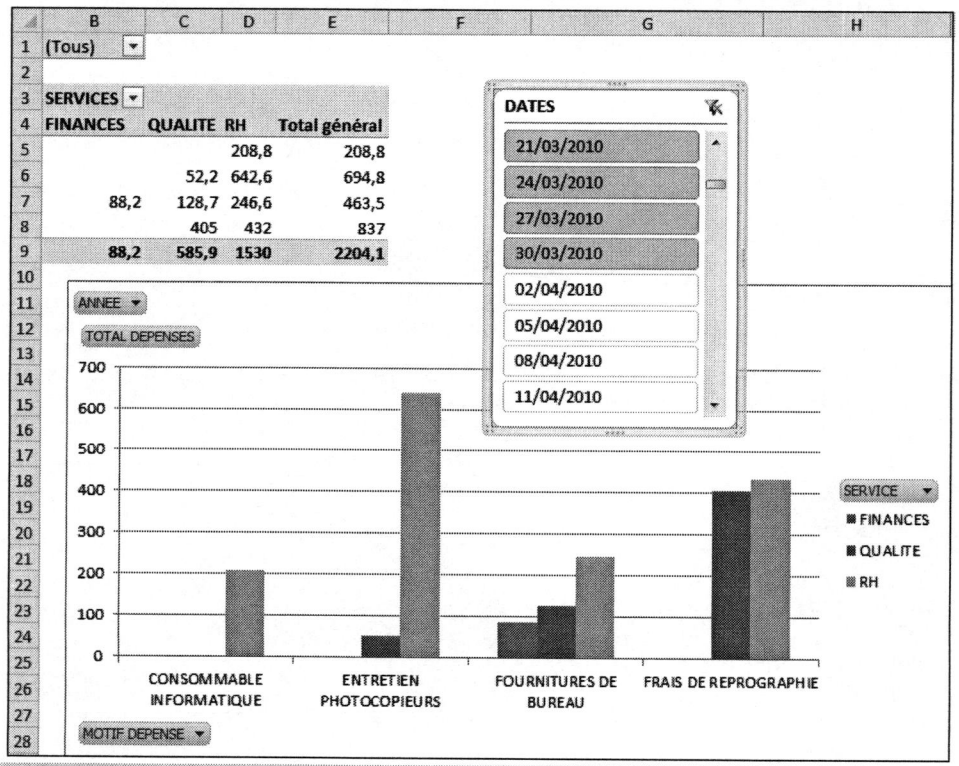

⚠ Pour annuler le segment, cliquez sur le bouton **Effacer le filtre** ou bien effectuez Alt **C** au clavier. Pour sélectionner plusieurs dates discontinues, cliquez sur chacune d'entre elles en maintenant la touche Ctrl enfoncée.

3. Modifier un graphique

Afin d'étudier comment dissocier deux séries, nous allons utiliser un graphique existant.

➡ Téléchargez puis ouvrez le fichier **Chap8-SALARIES.xlsx**.

Chapitre 8 : Concevoir des graphiques

La feuille **TCD** intègre déjà un tableau croisé dynamique et un graphique associé. Des filtres ont été paramétrés sur les champs **Statut** et **Sexe** :

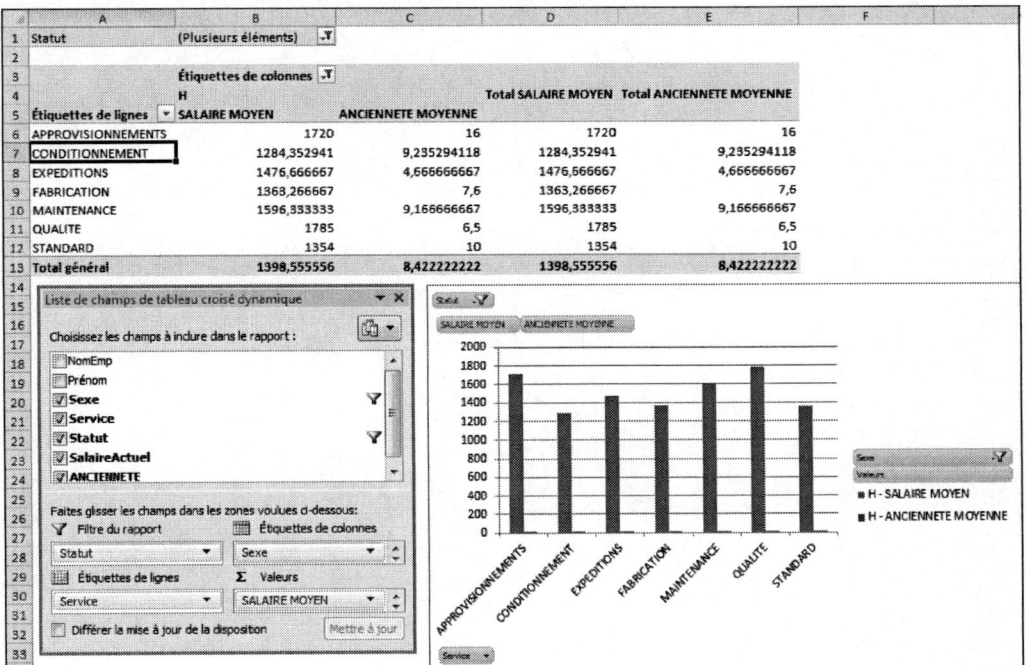

Les valeurs des anciennetés sont très petites par rapport aux salaires, le graphique tel qu'il est actuellement n'est pas représentatif. Vous allez donc tout d'abord représenter les anciennetés à l'aide d'une courbe et ensuite ajouter un axe secondaire au graphique.

▶ Effectuez un clic sur le graphique pour le sélectionner.

▶ Dans l'onglet **Outils de graphique croisé dynamique - Disposition**, groupe **Sélection active**, sélectionnez la série **"H-ANCIENNETE MOYENNE"**.

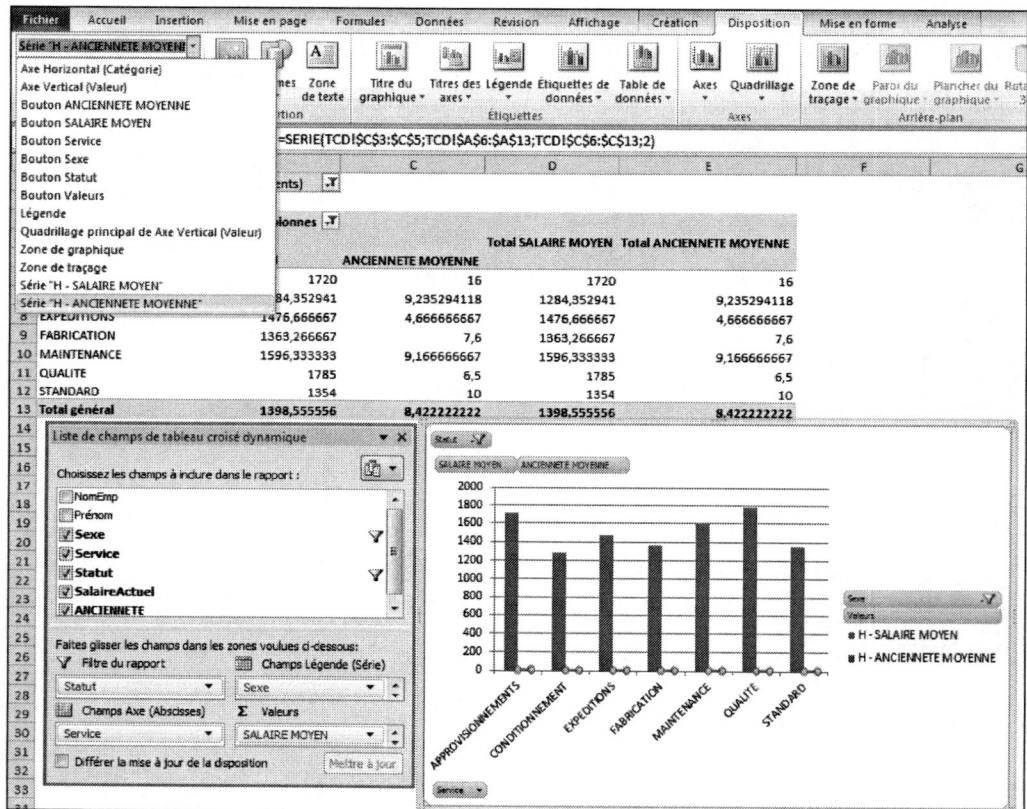

Les points de la série **H-ANCIENNETE MOYENNE** sont sélectionnés dans le graphique.

▶ Dans l'onglet **Outils de graphique croisé dynamique - Création**, groupe **Type**, cliquez sur **Modifier le type de graphique**.

▶ Dans le volet de gauche, cliquez sur le type **Courbes** puis sélectionnez la première option de présentation de courbes.

Chapitre 8 : Concevoir des graphiques 203

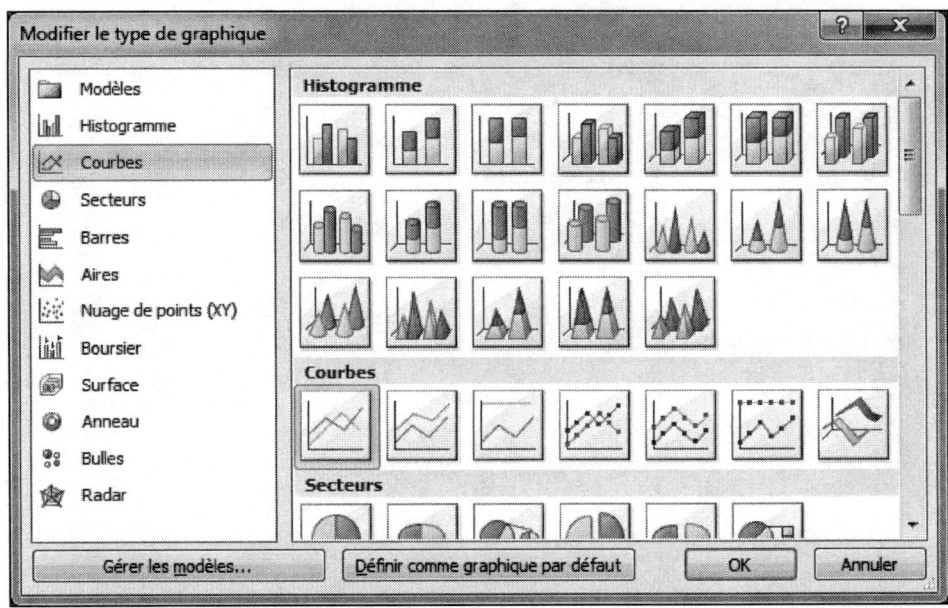

▶ Validez par **OK**.

À cette étape, la série des anciennetés est représentée par une courbe, mais celle-ci est encore trop "plate" pour être significative.

▶ Dans l'onglet **Outils de graphique croisé dynamique - Disposition**, groupe **Sélection active**, sélectionnez à nouveau la série **"H-ANCIENNETE MOYENNE"**.

▶ Dans l'onglet **Outils de graphique croisé dynamique - Disposition**, groupe **Sélection active**, cliquez sur **Mise en forme de la sélection**.

▶ Dans la fenêtre **Mise en forme des séries de données**, cliquez sur **Options des séries**, cochez l'option **Axe secondaire** puis cliquer sur le bouton **Fermer**.

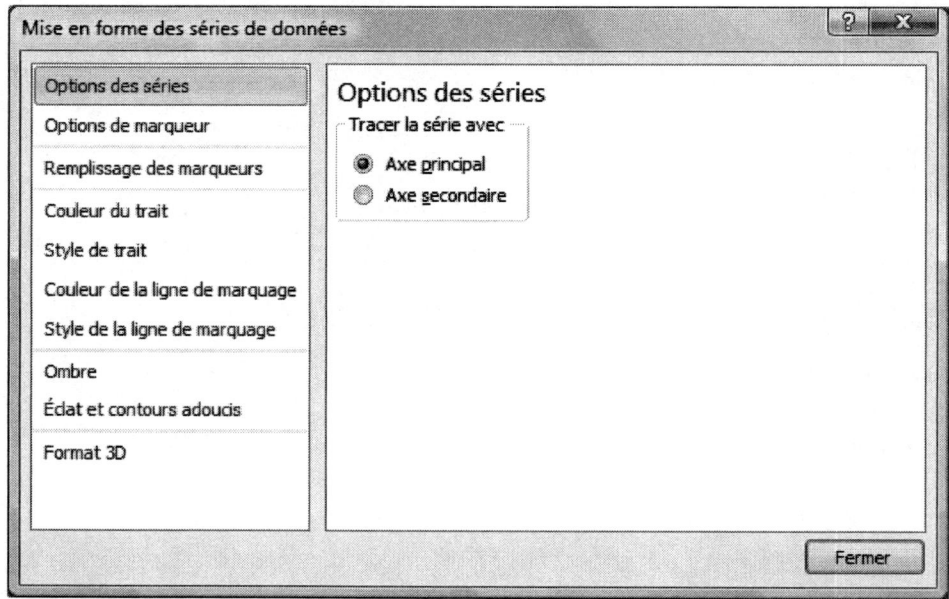

La courbe des anciennetés est maintenant mieux représentée :

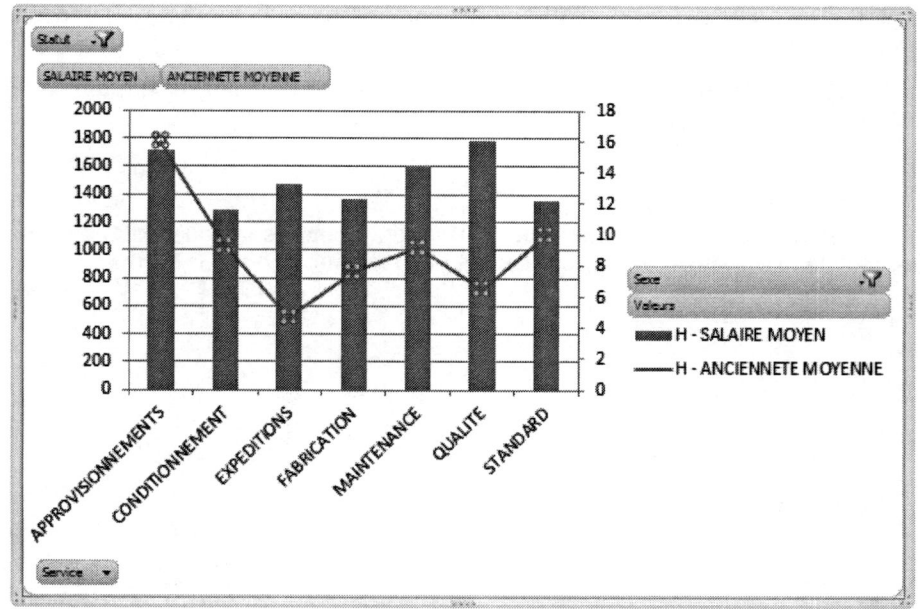

Chapitre 8 : Concevoir des graphiques

Pour améliorer la lisibilité du graphique, il est judicieux d'accorder les couleurs des courbes et des étiquettes des axes. Le salaire moyen est représenté en bleu et l'ancienneté en rouge, formatez à l'aide de ces couleurs les valeurs des axes.

▶ Effectuez un clic sur l'une des valeurs de l'axe principal vertical (Salaire moyen) pour sélectionner l'ensemble des valeurs, dans l'onglet **Accueil**, groupe **Police**, sélectionnez la couleur de police Bleu.

▶ Renouvelez cette opération pour les valeurs des anciennetés en rouge.

▶ Ajoutez enfin les différents titres pour finaliser le graphique.

▶ Dans l'onglet **Outils de graphique croisé dynamique - Disposition**, groupe **Étiquettes**, cliquez sur le bouton **Titre du graphique** puis sur **Au dessus du graphique**. Saisissez directement le titre **COMPARAISON SALAIRE - ANCIENNETE**, puis validez.

▶ Dans l'onglet **Outils de graphique croisé dynamique - Disposition**, groupe **Étiquettes**, cliquez sur le bouton **Titre des axes**, puis pointez **Titre de l'axe horizontal principal** et cliquez sur **Titre en dessous de l'axe**. Saisissez directement le titre **SERVICES**, puis validez.

▶ Dans l'onglet **Outils de graphique croisé dynamique - Disposition**, groupe **Étiquettes**, cliquez sur le bouton **Titre des axes**, puis pointez **Titre de l'axe vertical principal** et cliquez sur **Titre pivoté**. Saisissez directement le titre **SALAIRES MOYENS**, puis validez.

▶ Dans l'onglet **Outils de graphique croisé dynamique - Disposition**, groupe **Étiquettes**, cliquez sur le bouton **Titre des axes**, puis pointez **Titre de l'axe vertical secondaire** et cliquez sur **Titre pivoté**. Saisissez directement le titre **ANCIENNETES MOYENNES**, puis validez.

▶ Appliquez les mêmes couleurs aux titres des axes verticaux que celles attribuées aux valeurs des axes.

Le graphique doit être maintenant tel que ci-dessous.

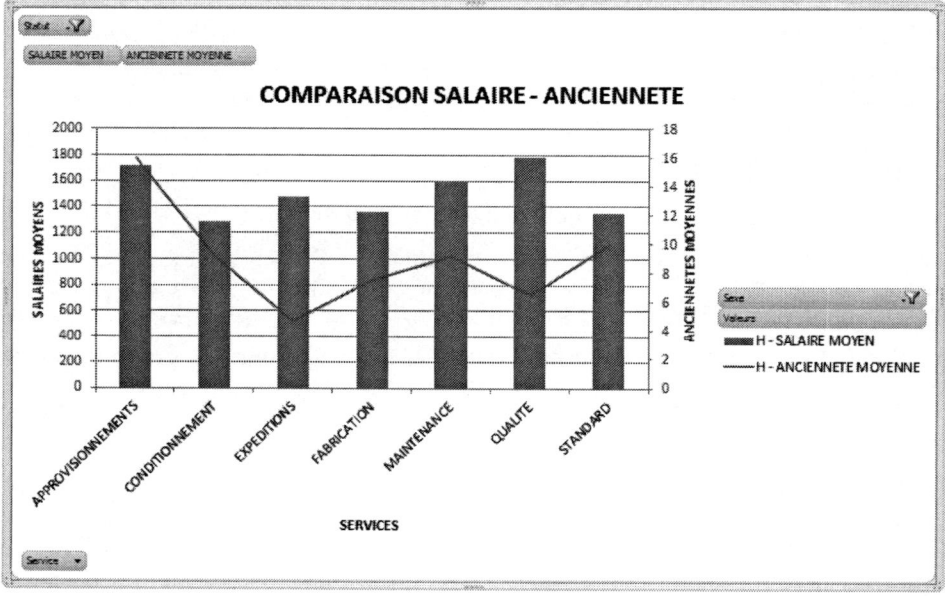

Au cours de votre réunion, vous pourrez très rapidement sélectionner les informations que vous souhaitez visualiser. Vous disposez de deux méthodes pour cibler les données : Utiliser les filtres ou Utiliser les segments.

D. Graphique en secteur avec filtre

Nous avons vu précédemment que l'un des atouts des graphiques croisés dynamiques est qu'ils permettent l'utilisation de filtres. Le classeur **VentesBureautiques.xlsx** va nous permettre d'appliquer cette fonctionnalité à un graphique en secteurs.

1. Conception du graphique

▶ Téléchargez puis ouvrez le classeur **VentesBureautiques.xlsx**.

▶ Dans la feuille **Ventes**, cliquez dans le tableau croisé dynamique.

▶ Dans l'onglet **Insertion**, groupe **Graphiques**, cliquez sur le bouton **Secteurs** puis dans **Secteurs 3D** sélectionnez **SECTEURS EN 3D**.

Le graphique est inséré dans la feuille.

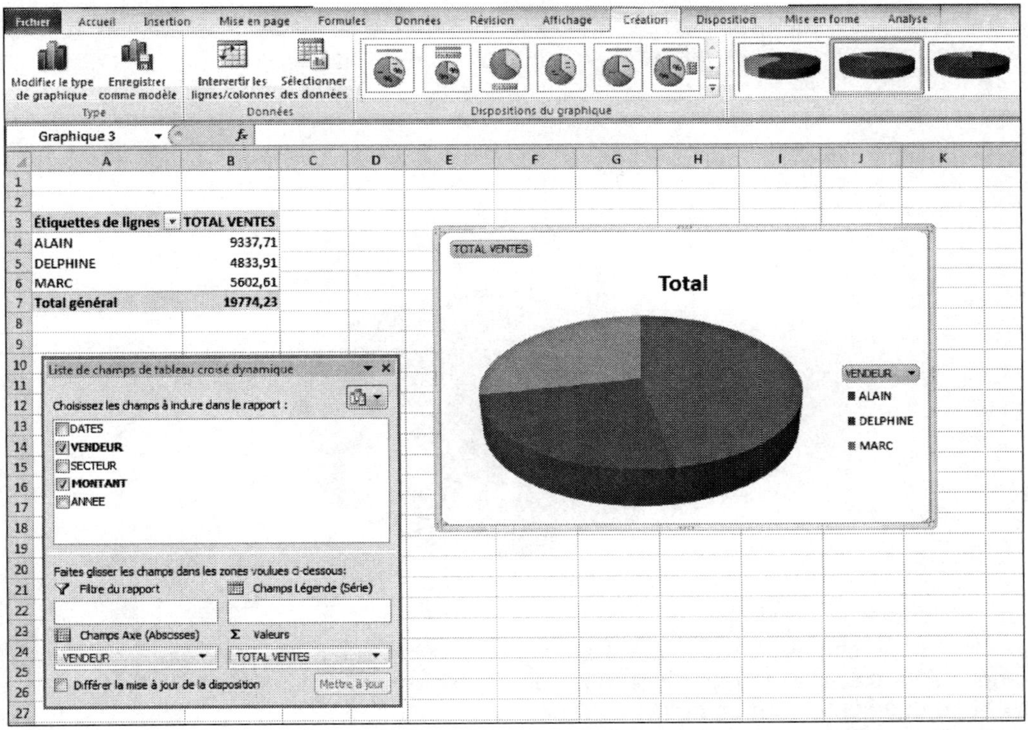

Chapitre 8 : Concevoir des graphiques 207

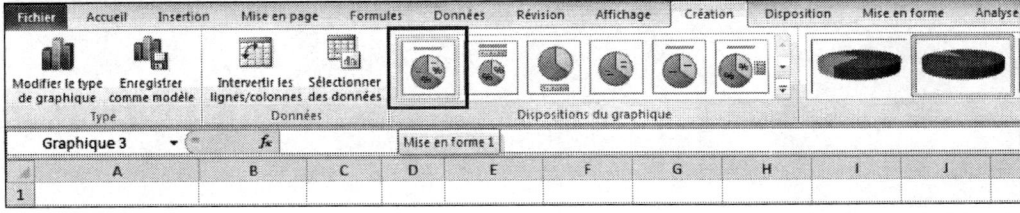

La prochaine étape va nous permettre de mettre en forme notre graphique. En l'occurrence, nous allons supprimer la légende puis afficher les étiquettes et le pourcentage des ventes à proximité de chaque part du graphique.

2. Mise en forme du graphique

➤ Si besoin, cliquez dans le graphique pour le sélectionner.
➤ Dans l'onglet **Outils de graphique croisé dynamique - Création**, groupe **Dispositions du graphique**, cliquez sur **Mise en forme 1**.

Le graphique est automatiquement modifié, la légende a disparu et chaque part du graphique contient le nom du vendeur et son pourcentage de ventes par rapport au chiffre d'affaires total.

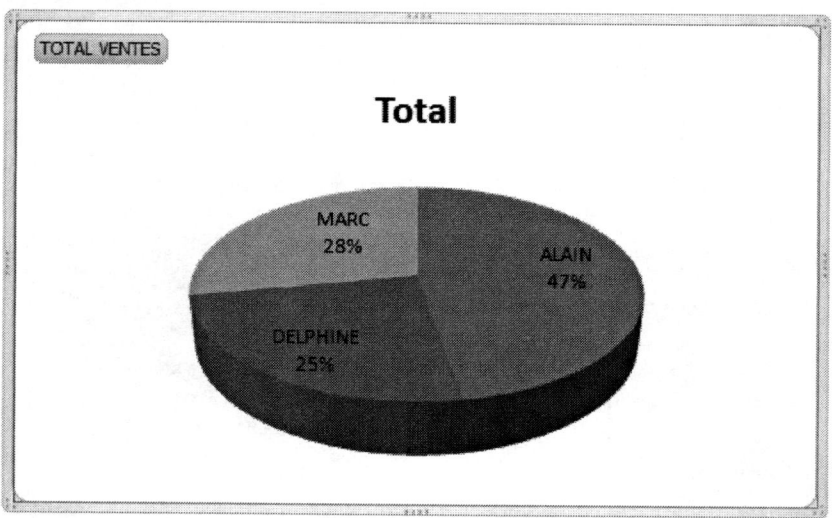

Une fois le graphique créé, il est très simple de modifier les données source. Par exemple, à la place de la répartition des ventes par vendeur, nous souhaitons obtenir la répartition des ventes par secteur :

▶ Si besoin, cliquez dans le graphique ou le tableau croisé dynamique.

▶ Dans la liste des champs, décochez **VENDEUR** puis cochez **SECTEUR**.

Le graphique est instantanément mis à jour et le paramétrage de la mise en forme est conservé.

Chapitre 8 : Concevoir des graphiques

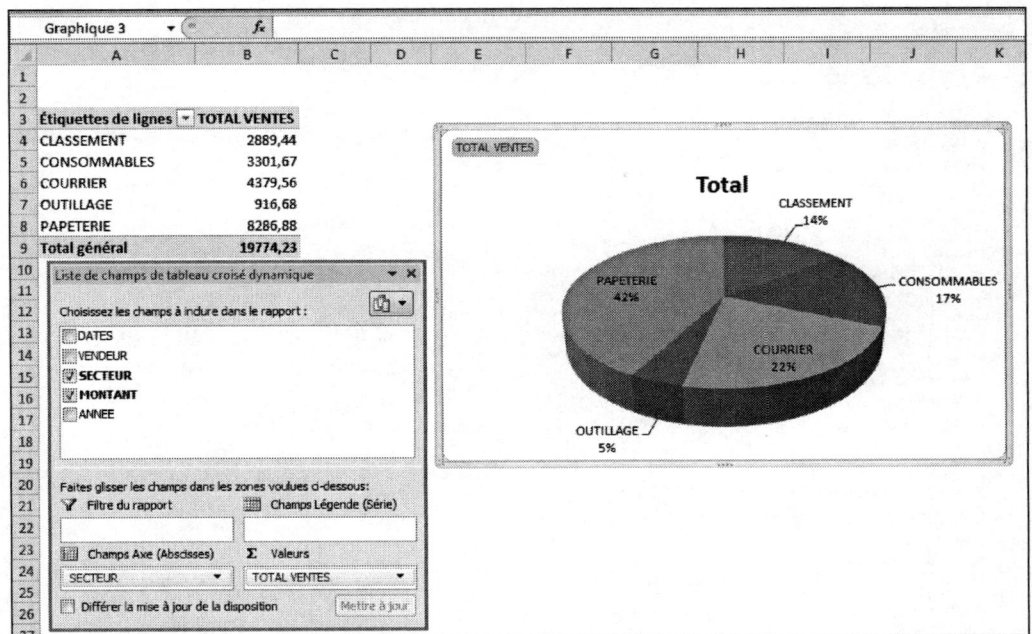

3. Activation du filtre

Le filtre est appliqué au tableau croisé dynamique et au graphique.

◆ Cliquez dans le graphique ou dans le tableau croisé dynamique.

◆ Dans la liste des champs, faites glisser le champ **ANNEE** dans la zone **Filtre du rapport**.

Le graphique et le tableau croisé dynamique sont instantanément mis à jour. Il est maintenant possible de n'afficher que les ventes d'une année.

◆ Sélectionnez l'année **2010**.

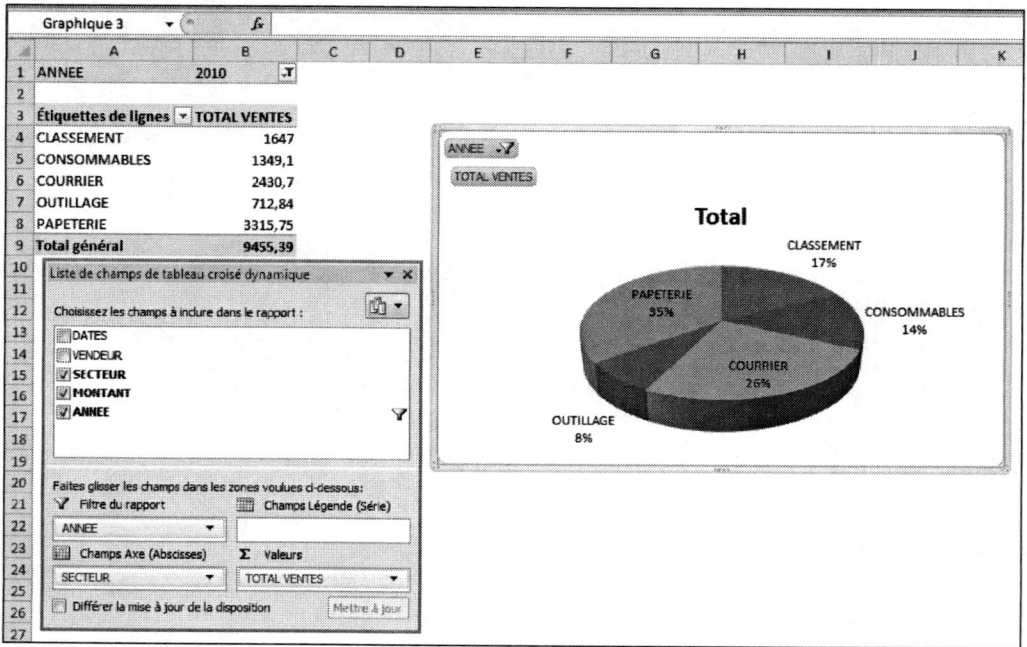

E. Quelques conseils

Vous pouvez parfois parfois avoir besoin de transmettre par messagerie les graphiques croisés dynamiques. Un Graphique Croisé Dynamique nécessite un Tableau Croisé Dynamique qui lui-même a besoin de données source. Ceci peut engendrer le transfert de fichiers volumineux si vous deviez envoyer l'ensemble de ces données.

Plusieurs cas sont à envisager :
- Le destinataire n'a besoin que des graphiques.
- Le destinataire souhaite avoir les tableaux et les graphiques.
- Le destinataire a besoin de pouvoir visualiser le détail des données source, du tableau et des graphiques.

Le dernier cas impose l'envoi de l'ensemble du classeur complet compressé afin de réduire sa taille.

Chapitre 8 : Concevoir des graphiques

1. Transformer un graphique en image

Si votre correspondant ne souhaite recevoir que les graphiques sans les tableaux, il est possible de convertir un graphique en une image fixe qui ne sera bien sûr plus modifiable. Ceci a pour avantage d'alléger les fichiers, puis de "sécuriser" vos graphiques puisque cette image du graphique est figée.

◈ Cliquez sur le graphique pour le sélectionner, veillez à cliquer sur une zone vierge du graphique afin de ne pas sélectionner un élément du graphique.

◈ [Ctrl] **C** pour le copier ou bien effectuez un clic droit sur le graphique puis cliquez sur l'option **Copier**.

◈ Créez un nouveau classeur.

◈ Réalisez un clic droit dans le nouveau classeur, puis cliquez sur l'option **Collage spécial**.

◈ Sélectionnez le format d'image souhaité, le format **PNG** peut vous offrir une bonne qualité d'impression, puis validez par **OK**.

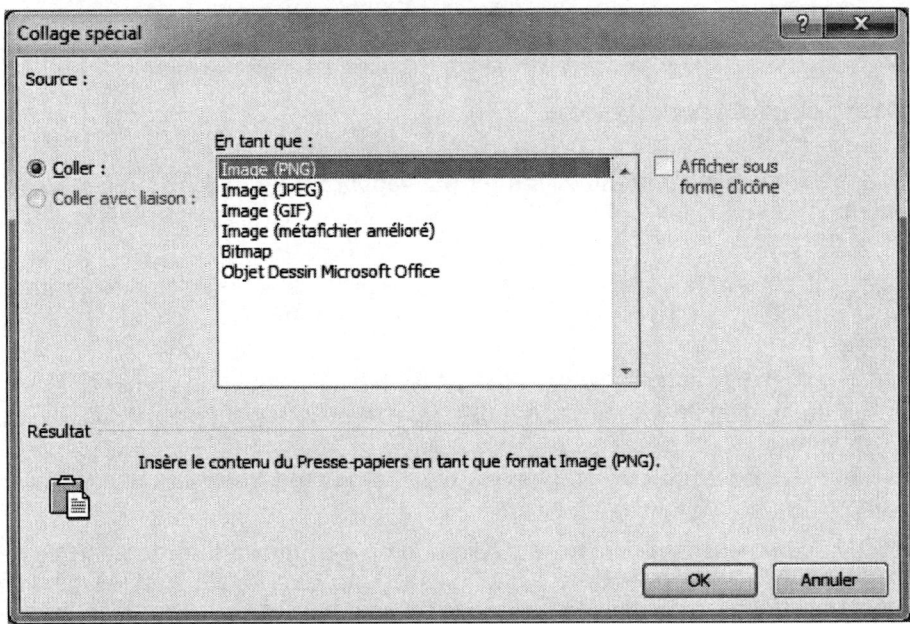

 Vos graphiques peuvent être si besoin copiés bien sûr dans un classeur Excel mais aussi en tant qu'image dans un document Word ou un diaporama PowerPoint.

2. Transformer le tableau croisé en tableau simple

Dans le cas où vous avez besoin d'envoyer par e-mail le tableau de synthèse et les graphiques, la solution est de supprimer la liaison vers les données source. Il faut considérer que vous perdrez alors toutes les fonctionnalités liées aux tableaux et aux graphiques croisés dynamiques.

▶ Ouvrez si nécessaire le fichier **VentesBureautiques.xlsx**.

▶ Concevez tout d'abord le tableau croisé dynamique et effectuez les filtres et regroupements souhaités.

▶ Sélectionnez l'ensemble du tableau croisé puis [Ctrl] **C**.

▶ Créez un nouveau classeur.

▶ Dans l'onglet **Accueil**, dans le groupe **Presse-papiers**, déroulez la liste associée au bouton **Coller** puis dans la zone **Coller des valeurs**, cliquez sur le bouton **Valeurs (V)** [123].

▶ Construisez maintenant le graphique standard à partir du tableau inséré.

F. Limitations et solutions

Excel 2010 apporte une réelle amélioration par rapport aux versions précédentes dans la conception de graphiques croisés dynamiques. Notamment la possibilité d'intervertir les lignes et colonnes.

Cependant, tout ce que vous avez l'habitude de réaliser avec les graphiques standards n'est pas réalisable avec les graphiques croisés dynamiques. Quelques limitations subsistent :

- Impossibilité de créer un graphique standard à partir d'un tableau croisé dynamique.
- Risque de perte des lignes de tendances rajoutées lorsque l'on modifie le tableau croisé dynamique.
- Impossibilité de concevoir des graphiques croisés de type Boursier, Nuages de points et à Bulles.

Nous avons vu comment transformer un tableau croisé dynamique en tableau de valeurs figées. Cette méthode induit comme limitation la perte des fonctionnalités de filtres et regroupements offertes par les tableaux croisés dynamiques. Pour contourner ces limitations, la solution est de construire un deuxième tableau composé uniquement de formules liées au tableau croisé dynamique.

Pour illustrer cette technique nous allons construire un graphique boursier mensuel à partir des données d'un tableau croisé dynamique.

Chapitre 8 : Concevoir des graphiques

Le classeur **CoursBourse.xlsx** intègre les données d'une action pour chaque début de semaine et sur toute l'année.

	A	B	C	D	E
1	DATE	VOLUME	COURS MAXI	COURS MINI	COURS CLOTURE
2	07/01/2010	137 250	8,44	6,79	7,58
3	14/01/2010	141 624	7,43	7,11	7,29
4	21/01/2010	93 510	8,17	7,39	7,99
5	28/01/2010	149 643	6,22	4,45	5,33
6	04/02/2010	136 521	7,72	5,77	6,82
7	11/02/2010	156 204	6,21	5,41	6,13
8	18/02/2010	162 036	6,36	5,09	5,68
9	25/02/2010	121 941	5,47	4,39	4,95
10	04/03/2010	163 494	5,36	4,23	4,74

Vous allez devoir effectuer trois tâches :
- Construire le tableau croisé dynamique.
- Construire le tableau lié.
- Réaliser le graphique boursier.

1. Construire le tableau croisé dynamique

▶ Téléchargez puis ouvrez le classeur **CoursBourse.xlsx**.

▶ La feuille **Cours** contient toutes les données, construisez le tableau croisé dynamique à partir de celles-ci en vous référant à l'écran ci-après.

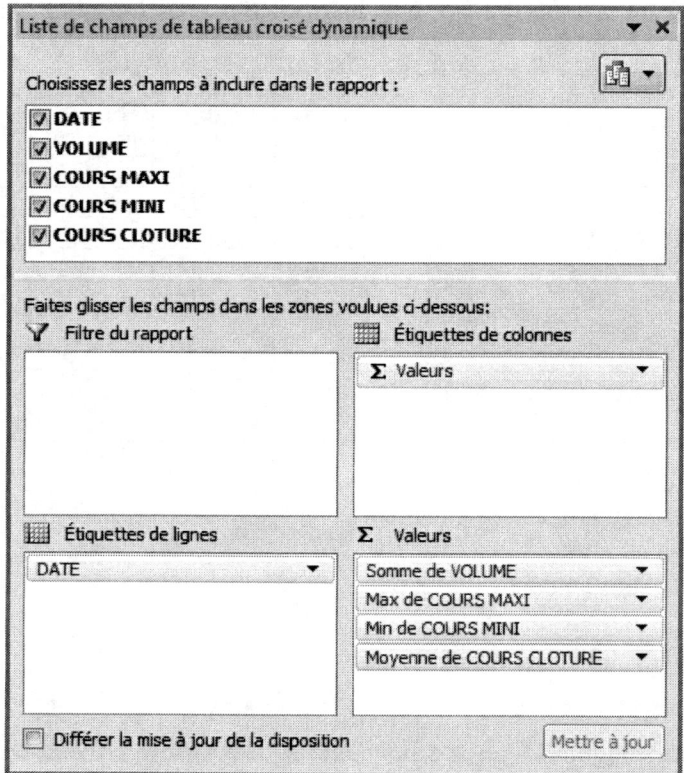

Veillez à bien paramétrer les fonctions pour chaque champ de la zone Σ **Valeurs**.

- Groupez les dates mensuellement : clic droit sur une date dans le tableau croisé dynamique, cliquez sur **Grouper** puis sélectionnez l'option **Mois**.
- Modifiez la mise en forme des nombres des trois dernières colonnes avec deux décimales.
- Modifiez les étiquettes en vous référant à l'écran suivant.

Chapitre 8 : Concevoir des graphiques

	A	B	C	D	E
1					
2					
3	MOIS	VOLUME TOTAL	MAXI	MINI	COURS CLOTURE MOYEN
4	janv	522027	8,44	4,45	7,05
5	févr	576702	7,72	4,39	5,89
6	mars	654183	5,78	3,52	4,60
7	avr	854439	4,31	2,28	3,06
8	mai	728540	3,43	2,35	2,99
9	juin	768532	3,52	2,79	3,18
10	juil	854023	3,61	2,90	3,28
11	août	514662	3,69	3,25	3,46
12	sept	578720	3,79	3,47	3,63
13	oct	589219	3,86	2,83	3,56
14	nov	731665	3,40	2,60	2,91
15	déc	715966	4,19	2,70	3,33
16	Total général	8088678	8,44	2,28	3,87

2. Construire le tableau lié

▶ Positionnez le curseur dans une cellule vierge de la feuille, **G3** par exemple.

▶ Entrez la formule **=A3** puis **Validez**. Attention, ne cliquez pas sur la cellule dans le tableau croisé dynamique.

▶ Sélectionnez ensuite la plage de cellules **G3:K16**, recopiez la formule vers le bas ([Ctrl] **B**) et vers la droite ([Ctrl] **D**) puis appliquez le format **Séparateur de milliers** aux valeurs numériques.

	A	B	C	D	E	F	G	H	I	J	K
1											
2											
3	MOIS	VOLUME TOTAL	MAXI	MINI	COURS CLOTURE MOYEN		MOIS	VOLUME TOTAL	MAXI	MINI	COURS CLOTURE MOYEN
4	janv	522027	8,44	4,45	7,05		janv	522 027,00	8,44	4,45	7,05
5	févr	576702	7,72	4,39	5,89		févr	576 702,00	7,72	4,39	5,89
6	mars	654183	5,78	3,52	4,60		mars	654 183,00	5,78	3,52	4,60
7	avr	854439	4,31	2,28	3,06		avr	854 439,00	4,31	2,28	3,06
8	mai	728540	3,43	2,35	2,99		mai	728 540,00	3,43	2,35	2,99
9	juin	768532	3,52	2,79	3,18		juin	768 532,00	3,52	2,79	3,18
10	juil	854023	3,61	2,90	3,28		juil	854 023,00	3,61	2,90	3,28
11	août	514662	3,69	3,25	3,46		août	514 662,00	3,69	3,25	3,46
12	sept	578720	3,79	3,47	3,63		sept	578 720,00	3,79	3,47	3,63
13	oct	589219	3,86	2,83	3,56		oct	589 219,00	3,86	2,83	3,56
14	nov	731665	3,40	2,60	2,91		nov	731 665,00	3,40	2,60	2,91
15	déc	715966	4,19	2,70	3,33		déc	715 966,00	4,19	2,70	3,33
16	Total général	8088678	8,44	2,28	3,87		Total génér.	8 088 678,00	8,44	2,28	3,87

3. Construire le graphique boursier

▶ Sélectionnez la plage de cellules **G3:K15**.

▶ Dans l'onglet **Insertion**, groupe **Graphiques**, cliquez sur le bouton **Autres**.

Excel 2010 - Tableaux croisés dynamiques

- Dans la zone **Stock**, sélectionnez **Volume - Max-Min-Clôture**.
- Modifiez le style du graphique en utilisant un style prédéfini : onglet **Outils de graphique - Création**, groupe **Styles du graphique**, sélectionnez **Style 42**.

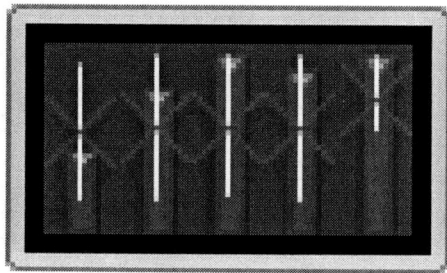

- Pour transformer la série des volumes en courbe : effectuez un clic sur l'une des barres de la série.

  Dans l'onglet **Outils de graphique - Création**, groupe **Type**, cliquez sur le bouton **Modifier le type de graphique**. Dans la zone **Courbes**, sélectionnez **Courbe** et validez par **OK**.

Le graphique est tel que ci-dessous :

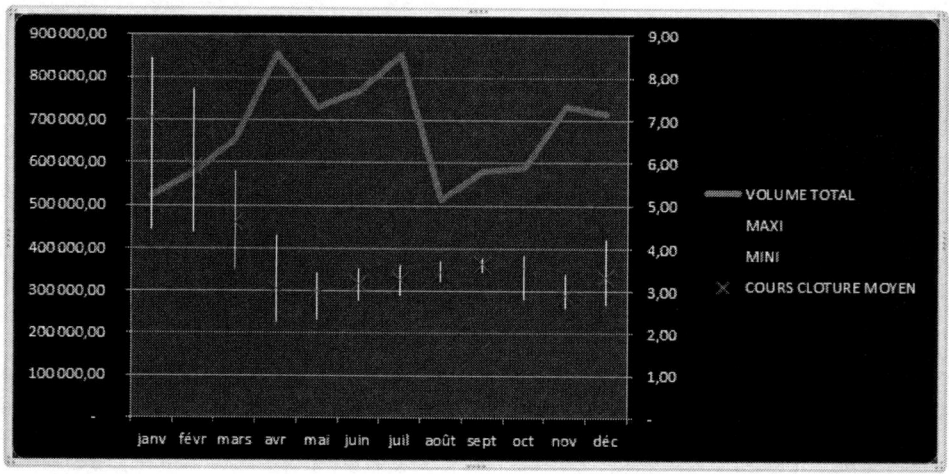

N'hésitez pas à le redimensionner pour l'agrandir et ainsi visualiser tous les mois.

Afin d'améliorer la lecture, modifiez les marqueurs :

- Onglet **Outils de graphique - Disposition**, groupe **Sélection active**, sélectionnez **Série "MAXI"**.

Chapitre 8 : Concevoir des graphiques

▶ Cliquez sur le bouton **Mise en forme de la sélection**. Dans **Options de marqueur**, cochez **Prédéfini**, sélectionnez le symbole **Losange** puis paramétrez sa taille à **5** en vous référant à l'écran ci-dessous.

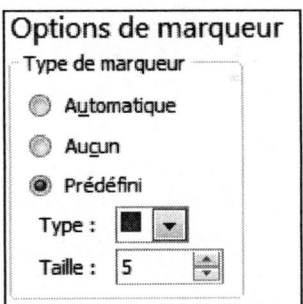

▶ Reproduisez ces manipulations pour la **Série "MINI"**.

Les marqueurs du graphique sont modifiés :

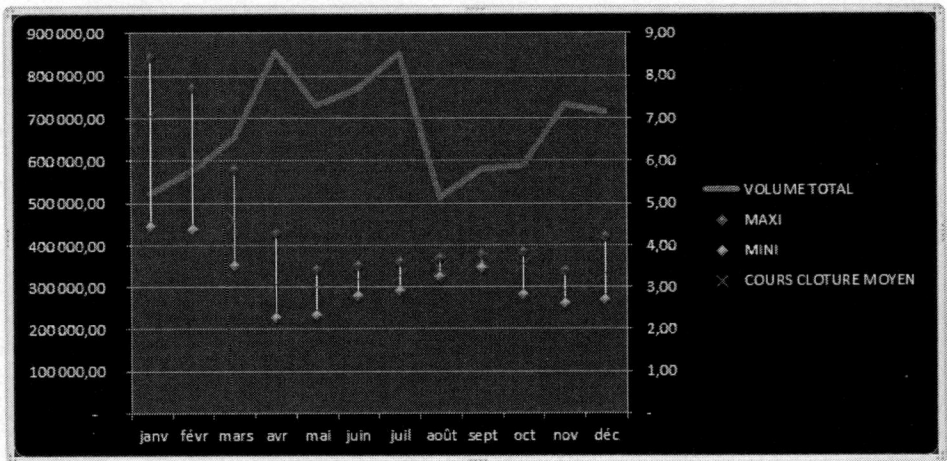

En utilisant cette technique simple, vous conservez la possibilité d'agir sur le tableau croisé dynamique et en créant un graphique standard, vous n'avez plus de limitations de conception.

Chapitre 9
Synthèse - Trucs et astuces

A. Introduction 220
B. Changer la source d'un tableau croisé dynamique 220
C. Imprimer un tableau croisé dynamique 221
D. Quelques conseils, trucs et astuces 225

A. Introduction

Ce chapitre va vous permettre d'effectuer une petite synthèse sur différents points et d'acquérir quelques astuces diverses relatives à :
- La modification de la base de données source.
- L'impression d'un tableau croisé dynamique.

B. Changer la source d'un tableau croisé dynamique

Vous gérez trois librairies et le détail des ventes de chaque librairie est saisi dans les trois feuilles d'un même classeur. Notre objectif est de pouvoir visualiser successivement, à partir d'un même tableau croisé dynamique, la synthèse des ventes de chacune des trois librairies.

▶ Téléchargez puis ouvrez le fichier **VentesTroisLibrairies.xlsx**.

La feuille **TCD** contient un tableau croisé dynamique qui a été créé à partir de la feuille **MUGUET** :

	A	B	C	D	E
1					
2					
3	Somme de MONTANT	Étiquettes de colonnes			
4	Étiquettes de lignes	BD	LIVRES SCOLAIRES	ROMANS	Total général
5	1	560	965	150	1675
6	2	197	72	467	736
7	Total général	757	1037	617	2411
8					

Pour visualiser les ventes d'une autre librairie à partir du même tableau croisé dynamique, il est nécessaire d'aller chercher les données sur une autre feuille de calcul.

Nous allons ici effectuer la synthèse à partir des données de la librairie **Violette**.

▶ Cliquez si besoin dans le tableau croisé dynamique.

▶ Dans l'onglet **Outils de tableau croisé dynamique - Options**, groupe **Données**, cliquez sur le bouton **Changer la source de données**.

Chapitre 9 : Synthèse - Trucs et astuces

Le tableau/plage source est automatiquement sélectionné :

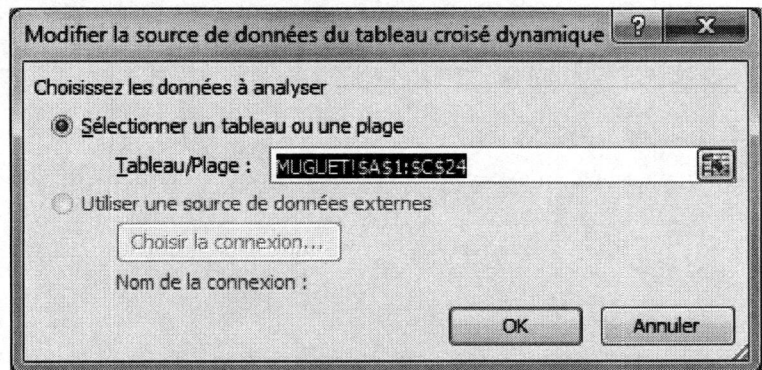

➽ Cliquez sur l'onglet **Violette**, sélectionnez la plage de cellules **A1:C55**, puis validez par **OK**.

Le tableau croisé dynamique présente maintenant la synthèse des ventes de la troisième librairie :

	A	B	C	D	E
1					
2					
3	Somme de MONTANT	Étiquettes de colonnes			
4	Étiquettes de lignes	BD	LIVRES SCOLAIRES	ROMANS	Total général
5	1		694	360	366	1420
6	2		299	445	336	1080
7	3		333	67	572	972
8	Total général		1326	872	1274	3472

Nous verrons dans le prochain chapitre comment automatiser cette opération. Sauvegardez puis fermez ce classeur.

C. Imprimer un tableau croisé dynamique

1. Paramétrer la zone d'impression

Si le tableau croisé dynamique est dans une feuille qui contient d'autres tableaux, il peut être intéressant de définir une zone d'impression afin de n'imprimer que le tableau croisé dynamique.

➤ Téléchargez puis ouvrez le fichier **SuiviDépenses.xlsx**.

La feuille **TCD** contient un tableau croisé dynamique représentant les montants mensuels des dépenses par services et par postes :

	A	B	C	D	E	F	G
1							
2							
3	DEPENSES	POSTES					
4	Étiquettes de lignes	OUTILLAGE	FOURNITURES	AFFRANCHISSEMENTS	COPIEURS	CONSOMMABLE	Total général
5	⊟ACHATS		1212,31	862,85	1798,64	1098,04	4971,84
6	janv				1360,52		1360,52
7	févr		122,98				122,98
8	mars			862,85			862,85
9	avr		137,09			137,09	274,18
10	mai		189,5			199,58	389,08
11	juin				137,09		137,09
12	juil				188,88	134,98	323,86
13	août					132,16	132,16
14	sept		676,34			196,31	872,65
15	oct					95,33	95,33
16	déc		86,4		112,15	202,59	401,14
17	⊟COMPTA	255,71	1137,69	1123,2	413,28	836,48	3766,36
18	janv		175,39	413,28		95,62	684,29
19	févr	207,33				64,51	271,84
20	mars			139,1		64,51	203,61
21	avr		114,91			153,22	268,13
22	mai		58,46		137,09		195,55
23	juin		153,22		137,09	108,86	399,17
24	juil	48,38					48,38
25	août		211,1			188,88	399,98
26	sept		99,88				99,88
27	oct		172,79	337,52			510,31
28	déc		151,94	372,4		160,88	685,22
29	⊟FORMATION		2917,81	2226,63	631,65	1071,89	6847,98
30	janv		274,18				274,18
31	févr		90,72	1417,92			1508,64
32	mars		340,7		139,1		479,8

➤ Effectuez un clic dans le tableau.

➤ Dans l'onglet **Outils de tableau croisé dynamique - Options**, dans le groupe **Actions**, cliquez sur le bouton **Sélectionner**, puis sur **Tableau croisé dynamique complet**.

➤ Dans l'onglet **Mise en page**, dans le groupe **Mise en page**, cliquez sur **Zone d'impression**, puis sur **Définir**. Le tableau croisé dynamique est maintenant entouré de pointillés.

➤ Le nombre de colonnes étant important, paramétrez l'orientation en paysage : onglet **Mise en page**, dans le groupe **Mise en page**, cliquez sur **Orientation** puis sélectionnez **Paysage**.

Chapitre 9 : Synthèse - Trucs et astuces

En effectuant un aperçu, vous vous rendez compte de plusieurs petits problèmes :
- Plusieurs services apparaissent sur chaque page.
- Les en-têtes des colonnes ne sont imprimés que sur la première page.
- Les synthèses de certains services sont sur deux pages.

Nous allons maintenant corriger ces défauts d'impression.

2. Paramétrer un saut de page après chaque service

▶ Effectuez un clic droit dans le tableau sur le nom d'un service, par exemple **ACHATS** puis, dans le menu contextuel, cliquez sur **Paramètres de champ**.

▶ Activez l'onglet **Disposition et impression** dans la boîte de dialogue **Paramètres de champ** puis cochez l'option **Insérer un saut de page après chaque élément** :

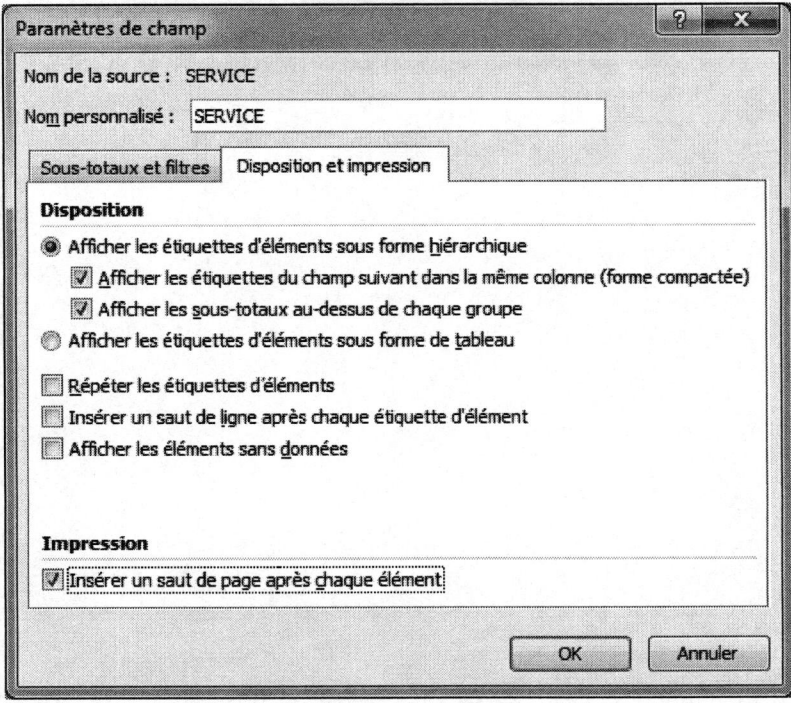

▶ Valider par **OK**.

3. Répéter les étiquettes sur chaque page

▶ Effectuez un clic dans le tableau.

▶ Dans l'onglet **Outils de tableau croisé dynamique - Options**, dans le groupe **Options du tableau croisé dynamique,** cliquez sur **Options**.

▶ Dans la boîte de dialogue **Options du tableau croisé dynamique,** cliquez sur l'onglet **Impression**, puis cochez **Définir les titres d'impression**.

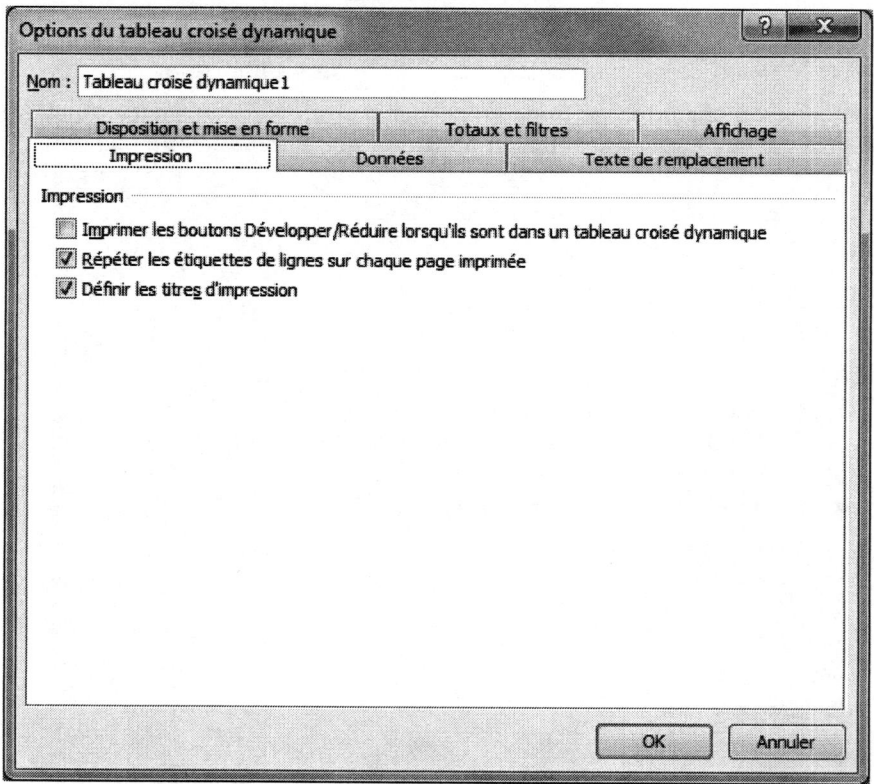

▶ Validez en cliquant sur **OK**.

Si vous faites maintenant un aperçu avant impression, les défauts précédents ont été corrigés.

D. Quelques conseils, trucs et astuces

Pour clore ce chapitre, nous vous proposons quelques conseils à utiliser lors de vos travaux de conception de tableaux croisés dynamiques.

1. Données source

Lorsque vos données source évoluent dans le temps, privilégiez dans la conception de vos tableaux croisés dynamiques l'utilisation de plages dynamiques. L'ajout de nouvelles lignes dans la base de données source sera ainsi automatiquement répercuté dans le tableau croisé dynamique.

2. Paramétrer une actualisation automatique

Il peut parfois être sécurisant d'actualiser un tableau croisé dynamique dès l'ouverture du classeur.

- Effectuez un clic droit sur le tableau croisé dynamique, puis sélectionnez **Options du tableau croisé dynamique**.
- Dans l'onglet **Données**, cochez l'option **Actualiser les données lors de l'ouverture du fichier**.

3. Figer la largeur des colonnes

L'application d'un filtre et l'actualisation d'un tableau croisé dynamique vont effectuer un ajustement automatique des largeurs des colonnes en fonction des textes d'en-têtes des colonnes. Si vous souhaitez que cet ajustement ne soit plus effectué, suivez la démarche ci-dessous.

- Effectuez un clic droit sur le tableau croisé, puis sélectionnez **Options du tableau croisé dynamique**.
- Dans l'onglet **Disposition et mise en forme**, décochez la case **Ajuster automatiquement la largeur des colonnes lors de la mise à jour**.

4. Faire apparaître tous les mois

Lorsque, dans un tableau croisé dynamique, un regroupement par mois a été effectué sur un champ date et que pour un mois donné, aucune valeur n'a été saisie, ce mois n'apparaît pas dans le tableau et dans le graphique éventuellement associé. Cependant il peut être intéressant de faire apparaître les données vides pour bien visualiser que le mois concerné est vierge.

Excel 2010 - Tableaux croisés dynamiques

- Après avoir regroupé les dates par mois, effectuez un clic droit dans le tableau croisé dynamique sur l'un des noms de mois, puis sélectionnez **Paramètres de champ**.
- Dans l'onglet **Disposition et impression**, cochez la case **Afficher les éléments sans données**.

5. Générer automatiquement plusieurs tableaux croisés dynamiques

Lorsque vous définissez un filtre de rapport dans un tableau croisé dynamique, il faut sélectionner successivement chaque élément du filtre pour ensuite visualiser ou imprimer la synthèse de l'élément sélectionné. Ceci peut être long et fastidieux lorsque le nombre d'éléments est important. Excel dispose d'une fonctionnalité qui permet de générer automatiquement une feuille par élément du filtre.

- Pour illustrer cette technique, téléchargez le classeur **Facturation.xlsx**.

	A	B	C	D	E	F	G
1	CODE FACTURE	TYPE CLIENT	TYPE	DATE FACTURE	DATE D'ECHEANCE	MONTANT	DATE REGLEMENT
2	FA-2011-0001	ADMINISTRATION	SERVICE	03/01/2011	02/02/2011	222,59	31/01/2011
3	FA-2011-0002	PARTICULIER	VENTE	04/01/2011	04/02/2011	427,23	01/02/2011
4	FA-2011-0003	ADMINISTRATION	VENTE	08/01/2011	07/02/2011	807,80	05/02/2011
5	FA-2011-0004	ENTREPRISE	VENTE	17/01/2011	16/02/2011	662,39	13/02/2011
6	FA-2011-0005	PARTICULIER	SERVICE	26/01/2011	25/02/2011	807,80	23/02/2011
7	FA-2011-0006	PARTICULIER	VENTE	04/02/2011	06/03/2011	409,28	03/03/2011
8	FA-2011-0007	ADMINISTRATION	VENTE	13/02/2011	15/03/2011	1 021,41	11/03/2011
9	FA-2011-0008	ENTREPRISE	VENTE	22/02/2011	24/03/2011	739,59	22/03/2011
10	FA-2011-0009	PARTICULIER	SERVICE	03/03/2011	02/04/2011	1 021,41	31/03/2011

Notre but est de générer rapidement un tableau croisé dynamique pour chaque type de client. Chaque tableau croisé dynamique devra présenter les ventes mensuelles par type de vente.

- Générez dans un premier temps le tableau croisé dynamique dans une nouvelle feuille en vous référant à l'écran ci-après.

Chapitre 9 : Synthèse - Trucs et astuces

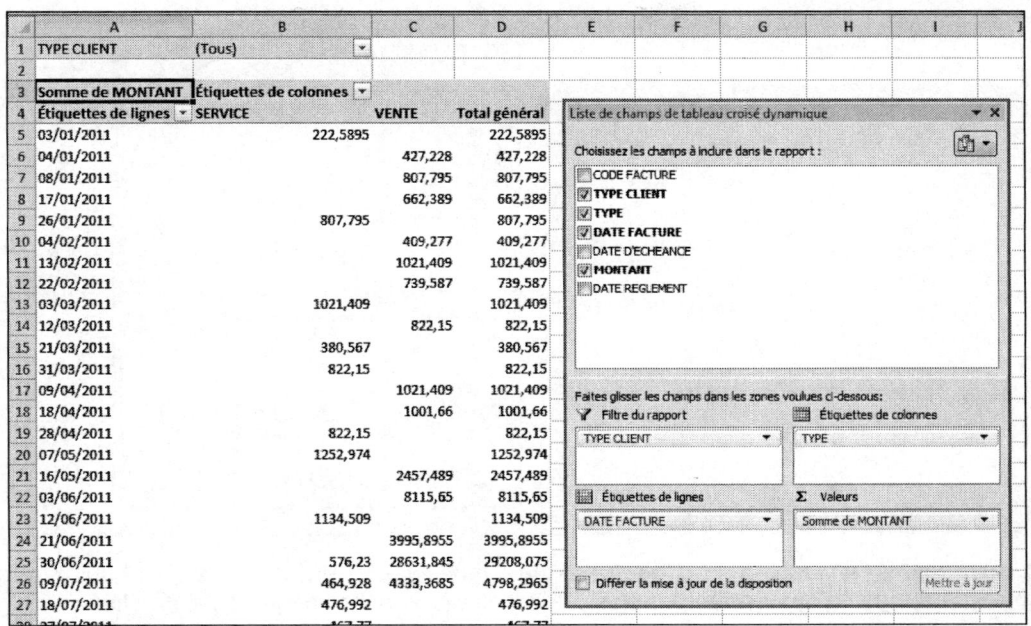

- Regroupez ensuite les dates par mois.
- Puis faites apparaître tous les mois (clic droit dans le tableau croisé dynamique **Paramètres de champ**, onglet **Disposition et impression**, cochez la case **Afficher les éléments sans données**).
- Dans l'onglet **Outils de tableau croisé dynamique - Options**, cliquez sur le bouton **Options du tableau croisé dynamique – Options** puis sur **Afficher les pages filtres du rapport**.
- Sélectionnez le champ **TYPE CLIENT** puis validez.

Excel a créé une feuille de calcul par type de client. Chaque feuille ainsi créée contient un tableau croisé dynamique filtré.

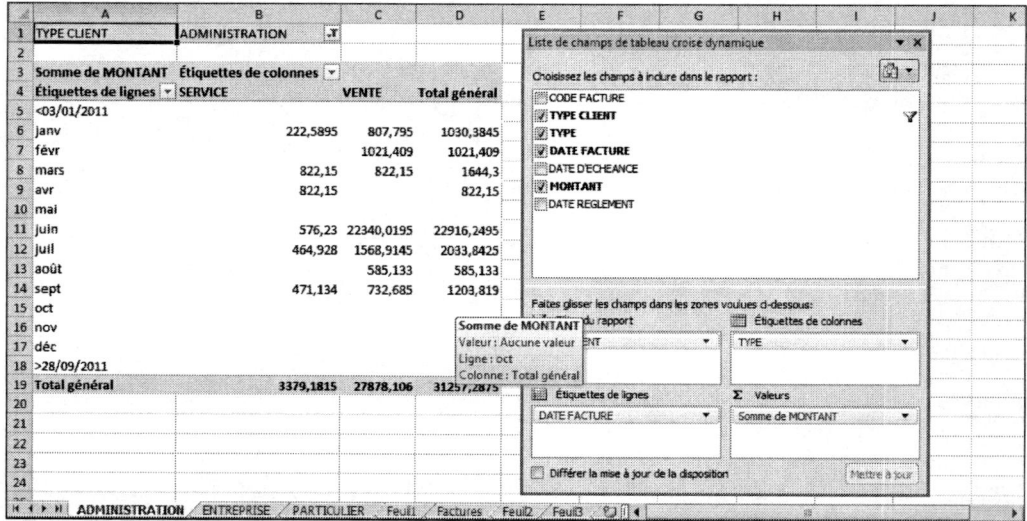

En regroupant dans un groupe de travail les feuilles concernées, il sera ensuite très simple d'imprimer en une manipulation les statistiques pour chaque type de client.

6. Sous-totaux

Dans vos tableaux croisés dynamiques, utilisez la possibilité d'afficher/masquer rapidement les sous-totaux.

▶ Dans l'onglet **Outils de tableau croisé dynamique - Création**, groupe **Disposition**, cliquez sur le bouton **Sous-totaux** ou **Totaux généraux** pour sélectionner l'affichage désiré.

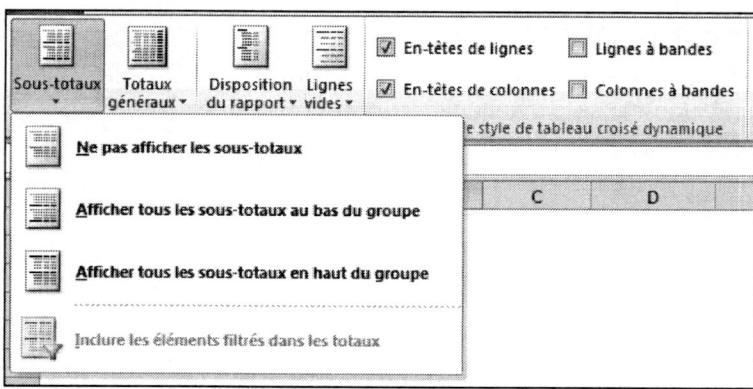

Les sous-totaux

Chapitre 9 : Synthèse - Trucs et astuces

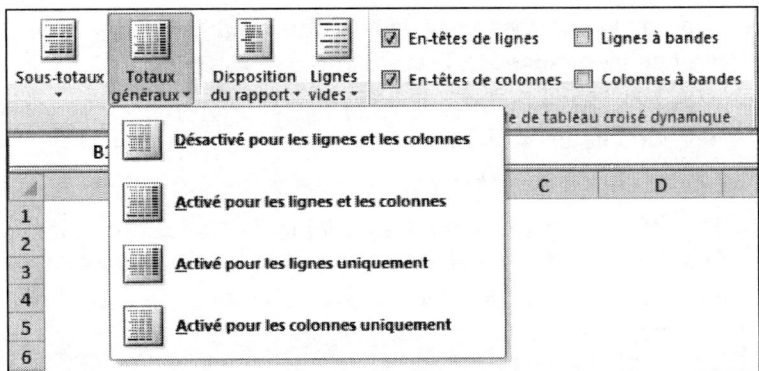

Les totaux généraux

7. Formules et champs calculés

Afin de travailler sur les éléments calculés, nous allons utiliser le classeur **GestionPerso.xlsx**. Celui-ci contient la liste des dépenses d'un ménage sur deux années. La feuille **TCD** de ce classeur comporte un tableau croisé dynamique synthétisant les dépenses annuelles par postes de dépenses.

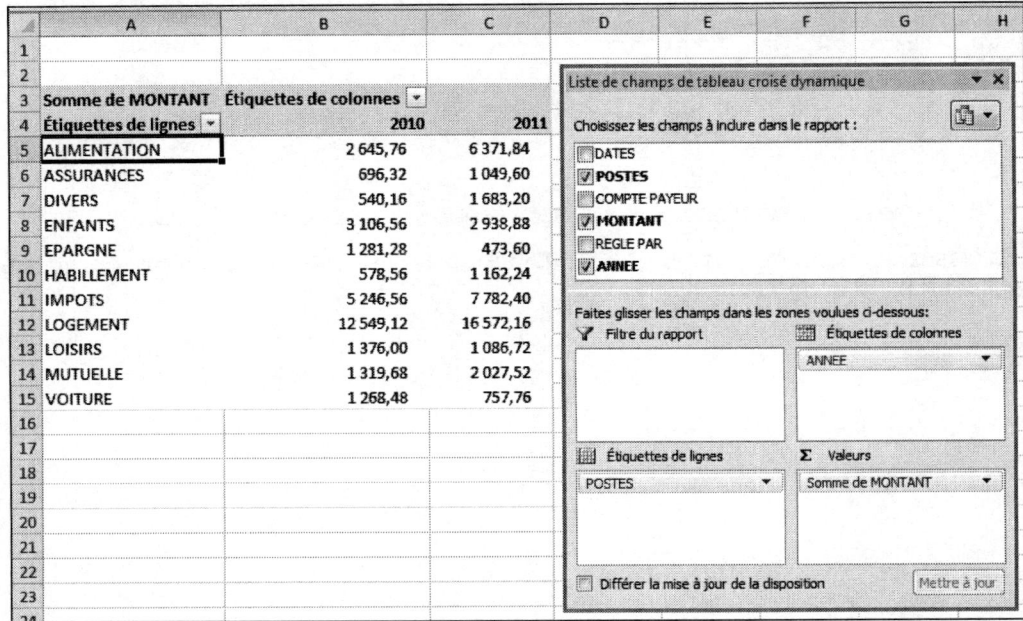

Nous vous proposons d'ajouter dans le tableau croisé dynamique :
- La variation des dépenses entre 2010 et 2011.
- Le taux de variation de ces dépenses annuelles.

Insérons la première formule de calcul :

▶ Cliquez tout d'abord sur l'année **2010** (cellule **B4**).

▶ Dans l'onglet **Outils de tableau croisé dynamique - Options**, cliquez sur **Champs, éléments et jeux** dans le groupe **Calculs**, puis cliquez sur l'option **Élément calculé**.

Excel ouvre la boîte de dialogue **Insérer un élément calculé dans « ANNEE »** :

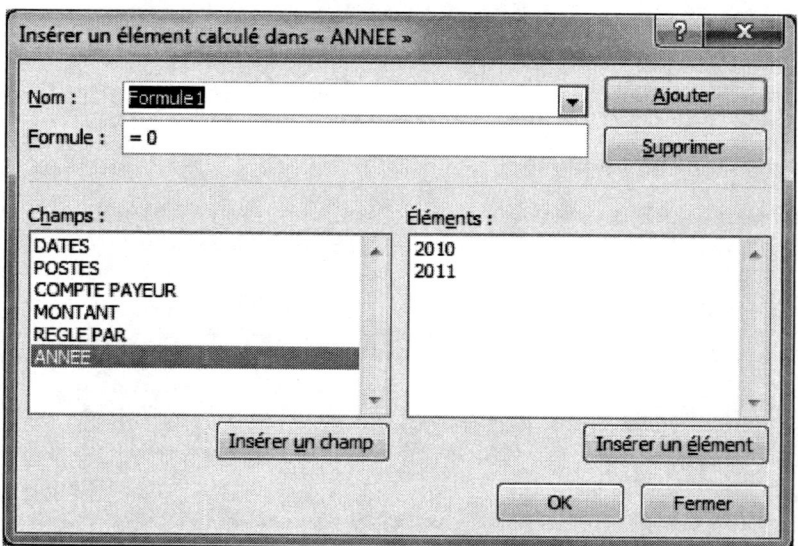

▶ Saisissez le nom du champ (**DIFFERENCE**) puis la formule de calcul en double cliquant sur chaque élément.

Chapitre 9 : Synthèse - Trucs et astuces 231

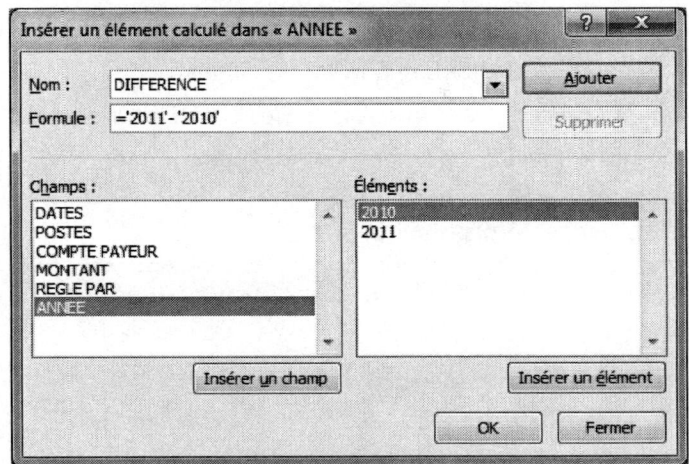

➨ Cliquez sur le bouton **Ajouter** puis validez par **OK**.

La colonne **DIFFERENCE** est ajoutée dans le tableau croisé.

Calculez maintenant le taux de variation :

➨ Cliquez si besoin sur l'année **2010** (cellule **B4**).

➨ Dans l'onglet **Options**, cliquez sur **Champs, éléments et jeux** dans le groupe **Calculs**, puis cliquez sur l'option **Élément calculé**.

➨ Dans la boîte de dialogue **Insérer un élément calculé dans « ANNEE »**, saisissez le nom du nouvel élément et sa formule :

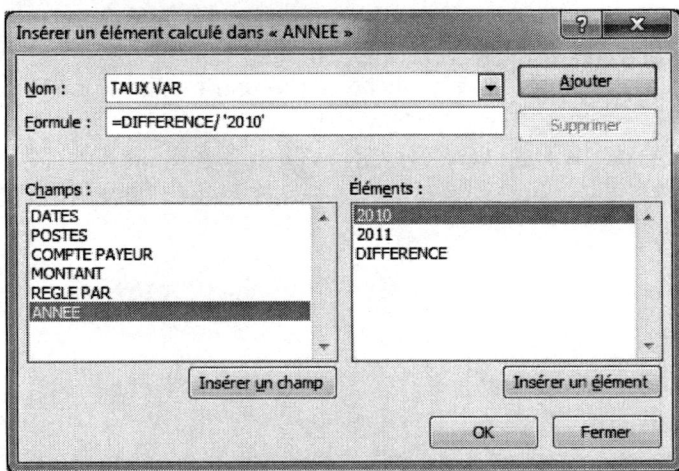

◆ Cliquez sur le bouton **Ajouter** puis validez par **OK**.

La colonne **TAUX VAR** est ajoutée dans le tableau croisé.

◆ Appliquez un format pourcentage à la colonne **TAUX VAR** pour terminer.

◆ Vous pouvez éventuellement appliquer une mise en forme conditionnelle sur les pourcentages pour faire apparaître en rouge les dépenses qui ont augmenté.

Le tableau terminé est présenté page suivante :

	A	B	C	D	E
1					
2					
3	Somme de MONTANT	Étiquettes de colonnes			
4	Étiquettes de lignes	2010	2011	DIFFERENCE	TAUX VAR
5	ALIMENTATION	2 645,76	6 371,84	3 726,08	140,8%
6	ASSURANCES	696,32	1 049,60	353,28	50,7%
7	DIVERS	540,16	1 683,20	1 143,04	211,6%
8	ENFANTS	3 106,56	2 938,88	- 167,68	-5,4%
9	EPARGNE	1 281,28	473,60	- 807,68	-63,0%
10	HABILLEMENT	578,56	1 162,24	583,68	100,9%
11	IMPOTS	5 246,56	7 782,40	2 535,84	48,3%
12	LOGEMENT	12 549,12	16 572,16	4 023,04	32,1%
13	LOISIRS	1 376,00	1 086,72	- 289,28	-21,0%
14	MUTUELLE	1 319,68	2 027,52	707,84	53,6%
15	VOITURE	1 268,48	757,76	- 510,72	-40,3%
16					

Lorsque vous avez conçu plusieurs formules de calcul dans un tableau croisé dynamique, vous avez la possibilité d'afficher dans une feuille de calcul la liste des formules créées ainsi que leur ordre de résolution.

◆ Dans l'onglet **Outils de tableau croisé dynamique - Options**, groupe **Calculs**, cliquez sur **Champs, éléments et jeux Formules** puis sur l'option **Liste des formules**.

Excel crée une nouvelle feuille dont le contenu est présenté ci-dessous.

	A	B	C	D	E	F	G	H	I
1	Champ calculé								
2	Ordre de résolution	Champ	Formule						
3									
4	Élément calculé								
5	Ordre de résolution	Élément	Formule						
6	1	DIFFERENCE	='2011'-'2010'						
7	2	'TAUX VAR'	=DIFFERENCE/'2010'						
8									
9									
10	Commentaire :	Quand une cellule est mise à jour avec plus d'une formule,							
11		la valeur est établie par la dernière formule dans l'ordre de résolution.							
12									
13		Pour modifier l'ordre de résolution de plusieurs champs ou éléments calculés,							
14		dans l'onglet Options, groupe Calculs, cliquez sur Champs, éléments et jeux, puis sur Ordre de résolution.							
15									

8. La fonction LireDonneesTabCroisDynamique

La fonction **LIREDONNEESTABCROISDYNAMIQUE** permet d'extraire une information en provenance d'un tableau croisé dynamique.

Sa syntaxe est la suivante :

`=LIREDONNEESTABCROISDYNAMIQUE(champ_données;tableau_croisé_dyn;champ1; élément1;champ2;élément2;...)`

`champ_données` est le nom, entre guillemets, du champ de données contenant les données à extraire.

`tableau_croisé_dyn` représente une référence à toute cellule, plage de cellules ou plage nommée de cellules d'un tableau croisé dynamique. Ces informations permettent de déterminer le rapport de tableau croisé dynamique qui contient les données que vous souhaitez extraire.

`champ1`, `élément1`, `champ2`, `élément2` représentent de 1 à 126 paires (de noms de champs et d'éléments) relatives aux données à extraire.

Exemples de syntaxes :

Récupérer le total des dépenses pour le poste **ALIMENTATION** et l'année **2010**.

`=LIREDONNEESTABCROISDYNAMIQUE("MONTANT";$A$3;"POSTES";"ALIMENTATION"; "ANNEE"; 2010)`

Récupérer le montant de l'élément calculé **DIFFERENCE** pour le poste **LOGEMENT**.

=LIREDONNEESTABCROISDYNAMIQUE("MONTANT";$A$3;"POSTES";"LOGEMENT";"ANNEE";"DIFFERENCE")

Vous disposez de deux méthodes pour saisir une formule qui utilise cette fonction :
- Vous positionner dans une cellule située en dehors du tableau croisé dynamique puis saisir = et venir cliquer sur la cellule du tableau contenant l'élément souhaité. La formule sera écrite automatiquement par Excel.
- Vous positionner dans une cellule située en dehors du tableau croisé dynamique puis saisir la formule au clavier.

Cette formule faisant référence à une donnée précise du tableau croisé dynamique elle n'est pas recopiable pour obtenir d'autres données. Il faudrait modifier dans la formule le champ ou l'élément souhaité. Dans ce cas, saisir = puis cliquer sur la cellule est beaucoup plus rapide pour obtenir la formule.

Vous aurez peut-être parfois besoin d'indiquer à Excel de ne pas utiliser la fonction LIREDONNEESTABCROISDYNAMIQUE pour extraire une information à partir d'un tableau croisé dynamique.

▶ Dans le volet **Outils de tableau croisé dynamique - Options**, cliquez sur **Options tableau croisé dynamique**.

▶ Dans le sous menu **Options**, décochez **Générer l'extraction de données croisées dynamiques**.

À la place de la formule contenant la fonction **LIREDONNEESTABCROISDYNAMIQUE**, vous obtiendrez une formule beaucoup plus simple, par exemple : **=B15**.

Chapitre 10
Tableaux croisés et VBA

A. Introduction 236
B. Créer des plages dynamiques 236
C. Modifier un tableau croisé dynamique à l'aide d'une macro 237
D. Créer un tableau croisé dynamique à l'aide d'une macro 242
E. Compléments 246

A. Introduction

Ce chapitre n'a pas pour vocation de faire de vous un développeur VBA sur Excel. Par contre si vous devez automatiser des tâches pour des personnes qui ne maîtrisent pas Excel, les macros et les procédures VBA pourront vous rendre service.

Vous disposez de deux méthodes pour concevoir des macros :
- Dans un premier temps enregistrer la macro puis la modifier dans un deuxième temps.
- Écrire directement la macro en Visual Basic.

La première méthode permet de laisser Excel écrire le texte de la macro, ce qui évite bien sûr les erreurs de syntaxe et vous évite d'avoir à maîtriser le langage Visual Basic.

La deuxième méthode nécessite que vous maîtrisiez le langage Visual Basic.

L'objectif de cet ouvrage n'étant pas le langage Visual Basic, nous n'aborderons ensemble que la première méthode.

Ouvrez le classeur que nous avons utilisé au chapitre Synthèse - Trucs et astuces : **VentesTroisLibrairies.xlsx**.

Pour faciliter le travail de l'opérateur, nous allons automatiser la modification de la plage source à l'aide de macros.

B. Créer des plages dynamiques

Le nombre de lignes dans chaque feuille étant variable dans le temps, il est préférable de créer trois plages dynamiques :

LibMuguet : =decaler(MUGUET!$A$1;0;0;nbval(MUGUET!$A:$A);3)

LibRose : =decaler(ROSE!$A$1;0;0;nbval(ROSE!$A:$A);3)

LibViolette : =decaler(VIOLETTE!$A$1;0;0;nbval(VIOLETTE!$A:$A);3)

- Dans l'onglet **Formules**, groupe **Nom définis**, cliquez sur **Gestionnaire de Noms**.
- Dans la boîte de dialogue **Gestionnaire de noms**, cliquez sur le bouton **Nouveau**.
- Entrez le nom de la plage dynamique dans la zone **Nom** puis la formule dans la zone **Fait référence à**.
- Validez par **OK**.
- Répétez ces opérations pour créer les deux autres plages dynamiques.

Chapitre 10 : Tableaux croisés et VBA

C. Modifier un tableau croisé dynamique à l'aide d'une macro

1. Activer l'onglet Développeur

Si vous n'avez pas encore travaillé avec l'onglet **Développeur**, activez-le :

◈ Effectuez un clic droit sur le ruban puis sélectionnez **Personnaliser le ruban**.

◈ Dans la catégorie **Personnaliser le Ruban**, dans la liste **Onglets principaux**, activez la case à cocher **Développeur**, puis cliquez sur **OK**.

Un onglet a été ajouté dans le ruban à droite de l'onglet **Affichage**.

2. Enregistrer la macro

Lorsque l'on enregistre une macro, Excel transcrit toutes nos actions en langage VBA. Si vous commettez une erreur lors de l'enregistrement, cette erreur sera mémorisée et reproduite à chaque exécution de la macro.

Soyez donc vigilant lors de la phase d'enregistrement, ne cherchez pas à brûler les étapes.

◈ Pour que la macro puisse enregistrer le positionnement du curseur dans le tableau croisé dynamique, cliquez tout d'abord dans la cellule **A1** de la feuille **TCD**.

◈ Dans l'onglet **Développeur**, groupe **Code**, cliquez sur **Enregistrer une macro**.

◈ Saisissez le nom de la macro **MacroMUGUET** dans la boîte de dialogue puis validez.

Le raccourci-clavier peut vous permettre plus tard d'exécuter rapidement la macro. La description permet d'expliquer ce que réalise la macro.

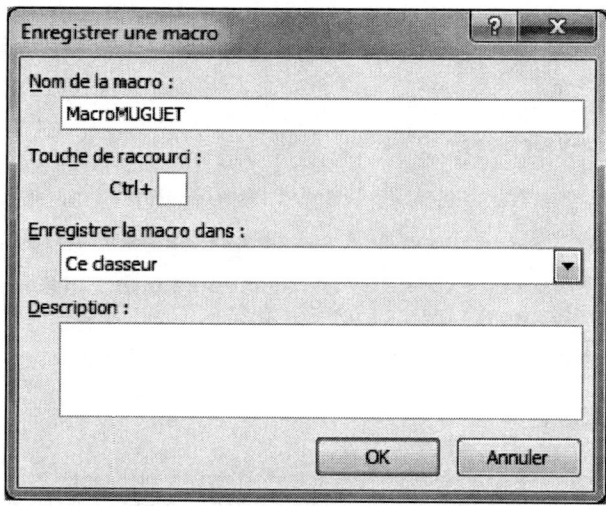

À partir de maintenant, Excel enregistre toutes vos actions.

▶ Cliquez dans la cellule **A5** de la feuille **TCD**.

▶ Dans l'onglet **Outils de tableau croisé dynamique - Options**, groupe **Données**, cliquez sur **Changer la source de données**, puis saisissez le nom de la plage dynamique correspondant à cette librairie :

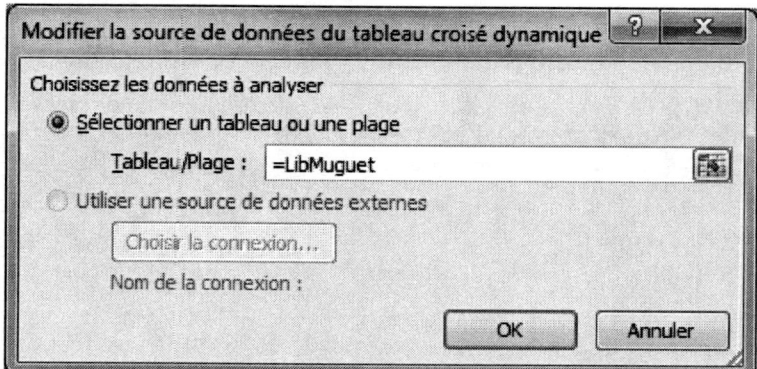

▶ Validez par **OK**.

▶ Cliquez en **A1** pour sortir du tableau croisé.

Vous pouvez maintenant terminer l'enregistrement.

Chapitre 10 : Tableaux croisés et VBA

▶ Dans l'onglet **Développeur**, groupe **Code**, cliquez sur **Arrêter l'enregistrement** pour terminer l'enregistrement de la macro. Vous pouvez aussi cliquer sur le bouton **arrêt** (carré bleu dans le coin inférieur gauche de la fenêtre).

La première macro a été écrite, nous allons maintenant visualiser le texte composant cette macro.

3. Visualiser la macro

▶ Pour accéder à la fenêtre **Visual Basic**, utilisez la combinaison de touches Alt F11.

▶ Dans la fenêtre Visual Basic, dans le volet de gauche, double cliquez sur le dossier **Module** puis sur **Module1** : le texte de la macro apparaît.

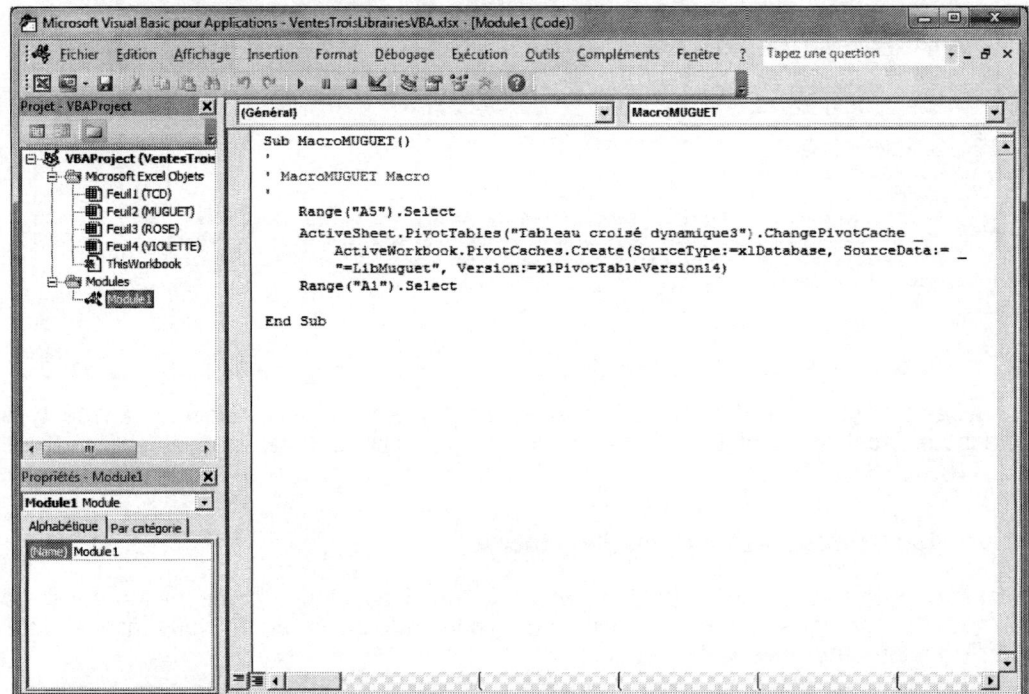

Cette première macro va nous permettre de concevoir les deux autres :

▶ Sélectionnez dans la fenêtre de code l'ensemble des lignes de la macro.

▶ Effectuez deux fois un copier/coller de cet ensemble.

◆ Modifiez dans les deux nouvelles macros créées les noms des macros et les noms des plages dynamiques en vous référant à l'écran ci-dessous :

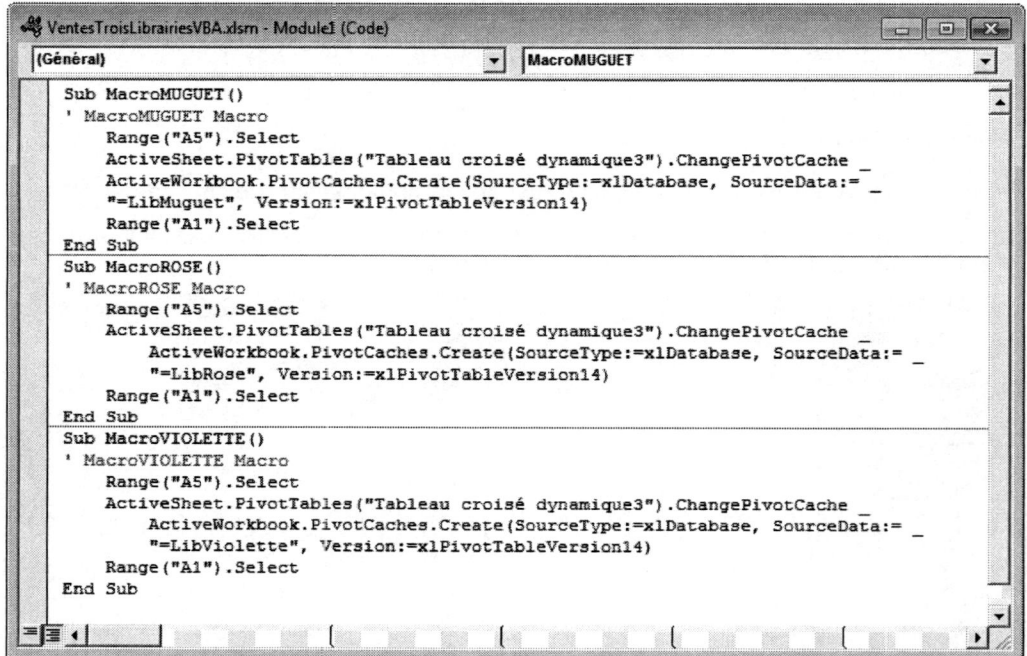

◆ Sauvegardez ces modifications (**Fichier** - **Enregistrer sous**) en sélectionnant le type Classeur Excel (prenant en charge les macros) (*.xlsm). Revenez à la fenêtre Excel ([Alt] **Q**).

4. Créer des boutons d'exécution des macros

Une macro peut être exécutée à l'aide d'un raccourci ou bien à l'aide de boutons. La technique des boutons est plus fonctionnelle pour les utilisateurs. Nous allons donc insérer trois boutons dans la feuille TCD.

◆ Dans l'onglet **Développeur**, groupe **Contrôles**, cliquez sur le bouton **Insérer**, puis cliquez sur l'outil **Bouton** du groupe **Contrôles de formulaires**.

Chapitre 10 : Tableaux croisés et VBA

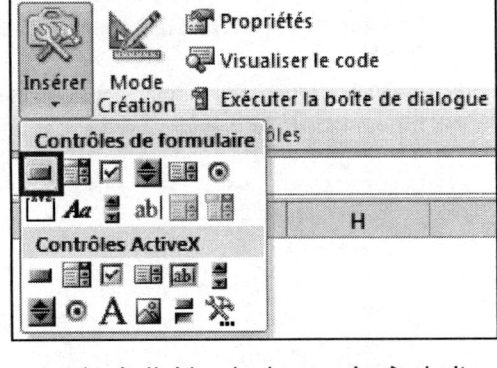

- Tracez ensuite un rectangle à l'aide de la souris à droite du tableau croisé dynamique. La fenêtre **Affecter une macro** apparaît, sélectionnez la macro **MacroMuguet** puis validez par **OK**.
- Modifiez le texte du bouton : **MUGUET**.
- Cliquez enfin en dehors du bouton pour le désélectionner.

> Effectuez un clic droit sur le bouton pour le sélectionner afin d'effectuer différentes opérations sur le bouton : le déplacer, modifier sa taille, modifier le texte...

- Renouvelez ces opérations pour les deux autres boutons, puis saisissez un titre au-dessus des boutons.

	A	B	C	D	E	F	G
1							
2							MODIFIER LA SOURCE
3	Somme de MONTANT	Étiquettes de colonnes					MUGUET
4	Étiquettes de lignes	BD	LIVRES SCOLAIRES	ROMANS	Total général		
5	1		560	965	150	1675	ROSE
6	2		197	72	467	736	
7	Total général		757	1037	617	2411	VIOLETTE
8							

- Sauvegardez votre classeur **Fichier - Enregistrer sous**, puis sélectionnez le type : **Classeur Excel (prenant en charge les macros) (*.xlsm)**.

D. Créer un tableau croisé dynamique à l'aide d'une macro

Afin d'illustrer la création d'un tableau croisé dynamique par macro, nous allons utiliser le classeur **Hotel.xlsx**. La feuille **Liste** de ce classeur contient le détail des chambres louées.

	A	B	C	D	E
1	DATES	TYPE	NATIONALITE	DUREE SEJOUR	NB PERSONNES
2	01/01/2011	SINGLE	FR	1	1
3	04/01/2011	SINGLE	DE	2	1
4	07/01/2011	SINGLE	FR	3	1
5	07/01/2011	SINGLE	BE	2	1
6	07/01/2011	DOUBLE	FR	2	2
7	07/01/2011	SINGLE	FR	2	1
8	07/01/2011	SINGLE	DE	3	1
9	07/01/2011	SINGLE	FR	2	1

▶ Pour que la macro puisse enregistrer le positionnement du curseur dans la feuille **Liste** et dans le tableau source, cliquez tout d'abord dans une cellule de la feuille **TCD**.

▶ Sous l'onglet **Développeur**, groupe **Code**, cliquez sur **Enregistrer une macro**.

▶ Saisissez le nom de la macro dans la boîte de dialogue **(CreationTCD)** puis validez.

À partir de maintenant, Excel enregistre toutes vos actions.

▶ Cliquez sur l'onglet de la feuille **Liste** puis positionnez le curseur dans la cellule **A1**.

▶ Concevez le tableau croisé dynamique dans une feuille existante (**TCD**) cellule **A1**.

Chapitre 10 : Tableaux croisés et VBA

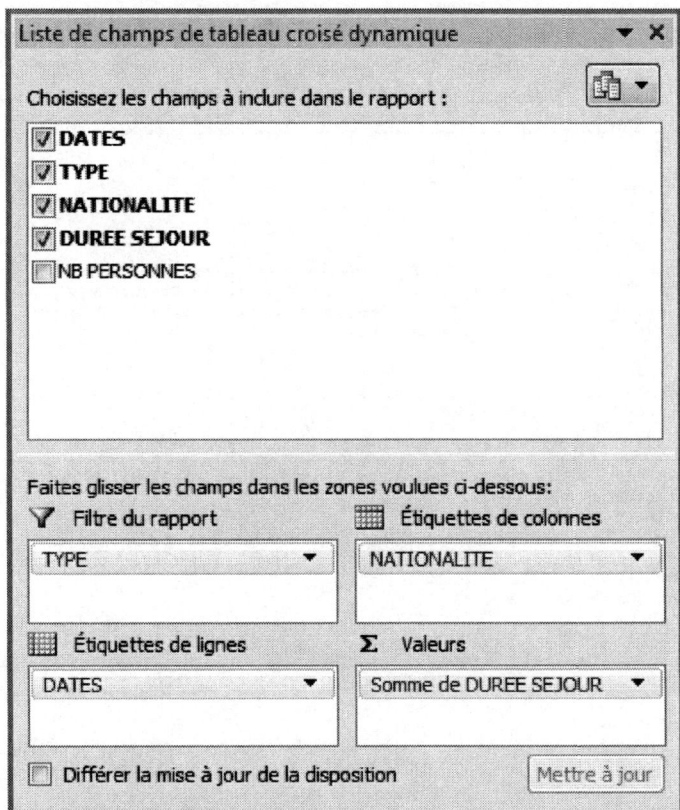

- Regroupez les dates par mois.
- Arrêtez l'enregistrement.
- Créez le bouton de lancement de la macro dans la feuille Liste.

Excel 2010 - Tableaux croisés dynamiques

Le listing de la macro est détaillé ci-dessous :

```
Sub CreationTCD()
'
'CreationTCD Macro
'
    Sheets("Liste").Select
    Range("A1").Select
    ActiveWorkbook.PivotCaches.Create(SourceType:=xlDatabase, SourceData:= _
        "Liste!R1C1:R109C5", Version:=xlPivotTableVersion14).CreatePivotTable _
        TableDestination:="TCD!R1C1", TableName:="Tableau croisé dynamique1", _
        DefaultVersion:=xlPivotTableVersion14
    Sheets("TCD").Select
    Cells(1, 1).Select
    With ActiveSheet.PivotTables("Tableau croisé dynamique1").PivotFields("DATES")
        .Orientation = xlRowField
        .Position = 1
    End With
    With ActiveSheet.PivotTables("Tableau croisé dynamique1").PivotFields("TYPE")
        .Orientation = xlPageField
        .Position = 1
    End With
    With ActiveSheet.PivotTables("Tableau croisé dynamique1").PivotFields( _
        "NATIONALITE")
        .Orientation = xlColumnField
        .Position = 1
    End With
    ActiveSheet.PivotTables("Tableau croisé dynamique1").AddDataField ActiveSheet. _
        PivotTables("Tableau croisé dynamique1").PivotFields("DUREE SEJOUR"), _
        "Somme de DUREE SEJOUR", xlSum
    Range("A14").Select
    Selection.Group Start:=True, End:=True, Periods:=Array(False, False, False, _
        False, True, False, False)
End Sub
```

Ci-dessous sont présentées succinctement quelques explications relatives au code.

Dans le code VBA, les lignes débutant par une apostrophe sont des commentaires.

Les lignes de code se terminant par un espace suivi du signe _ se poursuivent à la ligne suivante.

Chapitre 10 : Tableaux croisés et VBA

```vb
' Sélection de la feuille Liste
Sheets("Liste").Select
' Sélection de la cellule A1
Range("A1").Select

' Création du tableau croisé dynamique à partir d'une source Excel
' située dans la feuille Liste (lignes 1 à 109 colonnes 1 à 5)
' dans la feuille TCD à partir de la première cellule.
    ActiveWorkbook.PivotCaches.Create(SourceType:=xlDatabase, SourceData:= _
        "Liste!R1C1:R109C5", Version:=xlPivotTableVersion14).CreatePivotTable _
        TableDestination:="TCD!R1C1", TableName:="Tableau croisé dynamique1", _
        DefaultVersion:=xlPivotTableVersion14

' Insertion du champ DATES en en-tête de lignes
    With ActiveSheet.PivotTables("Tableau croisé dynamique1").PivotFields("DATES")
        .Orientation = xlRowField
        .Position = 1
    End With

' Insertion du champ TYPE en filtre du rapport
    With ActiveSheet.PivotTables("Tableau croisé dynamique1").PivotFields("TYPE")
        .Orientation = xlPageField
        .Position = 1
    End With

' Insertion du champ NATIONALITE en en-tête de colonnes
With ActiveSheet.PivotTables("Tableau croisé dynamique1").PivotFields( _
"NATIONALITE")
        .Orientation = xlColumnField
        .Position = 1
    End With

' Insertion du champ DUREE SEJOUR en valeurs avec la fonction somme
ActiveSheet.PivotTables("Tableau croisé dynamique1").AddDataField ActiveSheet, _
PivotTables("Tableau croisé dynamique1").PivotFields("DUREE SEJOUR"), _
        "Somme de DUREE SEJOUR", xlSum

' Regroupement des DATES en mois
Range("A14").Select
Selection.Group Start:=True, End:=True, Periods:=Array(False, False, False, _
False, True, False, False)
```

Il peut être utile d'effacer le(s) tableau(x) croisé(s) présent(s) dans la feuille TCD. Cette action est effectuée par les trois lignes de code ci-après.

```
For Each TCD In Sheets("TCD").PivotTables
TCD.TableRange2.Clear
Next TCD
```

Vous pouvez ajouter des commentaires dans le code en les faisant débuter par une apostrophe. Une fois le code modifié, utilisez la combinaison de touches [Alt] **Q** pour quitter la fenêtre Visual Basic et revenir à Excel.

Notre classeur contient actuellement une macro, il faut donc le sauvegarder sous un format de fichiers acceptant les macros.

▶ Bouton **Office - Enregistrer sous**

▶ Sélectionner **Classeur Excel prenant en charge les macros** puis **Enregistrer**.

Le classeur porte maintenant l'extension **xlsm**.

Excel gère plusieurs niveaux de sécurité pour les macros. Le paramétrage de la sécurité est accessible sous l'onglet **Développeur**, groupe **Code, Sécurité des macros**.

En général, cochez l'option **Désactiver toutes les macros avec notification**. Lors de l'ouverture du classeur, l'utilisateur devra préciser s'il autorise l'exécution des macros du classeur.

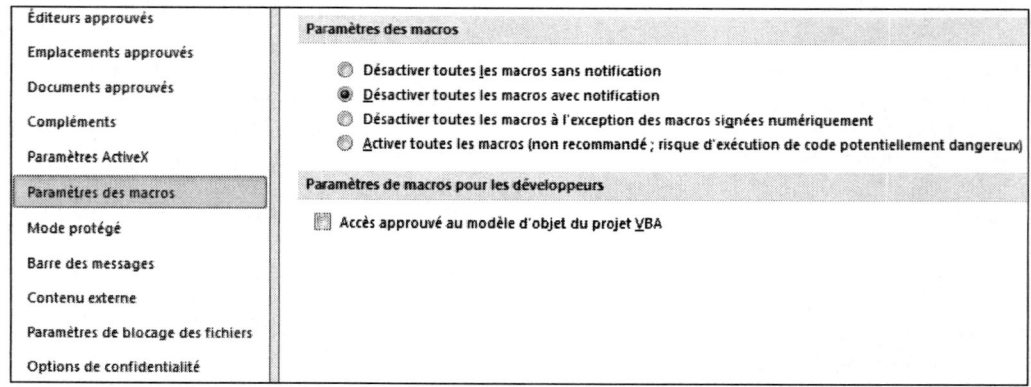

E. Compléments

Si vous devez réaliser d'autres macros, utilisez toujours pour débuter le mode enregistrement, ceci vous permettra d'obtenir simplement les syntaxes Visual Basic des différentes fonctionnalités des tableaux croisés. Vous pourrez ainsi obtenir et modifier le code pour filtrer, regrouper, modifier les formats...

Chapitre 10 : Tableaux croisés et VBA

Nous vous présentons ci-après quelques codes.

Grouper par mois

```
Selection.Group Start:=True, End:=True, Periods:=Array(False, False,
False, False, True, False, False)
```

Grouper par année

```
Selection.Group Start:=True, End:=True, Periods:=Array(False, False,
False, False, False, False, True)
```

Grouper par mois et par année

```
Selection.Group Start:=True, End:=True, Periods:=Array(False, False,
False, False, True, False, True)
```

Formater les valeurs du tableau en euro

```
With ActiveSheet.PivotTables("Tableau croisé dynamique1").PivotFields( _
    "Somme de MONTANT")
    .NumberFormat = "# ##0,00 €"
End With
```

Actualiser un tableau croisé

```
ActiveSheet.PivotTables("Tableau croisé dynamique1").PivotCache.Refresh
```

Actualiser tous les tableaux croisés

```
ActiveWorkbook.RefreshAll
```

Supprimer les totaux des lignes

```
ActiveSheet.PivotTables("Tableau croisé dynamique1").ColumnGrand = False
```

Supprimer les totaux des colonnes

```
ActiveSheet.PivotTables("Tableau croisé dynamique1").RowGrand = False
```

Afficher le total des colonnes et masquer le total des lignes

```
With ActiveSheet.PivotTables("Tableau croisé dynamique1")
    .ColumnGrand = False
    .RowGrand = True
End With
```

Synthétiser les données avec la fonction moyenne

```
ActiveSheet.PivotTables("Tableau croisé dynamique1").PivotFields( _
"Somme de MONTANT").Function = xlAverage
```

Appliquer un style prédéfini à un tableau croisé dynamique (Style foncé 16)

```
ActiveSheet.PivotTables("Tableau croisé dynamique1").TableStyle2 = _
    "PivotStyleDark16"
```

Effacer tous les filtres

```
ActiveSheet.PivotTables("Tableau croisé dynamique1").ClearAllFilters
```

Calculer les pourcentages par lignes

```
With ActiveSheet.PivotTables("Tableau croisé dynamique1").PivotFields( _
    "Moyenne de Nbre CLIENTS LIVRES")
    .Calculation = xlPercentOfRow
    .NumberFormat = "0,00%"
End With
```

Calculer les pourcentages par colonnes

```
With ActiveSheet.PivotTables("Tableau croisé dynamique1").PivotFields( _
    "Moyenne de Nbre CLIENTS LIVRES")
    .Calculation = xlPercentOfColumn
End With
```

Index

ACCESS
Voir BASE DE DONNÉES

BASE DE DONNÉES
Access	178, 184

CALCUL
Autre	142
Avec regroupements	95, 131
Conseils et astuces	229
Nombre	49
Pourcentage	54
Sous-totaux	31, 150
Voir aussi STATISTIQUES	

CHAMP
Trier	53

DONNÉES
Voir SOURCE, BASE DE DONNÉES

FILTRE
Avancé	29
Dans un graphique	192, 206
De rapport	65
Insérer	136
Utiliser	22

FONCTION
Voir CALCUL, STATISTIQUES

GRAPHIQUE CROISÉ DYNAMIQUE
Boursier	215
Créer	189, 195
Etiquette	207
Mettre en forme	191
Modifier	200
Permuter les axes	194
Secteur	206
Transformer en image	211

IMPRESSION
Répéter les étiquettes	224
Saut de page	223
Zone d'impression	221

LISTE DE DONNÉES
Voir SOURCE, BASE DE DONNÉES

MACRO
Activer l'onglet Développeur	237
Créer un bouton d'exécution	240
Enregistrer la macro	237
Modifier un tableau croisé dynamique à l'aide d'une macro	237
Visualiser	239

S

SOURCE

Actualisation automatique	225
Base de données Access	176
Changer	220
Données	11
Données non contiguës	166
Dynamique	158, 236
Externe	176
Fonction LireDonneesTabCroisDynamique	233
Mettre à jour les données	51
Tableau	38

SOUS-TOTAUX

Calculer	150
Conseils et astuces	228
Créer	31

STATISTIQUES

Calculer	86, 105, 123

STYLE

Appliquer	74
Créer	75

SYNTHÈSE

Chronologique	105, 123
Développer/réduire les informations	68

T

TABLEAU CROISÉ DYNAMIQUE

Appliquer un style	74
Assistant	167
Changer la source	220
Créer	38, 61
Créer à l'aide d'une macro	242
Créer un style	75
Croiser plus de deux informations	60
Dans quel cas ?	18
Définitions	10
Description des zones	13
Développer/réduire les détails	67
Développer/réduire rapidement les informations de synthèse	68
Disposition	45
Données source non contiguës	166
Étiquettes de lignes et colonnes	49
Faire apparaître tous les mois	225
Figer la largeur des colonnes	225
Fonction LireDonneesTabCroisDynamique	233
Format des nombres	46
Générer automatiquement plusieurs tableaux	226
Imprimer	221
Mettre à jour les données	51
Mettre en forme	45, 70
Mise en forme conditionnelle	81
Modifier à l'aide d'une macro	237
Regroupements	95, 131, 136
Source base de données Access	176
Source dynamique	236
Source externe	176
Titre	47
Transformer en tableau simple	212

Voir aussi CALCUL, CHAMP

TCD

Voir TABLEAU CROISÉ DYNAMIQUE

V

VBA

Voir MACRO